AF192266

Christoph-Maria Liegener (Hrsg.)

10. Bubenreuther Literaturwettbewerb 2024

© 2024 Christoph-Maria Liegener

Verlag: BoD · Books on Demand GmbH, In de Tarpen 42, 22848 Norderstedt
Druck: Libri Plureos GmbH, Friedensallee 273, 22763 Hamburg

ISBN:
978-3-7693-0779-5

Inhalt

5

7

9

11

Vorwort

Dies ist ein Jubiläum. Wir zählen bereits den zehnten Bubenreuther Literaturwettbewerb. Dass eine so lange Existenz möglich war, ist den vielen Teilnehmern zu geschuldet. Ihnen allen sei an dieser Stelle gedankt. Danken möchte ich an dieser Stelle auch all jenen, die mir zum Jubiläum gratuliert haben.

Der Wettbewerb hat sich von Anfang an für alle geöffnet. Es musste nicht unbedingt moderne Literatur sein. Im Gegenteil: Ich würde einige Gedichte von Goethe, Schiller oder Rilke vielen modernen Werken vorziehen. Es ist für mich nicht erkennbar, dass die Weiterentwicklung der Literatur die klassischen Werke in irgendeiner Weise überflügelt hätte. Wenn eines jener großen Genies der Vergangenheit heute eines seiner Meisterwerke einsenden würde, käme es auf den ersten Platz, auch wenn manche dann einwenden würden, dass es nicht mehr zeitgemäß sei. Manches ist zeitlos. Das Problem ist nur: Es gibt diese Giganten der Literatur nicht mehr. Es gibt andere, gute Schriftsteller, es gibt auch neue Meisterwerke, die begeistern können, aber vieles bleibt doch Mittelmaß.

Also sollte man nicht zu viel erwarten. Es wurden ganz normale Werke gesammelt, nicht nur Meisterwerke. Auch erste Schritte im Bereich der Literatur waren willkommen. Was von manchen als Kitsch bezeichnet werden würde, ist hier erlaubt. Romantische Bilder sind ebenso willkommen wie Liebesgeschichten. Verbote von zu oft gebrauchten Formulierungen gibt es hier nicht. Ich halte es mit Goethe: „Erlaubt ist, was gefällt." Sogar Herz und Schmerz dürfen sich reimen.

Das öffnet die Türen auch für Werke, die noch nicht perfekt sind. Nicht alles, was sich reimt, ist ein Gedicht. Hinzu kommt: Auch Reimen will gelernt sein. Natürlich kann man im Überschwang probieren, was geht. Lady Gaga beschreibt es in ihrem Song „Always Remember Us This Way". Einfach probieren!

Was ist noch zu beachten? Ohne ein Gefühl für Metrik geht es nicht. Der Rhythmus muss stimmen. Wenn es gut werden soll, muss ferner auch der Inhalt passen und sprachliche Schönheit hinzukommen. Sprachliche Schönheit ist schwer zu erreichen. Wem sie nicht geschenkt wurde, kann sie am ehesten durch Übung lernen. Dazu muss man aber viel dichten und das bedeutet, dass auch viel Unvollkommenes produziert werden muss. Dem Leser dieser unvollkommenen Werke erschließt sich dann auch, was noch nicht vollkommen war.

Dazu bedarf es nicht immer der Kommentare. Diese sollen in erster Linie nicht der Kritik dienen, sondern Aspekte beleuchten, die mir auffielen und Erklärungen liefern, die der Leser nicht wissen kann, die aber unter Umständen nützlich sind. Die Absicht ist dabei, nicht negativ, sondern positiv zu wirken. Letztlich kann auch der Autor/ die Autorin hoffentlich davon profitieren.

Wie immer wurde auf eine durchgehende Lektorierung verzichtet. Einzelne Korrekturen gibt es schon, aber es wurde nicht systematisch korrigiert. Der Originaleindruck sollte erhalten bleiben. Daher finden sich auch in dieser Anthologie stärkere neben schwächeren Texten. So bekommt man einen Überblick über das Ganze. Die Verantwortung für die Texte bleibt bei den Autoren. Eine gewisse Auswahl war trotzdem nötig und ich habe sie mir nicht leicht gemacht. Es blieben 232 Texte.

Gern möchte ich wieder meiner Familie für die anhaltende Unterstützung danken.

Dr. Dr. Christoph-Maria Liegener

Die Siegertexte

Erster Platz:

Wolfgang Rinn

Am Ende

Es scheint als gingen Wege hier zu Ende,
wo Raum und Zeit zu einem großen Wort
sich finden, und an diesem einen Ort
ein Zeichen setzen wie vor einer Wende,

da Nacht dem Tage folgt und aus den Tiefen
dem Wartenden ein neues, helles Licht
wie nie zuvor aus jenem Dunkel bricht,
da Geister sind, die uns beim Namen riefen.

Wir alle gehen diesen Weg allein
durch Einsamkeit, verzagt und ganz verlassen,
die Brücke trägt, doch niemand kann es fassen,

wenn wir hinüber gehn ins andre Sein,
wo jene warten, die vorausgegangen,
um uns als ihresgleichen zu empfangen.

Kommentar: Das Gedicht ist eindrucksvoll. Die
Form ein Sonett, die Sprache lyrisch, der Inhalt

19

weise, so präsentiert sich das Gedicht. Die sorgsam ausgearbeiteten Formulierungen erinnern an Rilke. Sie überzeugen durch Behutsamkeit und Feinfühligkeit im Ausdruck und berühren grundlegende Fragen unserer menschlichen Existenz. Bei allem Fragen steht dennoch ein Text vor uns, der Mut macht. Man möchte ihn immer wieder lesen.

Der Autor hat sein Preisgeld dem Bubenreuther Literaturwettbewerb gespendet.

Zweiter Platz:

René Kanzler

Im Nebel

Im Nebel wandern wir umher.
Wir werden licht, sind nur Konturen.
Die Welt erscheint ergraut und leer.
Im Nebel folgt uns keiner mehr.
Wir hinterlassen keine Spuren.

Im Nebel schwindet jeder Halt,
denn hier beginnt das Taumelleben.
Was gestern noch als wertvoll galt,
verliert im Nebel die Gestalt.
Er nimmt uns alles, statt zu geben.

Im Nebel frag' ich nach dem Ziel.
Du lachst und gibst mir zu verstehen:
„Die Frage ist doch viel zu viel.
Im Nebel, da ist alles Spiel.
Nun komm' und lass uns weitergehen!"

Im Nebel greifst du sanft nach mir
und wieder lachst du ehrlich, heiter.
Egal wohin, ich folge dir.
Im Nebel, Liebste, wandern wir
gemeinsam weiter, immer weiter.

Kommentar: Interessante Reimstruktur (abaab). Die Thematik nimmt die Natur zum Anlass zu philosophieren. Der Nebel steht für eine besondere Art, eine Parallele zum Leben zu finden, mit Vor- und Nachteilen. Eine sichere Zuflucht gibt es jedenfalls: die Liebe.

Dritter Platz:

Christiane Portele

Sonne über Birkenau

Obwohl Mitte Oktober, ist es mild, die Sonne streichelt warm Rebekkas Gesicht. Ein leichtes Lüftchen sorgt für eine angenehme Kühle. Die Brise bewegt sachte die Blätter der Bäume. Es ist still. Friedlich. Ein Idyll.

Wäre sie nicht ausgerechnet dort, wo Gleise bis zu den Öfen führten. Wo Ärzte mit der Bewegung ihres Daumens über Tod und Leben der aus den Zügen Stolpernden entschieden. Dort, wo gemauerte Kaminskelette Baracken verkörpern, die für Millionen die letzte Station vor ihrer Ermordung bedeuteten.

Ein Vogel singt, eine Schnecke kreuzt ihren Weg. Eine Schafgarbe blüht, leuchtet weiß und strahlend vor dem blauen Himmel, ungeachtet der Tatsache, dass sich in der DNA ihrer Vorfahren die Asche der Vergasten befindet.

Rebekka steht vor einer Steinplatte, eine weiße Rose in der Hand. Während sie die Inschrift liest, steigen die Tränen in ihre Augen, drängen nach draußen. Den ganzen Morgen schon brennen sie hinter ihren Lidern. Sie wollte sie nicht weinen, denn was bringen ihre Tränen den damals Gequälten? Keine Erleichterung, keine Rettung, keine Auferstehung!

Für einen kurzen Augenblick sieht Rebekka die Frauen in ihren blau-weiß gestreiften Anzügen, entmenschlicht

23

durch das Brandzeichen auf ihrem Arm, die Schur ihrer Haare, ausgemergelt und erschöpft. Eine von ihnen hält einen Augenblick inne, hält ihr Gesicht in die Sonne und ein Lächeln, ein ganz kleines, feines, stiehlt sich für den Bruchteil einer Sekunde in ihre stumpfen Züge. Eine Träne rollt durch den Schmutz auf ihrer Wange und glitzert in der Sonne. Ein Diamant ihres Schmerzes.

Rebekka hört den Lärm der bellenden Hunde, die barschen Befehle der Wachmannschaft, eine Gewehrsalve. Sie riecht den Gestank der Exkremente und der Öfen. Reste menschlichen Lebens, das sich buchstäblich in Rauch aufgelöst hat.

Als sie die Augen öffnet – sie hat nicht gemerkt, dass sie sie geschlossen hatte – verschwimmt das Bild, verschwindet.

Eine Träne tropft auf die Rose in ihrer Hand. Bleibt dort hängen. Eine Perle ihres Mitgefühls. Rebekka legt Rose und Träne auf die Gedenktafel. Sie würde jetzt gerne beten. Aber sie kennt Gott nicht und weiß nicht, wie das geht. Sie wünscht, sie könnte ein Gebet sprechen für all die Geschundenen. Dann müsst ihr mit meiner Rose und meiner Träne vorliebnehmen, denkt sie.

Als sie sich zum Gehen wendet, wirbelt ein Windstoß durch ihre Haare und nimmt eine Träne mit sich fort. Ein Vogel zwitschert. Eine Schnecke kreuzt ihren Weg. Die Schafgarbe blüht weiß vor dem blauen Himmel.

Kommentar: Die kleine Geste sagt mehr als manche lange Rede. Die Träne des Opfers, ein Ausdruck des Gottvertrauens, findet sich wieder in der Träne der

Heutigen, vergossen als stummes Gebet. Ein trauriger Text, der trotzdem eine versöhnliche Stimmung erzeugt.

Weitere ausgewählte Werke

Helmut Blepp

Ein Penner in Forbach

Ein Gesicht erzählt von gestern,
als die Falten noch versteckt.
Und es sagt, Jehovas Schwestern
wäre früh die Lust verreckt.

In dem Vollbart eine Kippe,
die oft ausgeht, selten brennt.
Und sie wippt auf seiner Lippe,
wenn er Passanten „Schweine" nennt.

Sein Leben ist wie Tabakasche,
geschnippt in eine Rotweinflasche.
Die Weiber, Bürger und die Pfaffen

verachtet er aus tiefstem Grund.
Sie sollen sich zum Teufel schaffen!
Und die Kippe wippt im Mund.

Kommentar: Die Form erinnert an ein Sonett, hält dieses aber im Versmaß nicht streng durch. Das Bild des Bohemien kontrastiert diese vorschriftsmäßige Form und transportiert dabei umso klarer die Botschaft.

29

Susanne Ulrike Maria Albrecht

Nächstenliebe

Nächstenliebe, sanft und warm,
ist ein Geschenk in dieser Welt, die
an Barmherzigkeit so arm.
Mit offenen Armen und einem Lächeln im Gesicht,
zu helfen ist unsere menschliche Pflicht.

Einander zu verstehen, ohne Vorurteil und Groll,
die Herzen füllen mit Mitgefühl, das ist das Ziel.
Die Hand reichen, wenn jemand traurig ist,
gemeinsam tragen wir die Last und es
erstrahlt unser wahres Licht.

Einander stützen, wenn einer schwach,
mit Trost und Zuspruch gibt man ihm Kraft.
Uns vereinen, anstatt zu trennen,
in der Nächstenliebe werden wir uns erkennen.

Ob groß oder klein, jung oder alt,
Nächstenliebe kennt keine Gestalt.
Sie zeigt sich in Taten, nicht nur in Worten,
mit Respekt und Würde, ohne Grenzen und Pforten.

Lasst uns die Welt mit Liebe erfüllen

und jeden Menschen mit einem Funken Hoffnung um-
hüllen.
Denn Nächstenliebe ist der Schlüssel zum Glück,
das Band, das verbindet, für immer
von Augenblick zu Augenblick.

Kommentar: Die ausgiebige Reflexion über ein
zentrales menschliches Thema wird gefühlvoll
wiedergegeben. Der Fokus liegt nicht auf der Form,
sondern auf dem Inhalt, und dieser spricht an.

Gerald Marten

Gefangen im Déjà-vu

Ist nicht jede Note
unzählig mal gespielt,
nicht jedes Schamgefühl
schon tausendmal gefühlt

Ist nicht jedes Wort
in Fülle schon verdichtet
und die ganze Welt
im Geiste hingerichtet

Ist nicht jeder Tag
unendlich mal verflucht
und des Lebens Sinn
genauso oft gesucht

Ist nicht jede Wut
auf alles schon beschrieben
und alles schon gehasst,
was es doch galt zu lieben

Wiederholung nur
alles schon gehört,
gestern erst erbrochen,
heut noch mal verzehrt

Liegt nicht schon jeder Traum

im Restmüll ausgeträumt.
Bleibt noch der Zukunft Raum,
nicht alles leer gereimt?

Kommentar: Von dauernden Déjà-vu-Erlebnissen ist
es nicht mehr weit zum Taedium vitae, dem Lebens-
überdruss. Diese Erscheinung ist gefährlich, liegt
aber hier nicht vor, da mit Spaß gedichtet wurde.

Tim Tensfeld

kleiner nachtakt

lichtkegel küssen die jüngliche straßenhaut.

hier liegt alter regen – spielt mondspiegel, um gesicht zu bekommen.

nacht: jung. vom schlagen des kirchturms keine kerben getragen [bis hierhin].

vögel leben von den dächern abmontiert. wind. *heulen.*

wie sand durch finger. zerfließen der stunden.

heilig atmet der moment.

zu lautes wort – fortwehen der ewigkeit.

Catharina Luisa Ilg

Seelenglück

Ich will glücklich sein.
Wie kann ich glücklich sein?
Muss ich dafür Finne sein?

Mit den Nerven am Limit.
Mit der Bankkarte am Limit.

Trotzdem will ich glücklich sein.
Muss ich dafür Rentner sein?
Wie kann ich endlich glücklich sein?

Ich habe keine Freunde.
Nur die Worte sind meine Freunde.
In Tieren finde ich schnell Freunde.

Mit ihnen kann ich glücklich sein.
Aber gleich darauf
bin ich schon wieder allein.
So nimmt das Leben seinen Lauf.

Immer nur allein.
Kann nicht glücklich sein
Und will es dennoch sein!
Also wie kann ich glücklich sein?

Kommentar: Wie traurig! Das lyrische Ich erzählt von einer depressiven Phase, in der es feststeckt. Was ist der Hintergrund? Das bleibt ungeklärt. Das Bekenntnis selbst könnte immerhin Leidensgenossen trösten: Solamen est miseros socios habuisse malorum. (Geteiltes Leid ist halbes Leid.) Es könnte auch als ein aufrüttelnder Text gemeint sein. Vielleicht hat aber auch die Autorin Trost im Aufschreiben des Gedichts gefunden. Es geht vielleicht gar nicht um sie. Das lyrische Ich steht möglicherweise allgemein für den modernen Menschen. Dem lyrischen Ich kann man nur mitgeben: Glück wird einem nicht geschenkt, man muss es entdecken. Es ist überall um uns herum. Wir müssen es nur sehen! Wenn dem lyrischen Ich Worte und Tiere Freude machen, sollte es sich damit beschäftigen. Das kann doch sehr erfüllend sein. In der weiblich werdenden Welt liegt das Glück in den kleinen Dingen. Auch Religiosität kann helfen. Wichtig ist, das Positive in jeder Situation zu suchen und zu genießen, anstatt schon die Vergänglichkeit des Schönen vorwegzunehmen. Auf das Positive konzentrieren, das Negative nicht überbewerten! Das positive Denken strahlt dann aufs ganze Leben aus, macht es glücklich. Versuchen Sie es!

Noch ein warnender Hinweis: Glück kann man nicht einfordern. Es wird nicht gleichmäßig verteilt. Man hat keinen Anspruch darauf, auch wenn man meinen sollte, zu kurz gekommen zu sein. Wer andere um ihr Glück beneidet, entfernt sich vom

Glück. Das kleine Glück entsteht aus der Zufriedenheit mit dem eigenen Schicksal. Der Geist, der glücklich ist, kennt keinen Neid. Seine Stärke ist die Bescheidenheit.

Werner Siepler

Spontane Dummheit

Er ist ein Mensch, schlau und intelligent,
sich doch vor mancher Entscheidung drückt.
So die Kunst des "Dummstellens" bestens kennt,
diese Masche ihm meist perfekt glückt.

Dieser Mensch ein bequemes Leben liebt,
deshalb Unangenehmes meidet.
Stress und Ärger somit einen Korb gibt
und auch der Misserfolg ausscheidet.

Besonders clever er oft agiert,
nur ganz spontan die Dummheit zur Schau stellt.
Zwar dann für verrückt gehalten wird,
sich allerdings viel Ärger vom Hals hält.

Kommentar: Der Autor beobachtet in seinen Gedichten die Menschen und entdeckt dabei lustige Dinge. Hier sind es Menschen, die sich dumm stellen, obwohl sie es nicht sind. Interessant.

Gisela Baudy

Züge der Zeit

Wir sind schon immer
geworfen ins Licht
aufgefangen vom Leben.

Wir sind schon immer
gestorben ins Leben
in der Wiege der Zeit.

Sie unsere Spieler.
Wir ihre Lieder.
Atemzüge der Zeit.

Kommentar: Das Gedicht führt in die Philosophie. Es geht um nichts Geringeres als um unser Leben als Ganzes. Das muss natürlich rätselhaft bleiben.

Christian Baudy

Februar-Farben

Ein Goldstreifen am Horizont
stemmt sich gegen
den regenverhangenen Morgen.

Der hölzerne Frühlings-Schnitt
glänzt stapelweise am Wegesrand
und bespiegelt die Pfützen.

Ein fußnasser Reiher
begrüßt stoisch den
sonnigen Aufstieg des Tages.

Kommentar: Die Naturbeschreibung erweckt eine Stimmung, die den Leser nachdenklich zurücklässt. Manches könnte Metapher sein.

Lisa Deutschmann

Die Begegnung

Das Gesicht des Mannes, der auf mich zukommt, lässt eine Erinnerung in mir aufblitzen. Mein Herz beginnt zu rasen. Hastig sehe ich mich nach einem Versteck um. Ich will auf keinen Fall mit ihm reden. Da ruft er schon meinen Namen. Seine Stimme klingt genauso fordernd wie früher. Ich bleibe stehen, ohne es zu wollen. Er kommt mir entgegengehumpelt. Alt sieht er aus. Er muss mittlerweile über siebzig sein. Als er mich zur Begrüßung umarmen will, weiche ich stumm zurück.

„Bist du immer noch so schüchtern?", fragt er belustigt.

Unsere Blicke treffen sich. Die Augen in seinem von Falten durchzogenen Gesicht sind jung geblieben. Meine Wangen brennen, und das Blut rauscht in meinen Ohren. Es kommt alles wieder hoch. Am liebsten würde ich ihm in seine Weichteile treten und vor allen Leuten anschreien, dass ich mich sehr wohl an damals erinnern kann. Dass ich mich jeden beschissenen Tag daran erinnere.

„Du, ich muss weiter", sagt er in das Schweigen hinein. „Der Kleine wartet auf mich." Er tätschelt meinen Arm und humpelt an mir vorbei.

Der Kleine. Sein Enkel. *Macht er das mit Jungs auch?*, schießt es mir durch den Kopf. Ich spüre, wie mir übel wird. Eine Frau neben mir fragt, ob alles in Ordnung ist. Ich schüttle den Kopf und wanke in die entgegengesetzte Richtung davon.

Kommentar: Manchmal ist es besser, die Dinge nicht auszusprechen. Stattdessen sprechen hier die Gefühle und Gedanken der Erzählerin. So entsteht ein starker Eindruck.

Katja Baumgärtner

Die beiden Riesen

Ali saß da und weinte. Das Volk der Gnome hörte von Weitem sein Schluchzen. Es hörte sich wie ein Erdbeben an, das immer näherkam, je mehr Ali weinte. „Wir müssen unser Land verteidigen!", schrien die Gnome. „Wir müssen nachschauen, was los ist!" redeten sie durcheinander. Sie gingen mit Speeren, Lanzen, Knüppeln los. Keiner von ihnen wusste, was da so einen Krach machte. Sie liefen 1000 Kilometer bis sie ihr Ziel erreichten. Je mehr sie sich näherten, desto deutlicher wurde, dass jemand vor sich hin weinte. Es war unheimlich laut. Das Weinen war unerträglich. Der Erdboden bebte dabei. Es war so laut, dass sie den Riesen schon nicht mehr verstanden, so schallte und dröhnte es. Da sahen sie den Riesen auf der Wiese sitzen. „Herr Riese!", wagte sich ein kräftiger Gnom zu sagen. Es war der Chef der Gruppe. Der Riese reagierte nicht. Da schrie der Boss: „Herr Riese!" Der Riese hörte immer noch nichts. „Wir brauchen ein Sprachrohr, dass der Riese uns hört!", redeten sich die Gnome zu, denn sie hatten große Angst.

Sie sprachen sich Mut zu. Mit dem Sprachrohr klappte es. Der Riese: „Was ist? Seht doch ich bin so groß! Ich habe keinen einzigen Freund, geschweige denn eine Frau. Ich mache extra einen Buckel, um nicht so groß zu sein!" Er

43

stockte. „Ihr habt Angst vor mir. Ich merke es Euch an!" und schaute herunter auf sie, die vor Angst bibberten. Ali flüsterte, denn er verstand, dass er so laut sprach. „Arbeite doch bei uns als Wachmann! Du kannst den Norden bewachen. Du kannst über den Bäumen hinweg gucken und bis ans Ende der Welt schauen.", schlug der Boss vor. Als sie mit Ali die Rückreise angetreten hatten, hörten sie erneut ein Gejammer. Dieses Mal hatten sie keine Angst mehr. Der Riese Ali war ja da. Sie gingen dem lauten Weinen auf die Spur. Da sahen sie eine Riesenfrau, etwas kleiner als Ali. Dieses Mal sprach der Riese Ali zu ihr. Er besprach es mit den Gnomen, so mit ihr zu reden: „Du bist zu groß, meinst du!" sagte Ali sanft „Du meinst keinen Mann zu finden. Du machst extra einen Buckel, um kleiner zu erscheinen!" Ihr Weinen hörte sofort auf. „Ja", nickte sie schüchtern und unsicher. „Komm mit! Ich bin von nun an dein Partner, wenn du magst!" und der Riese Ali streckte seine Hand ihr entgegen. „Ich bewache die Nordhälfte und du die Südhälfte des Landes der Gnome und beide standen von nun ab da und hielten Wache und reckten sich dabei, um alles überblicken zu können. In den Mittagspausen schmusten sie miteinander und gaben sich Küsschen. Sie nutzten von nun ab ihre volle Größe. Das Gnomenvolk war sehr zufrieden mit beiden, und es gab eine Riesenhochzeit mit extra vielen Kühen und Gäulen zum Essen für beide. Es griff sowieso keiner an, aber das Volk der Gnome fühlte sich sicherer denn je.

Und wenn sie nicht gestorben sind, so lebt der Riese Ali mit seiner Frau und dem Gnomenvolk bis heute noch glücklich zusammen.

Nob Shepherd

Lichtausfall

Der globale Energieausfall verdunkelte die so beruhigend hellen Nächte der Millionenstädte. Angst und Schrecken vor der Dunkelheit breitete sich unter den Menschen aus.

Doch dann erblickten sie zum ersten Mal die Milchstraße. Das besondere Rot des Mars. Das Flimmern der fernen Fixsterne. Sie zeichneten mit den Fingern die Linien des Großen Wagen nach. Erkannten das Sternbild des Orion. Sprachen Wünsche aus, wenn verglühende Kometen als Sternschnuppen aufblitzten.

Und hörten nicht auf zu staunen.

Kommentar: Der Autor ordnet seinen Text der Gattung Mikro-SF-Stories zu. Es ist ihm gelungen, auf kleinstem Raum eine SF-Aussage unterzubringen.

Stefanie Haertel

Auf zu neuen Abenteuern!

Neue Gedanken sind wie Türen,
wenn man sie öffnet,
findet man eine unentdeckte Welt.

Traust du dich,
unbekannte Gedankenwege zu gehen,
in fremde Welten aufzubrechen?
Du bestimmst den Weg.

Ja, wir leben doch in Gedanken,
die wir selbst gestalten, selbst färben, selbst erschaffen.

Also, auf zu neuen Abenteuern!
Du trägst Kompass und Karte in dir!

Eva Joan

Rose

eine Rose sein
in der Kälte
der Härte zwischen
hohen Häusern aus Beton
ein hell scheinendes
Leuchtfeuer
inmitten der Furcht
der Hoffnungslosigkeit
eine Rose sein
in den Schatten der Nacht
wenn die Not unsagbar
der Mut verloren ist
eine Rose sein
mit seidenen Blütenblättern
tröstend in der Dunkelheit
auf deine Brust gelegt

Sabine Reifenstahl

Wer die Finsternis ruft ...

Seelenverwandte! Das dachte ich zumindest beim Lesen ihrer Bücher. Sie beschrieb so lebendig, wie sich ihre Protagonisten fühlen, wie sie sich nach kurzer Verwirrung öffnen und bei jeder Berührung erbeben. Ein Spiel der Lust, das unweigerlich zum Happy End führt. In ihren Romanen.

Jetzt liegt die Autorin vor mir und erinnert stark an ihre Figuren im Moment der Erkenntnis. Ihre Augen quellen vor Angst weit genug heraus, um sie mit einem Teelöffel abzuschlagen. Ohne den Ballknebel würde sie um Gnade winseln. Dabei halte ich mich haarklein an ihre Erzählungen, in denen sie das Glück auf Erden für alle Beteiligten verspricht. Sie lässt ihre Hauptpersonen entführen, schlagen, vergewaltigen, sie zwingt ihnen Höhepunkte auf und nötigt sie zu absonderlichen Dingen. Dennoch erliegen die Opfer dem Charme ihrer Gegenspieler und retten sie sogar.

Gerettet werden will ich nicht; meine Vorlieben sind obsessiv. Seit ich zum ersten Mal in die Welt der düsteren Begierden eintauchte, komme ich nicht mehr davon los. Gleich einer Sucht lese ich Geschichten wie die von Lorena Dark. Oft mehrfach. Und versuche, ihre Fantasien nachzuleben.

Meine Gespielen wehren sich, drohen, betteln, resignieren, aber sie verlieben sich nicht in mich, wie die Schriftstellerinnen es versprechen. Obwohl ich genauso umwerfend aussehe wie ihre Romanhelden und ein leichtes Spiel habe beim Kennenlernen.

Lorena erweist sich als ausgewachsene Enttäuschung. Sie möchte nicht mit mir teilen, womit sie so unwiderstehlich lockt. Behauptet plötzlich, ihre Plots seien unrealistisch und reine Erfindung. Warum verkaufen sich ihre Hirngespinste dann wie geschnitten Brot? Ihre Figuren, je nach Pseudonym Zauberwesen, Männer, Frauen oder was sonst noch, werden misshandelt, unterdrückt und ausgenutzt. Und finden Gefallen daran. – Was stimmt also nicht mit ihr? Die Realität holt uns grausam ein, genau wie bei ihren Vorgängerinnen.

»Hast du wirklich geglaubt, sie wäre anders, Alex?« Minette lümmelt in ihrem Sessel und zwinkert mir amüsiert zu. Die langen Beine presst sie aneinander, um dem Laptop auf ihren Knien eine Auflage zu bieten. Das Klappern der Tastatur untermalt ihre Worte melodisch. »Diese Damen wissen nicht, wovon sie fabulieren. Mir wäre es zu langweilig, gefesselt dazuliegen und darauf zu warten, was mit mir geschieht. Deshalb berichte ich aus unserer Perspektive. Ist realistischer.«

Mag sein, ich ziehe jedoch Darstellungen aus Sicht der Gegenseite vor. Ein winziger Wermutstropfen, trotzdem bin ich gern mit Minette zusammen. Ihre ausgefallenen Vorlieben eroberten mein Herz mit der Gewalt einer Dampfwalze. Gemeinsam probierten wir sie aus, und sie begann, darüber zu schreiben. Dark Romance, wobei der romantische Teil ihrer Fantasie entspringt.

Ihr neuester Roman handelt von einer Autorin namens Lenora Dark, die von einem Pärchen entführt wird, um ihre Werke nachzuspielen.

Zu dick aufgetragen? Ich nenne es Ironie des Lebens. Wer die Finsternis ruft, dem erscheint sie womöglich.

Kommentar: Faszinierendes Spiel zwischen Autorin und Leser(in). Dass hierbei sexualisierte Gewalt eine Rolle spielt, ist riskant, fügt sich aber in die gewählte Thematik „Dark Romance" ein.

Annekatrin Khosravi

Begleiterscheinungen

Der Kies knirschte unter Richards schweren Arbeitsstiefeln, als sie in der Mittagssonne vor das Haus traten. Der Fotograph wartete bereits und Richard lief auf ihn zu und quetschte ihm zur Begrüßung die Hand. Elisabeth stand noch immer auf dem Schotterweg, die Arme vor der Brust verschränkt. Sie setzte ein gefasstes Gesicht auf und zwang sich ins Hier und Jetzt. Gott gib mir Kraft- richtete sie ihre Worte im Stillen an den Allmächtigen und folgte dabei den Anweisungen des Fotografen. Sie stand jetzt nah an Richards Seite, spürte den rauen Stoff seiner Jacke durch ihre Bluse.

Sittsam faltete sie die von der Arbeit gezeichneten Hände vor dem Rock ineinander und senkte den Blick. Die Steine vor ihren Augen tanzten in der Mittagsglut und sie starrte angestrengt darauf, bis sie Benjamins Gesichtszüge in ihnen erkennen konnte. Mein lieber Sohn. Der Gedanke zerrte an dem schwarzen Loch in ihr und Schwere walzte durch ihre Brust bis zur Kehle, um dort stecken zu bleiben. Der lautlose Schrei hallte in der flirrenden Stille. Der Fotograf dirigierte weiter, wies sie an, in das Objektiv zu blicken und ihre Wangen erröteten. Ob er ihrer Schlechtigkeit gewahr wurde hinter dem Verdunkelungsvorhang, ihr die düsteren Gedanken ansah, die sie beständig heimsuchten? Vor zwei Jahren hatte alles begonnen, als lasterhafte Schatten auf die Bühne ihres Denkens stolzierten. Sie kamen als Dämonen und brachten die Bilder zu ihr. Vor zwei Jahren, als Richard Benjamin, dessen 19. Geburtstag sich jährte, fast totgeschlagen hatte, während sie mit weißen Knöcheln die Kante des Eichenholztisches umklammerte und mit Gott um die Wahrheit rang, bis ihre Finger krampften. Jeder Hieb mit dem Lederriemen, der auf die reine, unverhüllte Haut ihres Sohnes niederbrannte, riss an dem Band, dass zwischen ihrem und seinem Herzen gespannt war, riss und riss, so dass Elisabeth sicher war, gleich würde ihr Brustkorb sich öffnen und das Organ aus ihr herausgleiten. Das Ziehen und Zerren wurde stärker bis zur Unerträglichkeit und als Benjamin, der die Schläge sonst schweigend ertrug, seinen Schmerz mit einem klagenden Schluchzen aus sich herausbrechen ließ, stieg ihr die bittere Galle in den Magen. Nur Tage später fand Benjamin sie am Abend in der Küche, schloss sie eigentümlich ungestüm und lange in die Arme und ihr war nach Weinen zumute. Sein Haar hatte sie wie Vogelfedern an der Nase gekitzelt und sie dankte Gott in diesem Moment für ihren Sohn, denn sie hatte ihn sehr lieb. Am nächsten Tag rannte sie noch vor dem Morgengrauen mit bebenden Füßen und getrieben von einem bösen Nachttraum in die Kammer der Jungen. Die verlassene Pritsche, die Kuhle in der Matratze und das Vergissmeinnicht auf dem Kissen sprachen mit ihr, erzählten von einem, der nicht mehr wiederkommt, von Sehnsucht und von Einsamkeit.

Wie Elisabeth da so stand, mit geweiteten Augen, liefen die Teile ihrer Selbst auseinander nur um sich gleich darauf wieder neu zusammenzusetzen. Stücke ihrer Seele brachen und platzten aus der alten Elisabeth und schufen Platz, für das Unaussprechliche und die Neue. Wie Rinnsale flossen die grotesken Bilder in all ihrer Grausamkeit an diesem Morgen und fanden den Weg in ihr Bewusstsein. Wie sie den schlafenden Richard mit einem Kissen am Atmen hindert. Wie sie beherrscht den im Fieber Krampfenden betrachtet, jedes Winden und Stöhnen stoisch in sich aufnehmend. Wie sie in seinem Bauch wühlt wie in den offenen Schlachtschweinen, lustvoll an den Gedärmen zerrend. In diesen Momenten gehörte sie Luzifer allein.

Kommentar: Der Erzählstil ist eindrucksvoll, die Thematik ergreifend. Mit der zeitlichen Abfolge hatte ich Schwierigkeiten. Alles in allem ist das Prosastück bemerkenswert.

Oliver Fahn

Inspiration

Noch in der Gegenwart munkeln die Leute, die hier die Gräber ihrer Angehörigen besuchen. Sie unterhalten sich oft nur hinter vorgehaltener Hand über den betagten Mann, der einen Hut mit auffallend breiter Krempe bis tief in die Stirn hineingezogen trug. Seine Schläfen waren ergraut und am Hals sammelte sich im Laufe vieler Jahre überschüssige Haut. Ausgestattet mit den üblichen Anzeichen eines fortschreitenden Alterungsprozesses, wurde er Woche für Woche auf diesem Friedhof gesichtet. Er gehörte zur Atmosphäre wie die ruhenden Toten, die Steinmetze, die Steine mit Inschriften beschlugen und die Besucher, die jene Inschriften zumeist erst nach Jahren vom reichlichen Schmutz befreiten.

Niemand wusste genau, wer dieser Mann war, der in gebückter Haltung, stets mit wankendem Gang, gelegentlich einen Krückstock mitführte und nie in Begleitung kam. Manchmal verweilte er, so wenigstens mein Eindruck, vor ihm völlig unbekannten Gräbern. Da wurden Köpfe zusammengesteckt, gemutmaßt und beratschlagt, wem denn die Worte galten, die er an-dächtig vor sich hinmurmelte.

Er schlenderte häufig ziellos durch die Grabreihen und hob dabei kaum seine Füße. Seine Schritte schienen dabei so behutsam gesetzt, als wolle er in keiner Weise jeman-den erschrecken, hinter dessen Rücken er vorbeiging.

Es kam der Tag, an dem der schweifende Gast ausblieb. Wo war er abgeblieben, wohin verschwunden? In welchem Bezirk des Friedhofs ich auch fahndete, er war verschollen.

Einige Tage danach, als ich wieder einmal den Friedhof besuchte, erfuhr ich, dass der Sarg hinter dem ein Trauerzug trottete, der Sarg des Greises war. Etwa ein Dutzend Gäste folgten ihm. Dass sie von weither angereist waren, hatte ich aus ihren Gesprächen aufgeschnappt. Gegen meinen Willen machte mich der Tod des mir namenlosen Mannes arg betroffen.

Der Pfarrer predigte lobende Worte zu Ehren des Verstorbenen. An dessen Gästen machte ich eine Pracht an Farben aus, wie sie auf Friedhöfen selten vorkommt.

Irgendwann habe der Mann aus unerfindlichen Gründen damit begonnen, den örtlichen Friedhof zu durchstreifen. Anfangs hätten die Besuche in ihm seine Endlichkeit wachgerufen, verlas der Pfarrer seine Notizen in blechernen Tönen durchs Mikrofon. Eine Endlichkeit, die seiner Berufsgruppe ins Gedächtnis gebracht werden müsse, eine Vergänglichkeit, die von Schriftstellern wie ihm, deren noch angedachte Werke tausend weitere Jahre zu füllen verstünden, geflissentlich verdrängt wird. Die plötzliche Konfrontation mit dem eigenen Sterben durch die überall präsenten Todesdaten auf Urnen und Grabklötzen beruhigte ihn. Sein Spätwerk handelt von Vergänglichkeit. Er hat sein Vermächtnis dem Friedhof zu verdanken.

Abschließend applaudierten die ihn offensichtlich liebenden Besucher, dass mir bereits vom Zuhören meine Handflächen glühten.

Nun liegt er dort, der reiche Arme, der arme Reiche. Ehrlicherweise habe ich den Stuttgarter Erfolgsautor, seit er zugezogen ist, als Herumtreiber verkannt. Ich bin ein Banause. Amen.

Helga Licher

Mach einen Knicks...

„Kind, mach einen Knicks, wenn du der Tante Hedwig die Hand gibst", sagte meine Mutter, und schaute meine Schwester und mich mahnend an. Wir gehorchten und taten das, was man von gut erzogenen, braven Kindern erwartete. Die Worte meiner Mutter klingen mir noch heute in den Ohren, wenn ich an den Besuch von der Tante und dem Onkel denke.

„Und du machst einen Diener..."

Mama war unerbittlich und schob meinen kleinen Bruder zum Onkel hinüber.

Onkel Josef lächelte gütig und strich ihm wohlwollend über den Kopf. Tante Hedwig nickte zustimmend und tätschelte meinem Bruder die Wange.

Meine Geschwister und ich hätten diese Verwandtenbesuche gerne vermieden, wenn da nicht Schnuppi gewesen wäre.

Schnuppi war ein kleiner Hund. Genauer gesagt ein Jack Russel Terrier, und Onkel Josefs ganzer Stolz. Schnuppi durfte durch unseren Rosengarten toben, er durfte unsere Hühner jagen und auf Mamas Sessel seinen Mittagsschlaf machen. Onkel Josef lachte nur und steckte dem Hund kleine Kuchenstücke zu. Er tat das stets sehr unauffällig, aber meine Mutter hatte seine Aktion natürlich sofort bemerkt und rügte sein Verhalten.

„Wie soll ich den Kindern gutes Benehmen beibringen, wenn du kein gutes Vorbild bist."

So, oder so ähnlich liefen die Nachmittage ab, wenn Tante Hedwig und Onkel Josef uns zur Kaffeezeit besuchten.

Dass wir still auf unseren Stühlen sitzen mussten, wussten wir ja, aber dass wir den Mund halten mussten, wenn Erwachsene sich unterhalten, fiel uns schon sehr schwer.

Dabei hatten wir doch so viel zu erzählen.

„Ihr bleibt sitzen, bis alle aufgegessen haben…"

Das konnte manchmal ganz schön lange dauern.

Ja, ein Kind zu sein, war früher manchmal ganz schön kompliziert.

Ganz anders war es, wenn wir bei Oma und Opa zu Besuch waren.

Dort durften wir all das machen, was in unserem Elternhaus verboten war. Oma nahm uns ganz fest in den Arm, wenn wir ihr entgegenliefen. Wir durften die Hühner mit Kuchenkrümeln füttern und unser Butterbrot draußen auf dem Rasen zwischen den Apfelbäumen essen. Die Bäume boten uns Schatten, und die Hühner und Schafe liefen frei umher, als wären sie ein Teil der Familie. Opa brachte uns oft zum Lachen, wenn er Geschichten von früher erzählte.

So verging die Zeit. Ich wurde älter, und irgendwann startete ich in ein neues Leben. In ein selbstständiges Leben…

Heute, wenn ich an meine Kindheit denke, wird mir bewusst, dass die guten Umgangsformen, die ich von meinen Eltern gelernt habe, weit mehr waren als einfache Regeln des Anstandes. Sie haben mir gezeigt, wie man mit Respekt und Höflichkeit durchs Leben geht. Die Werte, die mir vermittelt wurden, haben mir geholfen, mich in verschiedenen Situationen angemessen zu verhalten.

Mit diesem Wissen habe ich in meinem Leben bereits viele Herausforderungen gemeistert. Und ich wünsche mir, dass alle Menschen in diesem Sinne eine Möglichkeit finden, um eine bessere Zukunft zu gestalten.

Kommentar: Hier werden Kindheitserinnerungen erzählt, wie sie die meisten von uns aus unserer eigenen Vergangenheit kennen. Mir ging es beim Lesen so, dass ich die ganze Zeit auf eine Pointe wartete. Die kam leider nicht, aber auch so habe ich es genossen.

Paula Reinhardt

Birkenbaumtrauervogel

Raureifherz in Flammen geworfen
nie Feuer gefangen unversehrt geblieben
nun lasten dunkle Erde, welke Kränze und die
verlogenen Lobeshymnen deiner Freundfeinde
schwer auf deinem harten Eichenbett.

Von verschwendeter Zeit ohne Rückkaufswert
hat dir der Birkenbaumtrauervogel gesungen
bevor er den Ast verließ und weiterflog
da Todesstarre dich fest umklammerte
warst du zum Zuhören verurteilt.

Wolltest Gefühle nie zugelassen
ersetztest den toten Hund genauso schnell
wie jede abgelegte Gespielin
sprangst auf den Loopingjet Zerstreuung
um im Rausch die innere Leere zu vergessen.

Und doch ist es mir gelungen
deinem Hartkokon aus Selbstgefälligkeit
einige Haarrisse beizubringen
während du dich verzweifelt gegen die
Ansteckungsgefahr Liebe gewehrt hast.

Dominika Rauscher

Auszeit

Ich hatte mir eine Auszeit genommen und fuhr allein auf eine Nordseeinsel. In einem mittelpreisigen Hotel untergekommen, fand ich mich am nächsten Morgen schon früh im Frühstücksraum ein. Bei meiner letzten Tasse Kaffee begann ich, das Treiben um mich herum zu beobachten. Mein Blick blieb am Nachbartisch, der für vier Personen gedeckt war, hängen. Bislang saß dort allein eine ca. fünfzigjährige schlanke Frau in Sportkleidung und mit neckischem aschblondem Pferdeschwanz vor einem O-Saft und köpfte gerade ein Ei. In dem Moment näherten sich ihrem Tisch zwei Frauen, auch in ihren Fünfzigern, die man aufgrund ihrer Körpergröße und Aufmachung für Zwillingsschwestern hätte halten können, korpulent, in formlose Jeans und Sweatshirts gehüllt mit identischen Turnschuhen, die eine aber über dem ebenmäßigen Gesicht das dünne aschblonde Haar zu einer Kurzhaarfrisur geschnitten, die andere mit hüftlangem mittelblondem glattem Haar. „Na Silke, schon am frühen Morgen gejoggt?", rief die Kurzhaarige der Sportlichen zu. „Ja, und ihr, habt ihr gut in eurem Doppelzimmer genächtigt?" „Ja, bei dem Blick vom Balkon aufs Meer und dem sanften Meeresrauschen im Hintergrund", erwiderte die Langhaarige, die sich als Doris herausstellte, während ich ihre Freundin im Geiste wegen ihres zackigen Auftretens nur noch den „Dragoner" nannte. „Wo nur Andrea bleibt", sagte Silke.

„Muss sich wohl noch schön machen", lästerte der Dragoner. Da tauchte auch schon eine große schlanke Frau mit figurnah geschnittenem weißem Blüschen, perfekt geschminkt und mit gestylter Kurzhaarfrisur auf, ebenfalls in den Fünfzigern. „Na, du Schlafmütze!", rief der Dragoner. „Von wegen Schlafmütze!", sagte Andrea, die elegante Erscheinung. „Bin schon seit über einer Stunde auf, lege halt im Gegensatz zu euch Wert auf einen ästhetischen Anblick!" Den Verlauf des weiteren Gesprächs bekam ich nicht mehr mit, nur dass man sehr uneins über die Gestaltung des Vormittags war. Anscheinend einigte man sich darauf, Mitbringsel für die zu Hause Gebliebenen zu kaufen.

Später im Städtchen sah ich das Quartett vor einem Andenkenkitschladen wieder. Es wurde heftig diskutiert. Das „Zwillingspärchen" war mit riesigen Tüten beladen. Der Dragoner führte das große Wort und verkündete, dass sie und ihr Pendant die Einkäufe ins Hotel tragen wollten und dann zur Strandpromenade gehen würden. Von Andrea schnappte ich auf, dass sie nun endlich in die hochwertigen Geschäfte gehen könne, was sie umgehend auch tat. Und die sportliche Silke schlug meine Richtung ein, wandte sich dann aber in Richtung des Strandabschnittes, an dem man der Sportart Strandsegeln nachgehen konnte. Ich wiederum verzog mich mit meiner Kladde in die Dünen und schrieb diese kleine Skizze nieder. Und dann überließ ich mich nur noch meinen Träumen, die, den Wolken gleich, kamen und gingen.

Susanne E. Kopp

Der alte Mantel

Der Wald schloss sich bedrohlich und gleichzeitig liebevoll umarmend um sie. Hanna blickte nach rechts und nach links. Rascheln. Hanna drehte sich um. Zwei große, glänzende Augen blickten sie an. Der Glanz, der von ihnen ausging, war von einer ganz besonderen Art. In Hanna tobte es. Sie wusste nicht recht, was sie als nächstes machen sollte. Fliehen oder sich der Situation stellen. Ruhe bewahren oder aktiv einen Ausweg suchen. Was war richtig? Was konnte jetzt helfen?

Weiter blickten sich zwei Augenpaare an. Leises gleichmäßiges Atmen. Kein Laut von den beiden, der irgendetwas anzeigte, was demnächst passieren wird.

Hanna bewegte sich langsam wie von einer anderen Kraft geführt und die Hand glitt in ihre Jackentasche. Ein leises Rascheln der alten Daunen. Kurz dachte sie daran, wie viele Geschichten dieser Mantel wohl erzählen könnte. Wo er überall gewesen ist, wer ihn getragen hatte aus der Familie und wen er vor Kälte und Wind und Wetter geschützt hatte.

Sie spürte, wie ein trauriges Lächeln auf ihrem Gesicht erschien. Das Bild ihrer Mutter kam ihr in den Sinn. Das Bild, das jahrelang in ihrem kleinen Wohnzimmer hing. Ihre Mutter, der Mantel und der Arm ihres Vaters neben dem Arm der Mutter. Keine Umarmung. Sie fragte sich als kleines Mädchen oft, ob es nur der Aufnahme geschuldet war, dass besagter Arm nicht um die Mutter gelegt war und dass in diesem Moment wohl nur der alte Mantel wärmte und nicht mehr. Die geborgte Wärme der Gänse, die die menschliche des Vaters auf Dauer ersetzen musste. Oder war es nur just dem Moment geschuldet?

Hanna wurde in ihren Gedanken kurz unterbrochen, als sie die kleinen Spitzen spürte, die glatte Fläche beim Anfassen und Drehen. Sie nahm beherzt die Bucheckern aus der Tasche, die sie gesammelt hatte und streckte sie mutig dem Gegenüber entgegen. Die Augen weiteten sich, dann wurden sie weich. Ein warmer Blick. Er hatte sie erkannt und ließ die Waffe sinken.

Der alte Mantel raschelte, als er den Arm um sie legte.

Stefan Landgraf

Wir hätten es nicht geglaubt

Wir waren Zeugen von düsterer Verdammnis, erblickten
das Leid
unvorstellbar, unerzählbar.
Worte zu ermessen, was sie taten, ließen verfaulen Zunge,
Mund und Schlund
Unaussprechlich, undenkbar – eigentlich, nur eigentlich
Und doch vermochten ihre bestialisch braun verseuchten
Gehirne
Hass, Abscheu und Verachtung
in Handeln zu verwandeln.

Wir hätten es nicht geglaubt,
hätten wir es nicht gesehen,
gesehen und gehört.
Gehört haben wir sie
Immer
Mal ein leises Wimmern, verzweifelt, flehend, zitternd
Mal erreichten Schrei unser Ohr, durchdringend wie ein
Armbrustbolzen
abgeschossen aus nächster Nähe
Menschliche Töne, zerreißender als Drachenklauen.

Wir hätten es nicht geglaubt,
hätten wir es nicht gehört,
gehört und gerochen.
Gerochen haben wir das Gas
das Gas im Atem ihrer vom Hunger ausgezerrten Leiber,

das Gas der Fäulnis ihrer Körper, achtlos
aufeinandergeworfen wie Bauschutt,
den Nekrophagen anheimgestellt, gleichgültig wie
Styropor,
das Gas der Kammern.

Wir hätten es nicht geglaubt,
hätten wir es nicht gerochen,
gerochen und gefühlt.
Gefühlt, als wir an der Reihe waren
nach den Christusmördern,
den Debilen,
den Unzüchtigen,
den Rassenverseuchern,
den unnützen Essern.
Wir fühlten die Ketten, kalt und unnachgiebig,
die Schläge, Tritte und Hiebe,
den Frost, der durch alle Ritzen in die Baracken drang,
die Stiche der Nadeln für Blutabnahmen.

Wir hätten es nicht geglaubt,
wären wir nicht gestorben.
Gestorben in den Massenvernichtungsmaschinen
verrannter Geister
abwegiger als Luzifer.
Warum wir?
Keine Antwort gab man uns
wir können nur vermuten
folgsam, fleißig, fromm
glaubten an Kirche und Vaterland,
Gedanken stramm und gerad wie der Rücken beim
Fahnenappell
Herkunft rein bis ins fünfte Glied.

Welch Verfehlung mag der Anlass gewesen sein?
Ach, was soll ich sagen?
Alles
geht vor die Hunde.

Marion Redzich

Die Kofferbombe

Der Tag war anstrengend. Jetzt wollte ich eigentlich nur noch nach Hause. Ein bisschen fernsehen, die Füße hochlegen. Abschalten.

Es war schon spät am Abend. Die meisten Berliner waren wohl längst zuhause. Bei ihren Familien. Auf dem Bahnsteig standen kaum noch Menschen.

Endlich fuhr die U-Bahn ein. Ich war allein im Abteil. Nein, stimmt nicht, in einer Ecke saß ein schmuddelig wirkender Mann in einem dreckigen langen Mantel, der sicher schon bessere Zeiten gesehen hatte. Neben ihm eine mehr oder weniger volle Bierflasche.

Ich verkrümelte mich in die entgegengesetzte Ecke des Abteils und schaute aus dem Fenster.

Der Zug fuhr los und ich ließ den Tag noch mal Revue passieren.

Meine Blicke schweiften durch das Abteil und blieben an einem Koffer hängen, der in der Nähe des Obdachlosen neben der Abteiltüre stand. Er war nicht allzu groß, sah aus wie ein Designer-Aktenkoffer. Schwarz, gepflegt mit silberfarbenen Schnallen.

„Merkwürdig. Den muss wohl jemand hier vergessen haben" dachte ich nur. Dann schaute ich zu meinem Abteilnachbarn rüber. Der schien tief und fest zu schlafen.

Der Zug hielt an der nächsten Station. Niemand stieg ein.

Unruhig schaute ich wieder zu dem Koffer rüber. Die Warnungen auf den U-Bahnhöfen, auf fremde Gepäckgegenstände zu achten, schossen mir durch den Kopf.

Offensichtlich war dieser Koffer hier herrenlos.

„Und wenn da eine Bombe drin ist?" Dieser Gedanke ließ mich nicht mehr los. Zu oft hatte es in den letzten Wochen Schlagzeilen über mögliche Terroranschläge in Deutschland gegeben.

Plötzlich war ich hellwach. Die Gedanken in meinem Kopf überschlugen sich.

„Wenn da wirklich eine Bombe drin ist? Dann werde ich meine Familie nie mehr wieder sehen. Aber ich hab doch noch so viel vor. Nein, so will ich nicht enden. Ich will mich doch wenigstens von meinen Lieben verabschieden können" Meine Gedanken rasten. Mein Puls auch. Mir war schlecht und ich schwitzte, obwohl es Winter war und das Abteil kaum beheizt. Plötzlich glaubte ich, aus der Richtung wo der Koffer stand, ein Geräusch zu hören.

Ich lehnte mich weit vor und lauschte.

Ja, tatsächlich. Ich hörte, leise zwar, aber deutlich vernehmbar ein rhythmisches Klopfen.

„In diesem Psychothriller neulich. Da war doch auch so ein Klopfen zu hören, kurz bevor die Bombe hochging" dachte ich. Mir wurde speiübel.

Wenn der Zug anhielt, wollte ich aussteigen und sofort die Polizei benachrichtigen.

Doch noch während ich damit beschäftigt war, Fluchtpläne zu schmieden, erhob sich mein obdachloser Mitreisender von seinem Sitz, ging zur Tür und griff nach dem Koffer.

Ich hielt den Atem an.

Der Zug hielt ebenfalls, die Tür öffnete sich und der Mann stieg mitsamt dem Koffer aus.

Mein Herz klopfte. Es war das gleiche Klopfen, das ich vorhin gehört hatte…

Kommentar: Lokalkolorit, Atmosphäre, Spannung – alles enthalten. Die gelungene Pointe komplettiert das Paket.

Jutta Gornik

Staunen

Wiegende Wogen
im Glanz der
untergehenden Sonne.
Duft von Jasmin zieht
durch die Gärten.
Die silberigen Blätter des
Olivenbaums wispern.

Um mächtige Steine
flutet das Wasser.
Darüber der Himmel
so weit, so rot.

Keine Gedanken im Kopf.
Nur schauen
auf das rotgoldene
Glitzern über
dem Meer.
Nur schauen
und staunen.

Günther Pilarz

Gemeinsam sind wir stark

Es war einmal ein Engel auf Erden. Dieser hieß Konstantin. Er gehörte zu den himmlischen Wesen, welche stets anpackten, wenn ich Hilfe brauchte. Und damit du mehr über uns beide erfährst, folgt eine kurze Geschichte dazu.

Wind kam auf und zerstörte meine Frisur. Die Luftströmung pfiff ein flottes Liedchen, während unzählige Wellen wild herumschaukelten.

Minuten später präsentierte uns das zurückweichende Meer dessen sandigen Boden und Unmengen an Seetang. Dieser soll sehr gesund sein, aber ob jener nicht seltsam schmeckt? Das wäre kein Hindernis, ihn zu kosten, der Weg zu ihm schon.

Da bemerkte ich ein fremdes Pärchen. Es schien so, als suchten die zwei hübsche Muscheln. Ob hier jemals kostbare Perlen gefunden wurden? Egal, denn weit schöner wäre es, durch den feuchten Sand zu stapfen oder Sandburgen zu bauen.

Konstantin saß entspannt im Gras und genoss jene salzig nasse Vorstellung. Zusätzlich zu seinem eigenen Dasein kümmerte sich der Brave um das Wohl vieler Menschen. Hätten dessen Hände einen Namen gehabt, dann wären diese als Hokuspokus und Fidibus in die Weltgeschichte eingegangen. Ob Sorgen oder Schicksal, mein Vertrauter handelte wie ein Ritter ohne Furcht und Tadel.

Einstweilen schmückte eine Menge Treibgut den vor uns liegenden Strandabschnitt. Aber statt weit gereister Flaschenpost oder vollen Schatzkisten ließ sich nur unnützes Zeug entdecken.

Konstantin hatte all seine Gedanken auf große Pause geschickt und wirkte völlig verwandelt. Gut so, denn die wahren Abenteuer spielen sich ja in unserem Kopf ab. Sonst würden wir im Schlaf niemals träumen. Doch so sehr das Nichtstun meinen Begleiter begeisterte, schon bei der geringsten Störung wäre er hellwach gewesen.

In einiger Entfernung glitt ein Boot übers blaue Nass. Am Strand jedoch herrschte Ebbe, weshalb sich das Meer zurückgezogen hatte. Deshalb konnte jenes hölzerne Wasserfahrzeug nicht bei uns anlegen. Ach, wie gerne wäre ich an Bord gegangen, um für ein paar Momente Matrose zu sein.

Unterdessen segelte das winzige Schiff weiter, ehe es am Horizont verschwand. Ja, ich hätte mir die Windbrisen gern um beide Ohren wehen lassen. Dann kletterte der Meeresspiegel erneut nach oben. Milliarden Wassertropfen schienen aneinanderzukleben. Auch Konstantin fand Gefallen an diesem Naturschauspiel, doch langsam wurde es Zeit aufzubrechen. Erfrischt und gestärkt, um die kommenden Aufgaben oder Hürden besser bewältigen zu können.

Mein treuer Helfer wartete bereits. Schnell noch ein allerletzter Blick, dann mussten wir retour. Über Stock und Stein, bergauf, bergab. Auch wenn es für ihn oft kein Leichtes war, er behandelte uns so schonend wie möglich. Meine unerfüllten Sehnsüchte, den Rollstuhl und mich.

Mittlerweile wohne ich hoch oben im Himmel, wo gerade die nötige Ausbildung läuft, um in Kürze zurückkehren zu können. Als Engel auf Erden, welcher

Hilfsbedürftige unterstützt. Und wenn dir Konstantin irgendwo über den Weg laufen sollte, winke ihm. Dann freut er sich.

Karsten Wöstenberg

Ein regnerischer Tag im November

"Wo ist das blaue Hemd!?" Der scharfe Ton in der Stimme
von Ralf machte Marita deutlich, dass es sich weniger um
eine Frage, sondern um den unausgesprochenen Befehl
handelte, das besagte Hemd aus dem Schrank zu holen
und sauber gefaltet in seinem Koffer zu verstauen.
Akkurat, so wie er es liebte, so wie sie auch die anderen
Dinge für seine Geschäftsreise in den eleganten
Aluminiumkoffer gepackt hatte. So wie jedes Mal. Marita
schloss den Deckel und ließ die beiden Schnapp-
verschlüsse einrasten. Wehmut überfiel sie. Ihr Blick
wanderte zwischen dem Koffer und dem Fenster hin und
her. Regen glitt an der Scheibe herab und die Wolken
hingen so tief, dass Marita fast das Gefühl hatte, sie
würden jeden Moment ins Zimmer eindringen und sie
einhüllen, unsichtbar machend. Das Grau der Wolken
würde sich mit dem Grau ihres Lebens vermischen, ihre
Existenz würde sich in den Milliarden winziger
Wassertropfen verlieren und irgendwann von einem
aufkommenden Wind in vollkommene Bedeutungs-
losigkeit zerstreut werden. Alles an einem regnerischen
Tag im November. Marita schüttelte sich und zwang sich
ins Hier und Jetzt zurück: "Marita!! Bist du taub??" Sie
realisierte, dass er schon zweimal gerufen hatte. Wo ihm
doch schon eigentlich einmal zu viel war: "Entschuldige,

Liebling, ich hab wohl geträumt, was hast du gesagt?"
"Das Heeemd, meine Güte nochmal!!!" Marita schluckte.
"Ich habe es eingepackt, zusammen mit den 2 weißen."
"Sag das doch", brummelte Ralf aus dem Arbeitszimmer.
"Manchmal glaube ich, du hast deine Ohren nur zum
Ohrringtragen am Kopf." Marita schluckte erneut, starrte
durch das Fenster in den Nebel draußen und sagte nichts.

2 Stunden und 3 Beleidigungen später war Marita allein.
Ralf war fort, unterwegs zu seinen Terminen, in einer
Welt, die Marita nicht mehr verstehen konnte und wollte,
alles so eng und gleichzeitig so verlassen. Sie sah durchs
Küchenfenster die Rücklichter seines Wagens im trüben
Dämmerlicht des späten Nachmittags verschwinden.
"Machs gut, ich melde mich, wenn ich Zeit habe." Sein
Abschiedskuss, hingehaucht auf ihre Wange, war so
automatisch wie Bremsen und Gasgeben auf der
täglichen Fahrt ins Büro. Marita fröstelte. Regungslos
stand sie am Fenster, sah in die Wolken, fühlte beinahe
körperlich, wie die Dunkelheit langsam das letzte
Sonnenlicht fraß. Die Zeit verrann und ihre Hände hielten
nach wie vor den Becher mit Tee in der Hand, der schon
längst vollkommen kalt geworden war. Ein Ruck
durchlief Marita. Sie entleerte den Becher im
Waschbecken und stellte ihn in die Spülmaschine.
Langsam nahm sie die Treppe in den ersten Stock und
betrat das Schlafzimmer. Marita kniete sich vor das
Ehebett und zog ihren gepackten Koffer darunter hervor.
Er war schwer und sie musste ihn mit beiden Händen auf
das Bett wuchten. An diesem regnerischen Tag im
November ließ sie wieder einmal die Verschlüsse ihres
Koffers aufschnappen, packte wie so oft die Kleidung

zurück in ihren Schrank und schaute hinaus in die Wolken.

Sie fror.

Kommentar: Die äußere Kälte entspricht der inneren Kälte in der Beziehung der Protagonistin. Man erwartet eine Flucht oder eine Explosion, aber die Frau entscheidet sich zu bleiben und weiter zu dulden. Bewegend.

Samira Schogofa

In die Jahre kommen

Nun schau' ich mir die Welt von außen an,
muss gar nichts mehr in Ordnung bringen.
Aus jedem „muss" wird nun ein „kann".
Ich lasse mich zu nichts mehr zwingen.
Renn' keinem Bus mehr hinterher,
schwelge im Gestern kreuz und quer,
drifte dahin, so wie ich's mag,
entrümp'le dabei jeden Tag.
Noch einen Wunsch hab' ich, den ich beteure:
Mein Herz sei nie durchtränkt von Seelensäure.

Christian Knieps

Für was Verben?

Eine kaum zu identifizierende Leiche, grässlich zugerichtet, auf dem nackten Boden, der blutdurchtränkte, in der gleißenden, unbarmherzigen und an dem Geschehen unbeteiligten Sonne, mit massenhaft schwirrenden Fliegen überall, dieses eindringliche gleichfrequente Summen, dieser beißende, bleierne Geruch nach fortgeschrittener Verwesung, beginnende Zersetzung allen ehemaligen Lebens, hinaus nach dem längst eingetretenen Tod. Starke, höchst emotionale Ablehnung von meiner Seite aus, die Ermittlung, nicht mein Wunsch, großer Drang nach Weglaufen, doch hier, an diesem Ort, meine neue, ungewollte Ermittlung, dieses menschliche Desaster vor mir und in meinem schmerzenden Kopf. Der eigenartige, äußert mitteilsame Täter, seine exakte Adresse und Handynummer auf der ansonsten zugerichteten, vor uns liegenden Leiche, penibel saubere Schrift, fast zu perfekt, nahe an einer gedruckten Druckschrift, comic sans serif, diese spaltende Schriftart, geliebt oder verhasst. Meine überaus engagierten KollegInnen, unterwegs zu der auf der Oberhaut der Leiche angegebenen Adresse, ausgeschaltetes Blaulicht, keine unnötige Aufmerksamkeit, auch wenn der vermeintliche Täter, der mitteilsame, die Ankunft erwartungsfroh, am dreckigen Fenster hinter dem ebenfalls dreckigen Vorhang erkennbar, zitternd und über den Maßen stark schwitzend. Ein vermeintlich einfacher Einsatz, in Sicherheitsausrüstung anrückende KollegInnen, gepanzerte schwarzgefärbte Kevlarprotektoren, vorsichtiges, koordiniertes Vorrücken, der nervöse Täter hinter dem durchscheinenden Vorhang, erwartungsgespannt auf die nähere Zukunft, die langsamen, zähflüssig verrinnenden Sekunden. Näherung, minutiös kontrolliert, professionelles Training und exakte Umsetzung, einem ballettesken Schwanentanz gleich, Kommandos per angesprochenen Zeichen, Umstellung des baufälligen Hauses, Klärung der Bereitschaft aller beteiligten Einheiten Zugriff, Sturm durch die nicht abgeschlossenen Türen vorne und hinten, Drücken des Knopfes trotz allen Schweißes, augenblickliche Zündung der angebrachten, versteckten Bomben, grande catastrophe, unsere geordnete Welt völlig anders als zuvor.

Kommentar: Die Überschrift ist Programm. Der Text kommt ohne Verben aus. Der Telegrammstil ermöglicht es. Dadurch erlangt die Erzählung eine Dichte, wie sie wohl nur in einer Kurzgeschichte möglich ist. Die gelungene Pointe überrascht.

Carsten Stephan

Infernokrämer Hagen Edland

Rote Lettern, gelb gerändert,
Schwarzes Explosionssymbol:
Schon bei seinem Ladenschilde
Ist uns kannibalisch wohl.

Wir betreten voller Hoffnung
Den *INFERNO MegaStore*.
Edland heißt uns warm willkommen,
Schwefel strömt aus seinem Ohr.

Und er zeigt uns dann im Laden
Manches wunderschöne Stück.
Er führt das, was uns noch fehlte
Zu dem wahren, höchsten Glück.

Etwa Pulverfass und Lunte,
Lenkrakete, Laserschwert,
Feindbilder in tollen Farben –
Alles, was das Herz begehrt.

Er verkauft nur erste Güte,
Ohne Augenwischerei.
Hier das Bömbchen ist nicht schmutzig,
Sondern glänzt ganz einwandfrei.

Also wächst die Kundschaft täglich,
Wer nichts kauft, der ist verdammt.
Von Odessa bis nach Gaza
Ist die halbe Welt entflammt.

Philipp Ziegler

Abschluss

1

Die Aggressivität, mit der sie ihm das „Nein" an den Kopf geworfen hatte, erschreckte ihn. Sie war doch völlig von Sinnen! Sein Vater hatte Recht gehabt, sie war wirklich eine verrückte alte Kuh. Er war zurückgekommen und kümmerte sich um sie und was machte sie?

„Das ist doch kindisch, Mutter. Wir wissen doch beide, dass du dir nichts mehr merken kannst, es ist zu deinem Besten" sagte er. Jemand musste sich um sie kümmern, sie war ja völlig außer sich. Demenz, da war er ganz sicher. Er wollte doch nur das Beste für sie.

Sie stand nur da, blickte starr durch ihn hindurch. Dann wandte sie sich von ihm ab. Sie schaute aus dem Fenster, auf die schmale Einfahrt zum Grundstück. Das Pflaster war schon alt und teilweise vermoost. An vielen Stellen ragten Steine aus der Struktur heraus. Stolpersteine. Sein Vater hatte das Pflaster verlegt, das war über vierzig Jahre her. Er hatte ihm damals geholfen, er war damals etwa Zehn. Er wollte ihm nicht helfen. Als Kind wollte er seinem Vater nie helfen. Sein Vater hatte ihn immer traurig gemacht.

Er war es leid. Sie wusste, dass sie nicht hier bleiben konnte. Er hatte nicht genug Zeit für sie, er war ja die halbe Woche in der Arbeit. Wenn er dann in seinem Büro zuhause arbeitete und sie platzte mitten in ein Online-

Meeting hinein… er war es leid. Madeleine machte es sich leicht, sie wohnte ja in Düsseldorf. Er war hier mit ihr.

„Mutter, wir können so nicht mehr weitermachen." Egoistisch war sie. „Es muss jemand da sein, der sich um dich kümmern kann. Nicht nur einmal am Tag, sondern rund um die Uhr." Sie war so egoistisch. „Ich rufe jetzt Frau Hennemann an und mache einen Termin aus. Mit der hast du dich doch auch gut verstanden, sie sieht das ja genau wie ich." Es musste eine Lösung her.

Sie drehte sich vom Fenster weg und streifte mit der Hand über den Radio, der auf der Kommode stand. Der Radio war ein altes Blaupunktgerät. Alle Knöpfe und Regler darauf waren auf Deutsch beschriftet. Als er wieder zuhause eingezogen war, wurde ihm das zum ersten Mal bewusst. Es las sich absurd für ihn, besonders der Begriff „Klangwaage".

Plötzlich packte sie den Radio mit beiden Händen. Sie riss ihn zu sich hin. Das Kabel spannte sich über die Kommode und schob eine Porzellanfigur über den Rand, die auf den Boden fiel und zerbrach. Sie zerrte weiter, riss und riss mit dem Radio am Kabel. Er schritt mit einem lauten „Mutter!" hinein und packte seinerseits den Radio, rang mit ihr. Das Kabel riss nicht.

2

Er ging zufrieden über den Parkplatz und stieg in sein Auto. Sie hatte es doch gut hier. Es war alles sauber und die Schwestern waren auch sehr nett. Am Anfang hatte er noch ein paar Bedenken gehabt, aber mittlerweile hatte sie sich ja gut eingelebt. Sie war wieder friedlich geworden. Geredet hatte sie ja eigentlich noch nie sonderlich viel. Jetzt musste er nur noch zum Wertstoffhof, den alten Elektroschrott wegbringen, dann konnte er wieder nach Hause fahren.

Herbert Glaser

"Eine Utopie?"

Im Raumschiff:

Es ist geschafft!
Die Despoten dieser Welt und ihre Helfer sind gerettet.
In Sicherheit an Bord des größten Raumschiffs der
Menschheit.
Geflohen von einem sterbenden Planeten.
Zusammengeführt durch das unmittelbar bevorstehende
Ende der Erde.
Nur zu dem Zweck, ihre eigene Haut zu retten.
Auf dem Weg zum Mars, der sie mit offenen Armen
empfangen würde.
Die restliche Weltbevölkerung ahnt nichts, glaubt an
einen wissenschaftlichen Erkundungsauftrag.
Eine geniale Geheimmission.

*Die Maschinen arbeiten nicht richtig. Wir sind vom Kurs
abgekommen und steuern direkt auf die Sonne zu.*

Auf der Erde:

Es ist geschafft!

Die Fake News der Experten über das unmittelbar
bevorstehende Ende der Erde haben ihren Zweck erfüllt.
Die Diktatoren der Welt und ihre Handlanger haben sich
feige aus dem Staub gemacht.
Die restliche Weltbevölkerung ahnt nichts, glaubt an
einen wissenschaftlichen Erkundungsauftrag.
Eine geniale Geheimmission.

*Die Maschinen arbeiten nach Plan. In einigen Monaten wird
das Schiff in die Sonne stürzen.*

Leider nur eine Utopie!

Angelika Lichteneber

Rede, Junge, rede!

Er muss reden, immerzu, muss erzählen, mitteilen, sagen, schimpfen, lachen, beschweren, egal, Hauptsache reden. Wenn er nicht reden soll, sondern stillsitzen und schweigen und ruhig sein und zuhören, dann zappeln die Hände, greifen nach Dingen, scharren die Füße, kippelt der Stuhl, muss der Mund an den Nägeln kauen. Reden, nur reden hilft gegen den Druck im Inneren, in der Magengegend, manchmal hat er Magenschmerzen und Bauchweh, er weiß nicht warum, dann muss er raus und sich kurz hinlegen und erklären, wo es ihm weh tut und was er gestern gemacht hat, und sein Fuß, sein Fuß tut auch weh. Letzte Woche ist er umgeknickt, da war der Fuß geschwollen, schau doch, genau da, und jetzt nicht mehr, jetzt kann er wieder laufen, schau her, aber er legt sich lieber wieder hin, ganz gut ist ihm noch nicht. Nein, er kann noch nicht zurück ins Klassenzimmer, er will noch hier liegenbleiben, und weißt du, was heute früh passiert ist, da ist er U-Bahn gefahren wie immer, weil um sechs Uhr muss er raus von zuhause, die Mama geht zur Arbeit und der Papa auch, um viertel vor sechs steht er auf, dann zieht er sich an und geht, die Mama gibt ihm Geld, davon kauft er Frühstück und Pausenbrot, heute früh ist er in der U-Bahn sitzengeblieben und nach der Endstation weitergefahren zum Wendepunkt, der Fahrer läuft dann zurück zur anderen Seite und hat ihn gesehen, aber weißt du, er hat ihn gefragt, was er hier macht und dann haben sie sich unterhalten, er durfte mit in die Fahrerkabine, das geht nur bei der U1, die U2 fährt ja ferngesteuert, da gibt´s keine Fahrer. Die Fahrer kennen ihn schon, er fährt früh immer solange U-Bahn, bis die Schule anfängt. Der Papa zieht jetzt aus und bald sind Ferien, da fährt der Papa mit seinem Bruder und dem seinen Kindern ans Meer, aber er muss mit der Mama woandershin fahren, das ist echt blöd, die Mama und der Papa streiten immer. Die anderen in der Klasse lassen ihn nicht in Ruhe, immer ärgern sie ihn, solche Blödköpfe, aber denen hat er es gezeigt, er lässt sich von niemandem mehr was gefallen! Sein Papa sagt das auch und manchmal darf er beim Papa im LKW mitfahren, wenn keine Schule ist in den Ferien, dann fahren sie bis nach Norddeutschland. Er will nicht bei der Mama bleiben, lieber beim Papa, aber der Papa sagt, das geht nicht, er muss ja arbeiten, und der Papa wohnt bei der Oma, da ist wenig Platz und der Oma ist alles zu viel.

Er redet und redet und ich höre zu, aber nicht immer, manchmal tue ich nur so als ob und sage ab und zu „Aha" oder „Wirklich?", aber ich will, dass er reden kann und sich nicht bremsen muss, damit er nicht platzt oder Hand an sich legt, die Aggression wächst, je älter er wird, die blutenden Fingernägel reichen vielleicht nicht mehr. Reden soll er, das ist besser, und er redet und redet und redet, er hört nicht zu, mir nicht und niemandem, es ist schon zu viel in ihm drin und auf seiner Seele, da geht nichts mehr rein und kommt nichts mehr an.

Rede, Junge, rede! Rede um dein Leben.

Kommentar: Der Erzählinhalt spiegelt sich in der Erzähl-form wider. Man erfährt die Situation am eigenen Leibe.

Gerwin Haybäck

Jagd nach Glück

Jäger Horst Glück begehrt,
unstet listig Vogerl, mal
hier, mal fort, bizarr
der Laune nach.

Erspäht vom Hochstand
aus, entführt er es zutiefst
in seine Welt, ins mächtig
unersättlich Ich. Hold

scheint ihm Glück, häuslich
beinah, bis flugs es ist
dahin, vergeblich Müh.
Flieht er geknickt in seine

Heimat Wald lauschend
magisch Pilz in Rot: ‚Ich,
eh verzaubert, war einst
gewitzt Odysseus gar, so

rat ich dir, dein Dasein
überschreite, wandle!'
Stutzig Horst reicht sein
gülden Kleeblatt Pilz,

pfeift aufs Glück, ersetzt

es glatt durch Phantasie
und gewitzt Leben. Was,
wenn im Heil alle hausen,

Pilz, Odysseus, Vogerl,
Horst? Losgeeist vom
rohen Jagen, entfaltet er
sich frei vom eisern Ich

nach schwebend Adlers
Art im Glück, bald in
hoher Luft, bald im
heilen Horst.

Maximilian Wust

In einem Land, das nicht mehr fällt

Ich stehe auf dem Kamm einer Düne. Eine graue, aber friedliche Wüste erstreckt von einem Horizont zum nächsten. Ruinen, Erinnerungen an Mauern oder Säulen, ragen aus dem betonblauen Sand empor. Manche behaupten, dass sie älter als die Menschheit sind, vielleicht sogar älter der erste Stern. Kein Wind streicht über diesen Ort, kein Geräusch stört seine Ruhe. Graue Dünen unter einem grauen Himmel, mehr gibt es hier nicht mehr.

Es dauert eine Weile, bis ich bemerke, dass er bereits neben mir sitzt. Er sieht genau so aus, wie auf den Zeichnungen – und vielleicht sogar noch ein bisschen hübscher. Blass und hager, das lichte Haar ein bisschen zu lang. Vielleicht versucht er, damit seine Geheimratsecken kaschieren, aber er wirkt nicht wie jemand, der sich um solche Dinge schert. In einer anderen Zeit hätte vermutlich eine Brille getragen, um seinem weichen Gesicht mehr Kontur zu verleihen.

„Weißt du, wer ich bin?", fragt er leise.

„Das tut so ziemlich jeder", antworte ich und setze mich zu ihm. „Ein Film, der von dir handelt, hat dieses Jahr sogar einen Oscar gewonnen."

Er widmet mir ein sanftes, trauriges Lächeln. „Wie immer weiß ich nicht, wovon ihr sprecht. Aber es klingt schön. Ich mag es, wenn ihr nicht von Kriegen und Morden erzählt."

„Viele glauben, du wärst ein Gott."

„Ist ein Gott mächtig?"

90

„Ja."

„Dann bin ich keiner."

Ich lehne mich zurück, stütze mich mit den Händen auf den Sand – der sich mehr wie Betonstaub anfühlt. Wobei ich nie Wüsten- noch Betonsand berührt habe.

„Was ist das hier für ein Ort?", will ich eigentlich gar nicht wissen.

Er holt tief Luft. „Früher haben wir hier viele Rätsel gelöst. Manche leider nicht schnell genug."

„Das ist keine Antwort auf meine Frage."

„Es muss für dieses Mal reichen. Unsere Zeit ist begrenzt und ich will sie nicht vergeuden. Du weißt, dass ich dich zurückbringen kann?"

Ich nicke.

„Aber du bist dir nicht sicher, ob du das willst."

Und ich nicke erneut.

Er spitzt die Lippen. „Tat es weh?"

„Sehr."

„Hast du es bereut? Viele tun das in den letzten Momenten, wenn sie dann gesprungen sind oder den Stuhl weggetreten haben."

„Ich bin mir nicht sicher", antworte ich, so ehrlich ich kann. „Was passiert, wenn ich bleibe?"

„Das weiß ich nicht", antwortet er, vermutlich auch so ehrlich wie er kann. „Bis dahin bin ich längst wieder fort." Er zögert. „Aber ich möchte nicht, dass du stirbst."

„Das sagst du angeblich zu jedem, der hier strandet."

„Und es ist jedes Mal die Wahrheit."

Ich drehe mich zu ihm und versuche in seine Augen sehen. Sie sind schön, dunkelbraun und ehrlich. „Es heißt, du hättest auch Mörder zurückgeschickt. Und Schlimmere."

„Ich bin kein Richter. Wie ich auch niemanden frage, was sie an diesen Ort geführt hat."

Ich lenke meinen Blick wieder in die Wüste, zum Horizont, wo sich Sand und Wolken zu einem weißen Streifen vereinen. Dieser Ort ist so trist und doch so erlöst.

„Habe ich noch Zeit", frage ich, „bevor ich mich entscheiden muss?"

„Natürlich."

Er lächelt.

Franziska Bauer

Wer nicht hören will

Als der Herr über Leben und Tod, den die
Menschen Gott nennen, wieder einmal sein Werk
betrachtete, sah er, dass ordentlich Feuer am Dach war.
Diesmal schien es ihm ratsam, sich ein wenig
einzumischen. Zwar hatte er seine vernunftbegabte
Spezies mit freiem Willen ausgestattet – denn etwas
anderes hätte er nicht für angebracht gehalten – aber als
er so sah, wie arg sie es in letzter Zeit wieder trieben,
erkannte er dringenden göttlichen Handlungsbedarf.

Intelligent waren sie ja, die Menschen, seit sie vom
Baum der Erkenntnis genascht hatten, aber ihre
zahlreichen Erfindungen und Konstrukte entglitten
nach und nach ihrer Kontrolle, worüber sie mehr und
mehr in Streit gerieten, sodass sie einander zu hassen
begannen. Obwohl sie sich nach nichts mehr sehnten als
nach Frieden, fiel ihnen in ihrer Verblendung nichts
Besseres ein, als Kriege zu führen. Diesen Holzweg
beschritten sie zwanghaft immer wieder. Rein
theoretisch hätten sie ja aus der Geschichte lernen
können, aber kurz wie ihr Leben war meist auch ihr
Gedächtnis, und obendrein gelang es den einsichtigen
Älteren nicht immer, die Lektionen, die ihnen die
Geschichte verpasst hatte, an die nachfolgende
Generation weiterzugeben. Vergeblich hatte Gott den
Menschen offenbart, was zu offenbaren gewesen war,
und ihnen sogar etliche Propheten nebst einem Messias
geschickt – Mitleid und Erbarmen waren nahezu in

Vergessenheit geraten, und die Menschen führten verbissen einen Krieg nach dem anderen.

Deshalb beschloss der Herr über Raum und Zeit, seinen Kindern diesmal eine eindringlichere, ja grausame Lektion zu erteilen. Er versetzte den gesamten Planeten in eine Zeitschleife und ließ die Menschen immer wieder denselben Tag erleben. Dieselben Bomben, dieselben Bodenminen, denselben bodenlosen Hass, dasselbe himmelschreiende Leid, dieselben Tränen der Verzweiflung, Tag für Tag für Tag.

Anfänglich wussten die Menschen gar nicht, wie und was ihnen da geschah, aber allmählich begriffen zumindest einige, was vor sich ging, und plötzlich titelten alle Tageszeitungen, verkündeten alle Fernsehkanäle das Unglaubliche, ja Unmögliche: „Wir sitzen in einer Zeitschleife fest". Es herrschte allgemeines Köpfekratzen, man war erstaunt und ratlos. Ewig derselbe Tag? Ewig Krieg? Ewig Blut, Schweiß und Tränen? Keine Aussicht auf einen Sieg, auf eine bessere Zukunft, auf ein wenig Glück?

Als schließlich ein Kind vorschlug: „Aber warum machen wir es nicht einfach anders? Es ist zwar derselbe Tag, aber wir müssen ja nicht dasselbe tun!", fiel es den Menschen wie Schuppen von den Augen. Ja, sie bräuchten es ja nur anders zu machen. Wenn sie schon nichts hätten als diesen einen Tag, dann wollten sie ihn friedlich verleben. Sie legten die Waffen nieder, gingen aufeinander zu und erblickten in ihren Feinden wieder Mitmenschen, und Friede kehrte ein in ihre Herzen.

Sie hatten gehört, sie hatten gefühlt, sie hatten ihre Lektion gelernt. Da konnte der Herr über Leben und Tod die Zeit wieder in Gang setzen.

Kommentar: Das Motiv ist im berühmten Film „Und täglich grüßt das Murmeltier" sehr humorvoll vorgetragen worden und seitdem des Öfteren wieder aufgegriffen worden. In der vorliegenden Version geht es um den Wunsch nach Frieden. Das ist ein verbreiteter Wunsch und es besteht Hoffnung auf Erfüllung. Die Theorie von der weiblich werdenden Welt verspricht für die gar nicht so ferne Zukunft das Verschwinden von Kriegen.

Stefan Mettler

Veränderung

„Ich ändere mich", sagte er, „Ich werd mich ändern, ich änder mich."

„Tust du nicht", brüllte seine Frau, „Du änderst dich nie. Nie."

„Doch. Ich werd. Ich werd's tun. Hörst du nich, ich werd's tun."

Der Kleine fing an zu schreien. Sie nahm ihn auf den Arm.

„Ich nehm's dir nicht ab, ich nehm dir gar nichts mehr, hörst du, gar nichts mehr."

Er ging ein paar Schritte nach vorne, sie wich zurück.

„Ich werd's tun", sagte er, „Warum glaubst du's mir nich?" Er begann zu weinen.

„Du tust nichts", sagte sie, „Würdest du's wollen, hättest du längst was getan. Du tust nichts."

„Ich wollte. Ich konnt nur nicht. Ich konnt nicht."

Der Kleine schrie und schrie.

Und mit einem Mal, mitten im Streit, glaubte er mit einer unglaublichen Klarheit zu begreifen, dass er sich nicht so einfach würde ändern können. Er wusste noch nicht einmal, ob er sich wirklich ändern wollte. Er sagte für einen kurzen Augenblick nichts. Sie hob irritiert eine Augenbraue. Aber dann war dieser Moment vorbei und sie stritten weiter. Sie stritten den ganzen Vormittag.

Manuel Otto Bendrin

Zombies!

»Fuck!«

Es gab keinen Ausweg. Fabian stand wortwörtlich in die Ecke gedrängt. Hinter und links von ihm glatte Betonwände, nach rechts blieben ihm vielleicht sechs Meter und seinen einzigen Ausweg versperrte ein Rudel von sieben Zombies.

So durfte es nicht enden!

Langsam schwankten die Kreaturen näher. Wenn er zu lange wartete, bliebe ihm keine Zeit nachzuladen. Also hob er die Schrotflinte und richtete sie auf den vordersten Zombie. Kurz zögerte er. Den dahinter kannte er doch.

»Michael?«, stieß er erstickt heraus. »Du auch? Fuck!«

Er schwenkte die Flinte. Wenn er hier schon nicht lebend herauskam, konnte er seinem Freund wenigstens den Gnadenschuss geben.

Zu Fabians Schreck stockte Michael und hob abwehrend die Hände.

»Um Gottes Willen, nicht! Ich tu nur so«, zischte er. Die Köpfe der anderen ruckten zu Michael herum, der seine Entscheidung augenblicklich bereute. »Erschieß die anderen! Mach schon!«

Erneut hob Fabian die Flinte und zielte auf den nächstbesten Zombie, der plötzlich ebenso verschreckt aussah.

»Warte! Ich bin auch kein Zombie!«

Beide starrten den Mann ebenso verwirrt an. Die übrigen Zombies schienen von den Menschen mitten unter ihnen überfordert. Wieder schwenkte Fabian die Flinte und wieder hob das auserwählte Opfer die Hände. »Nicht schießen!«, stammelte die Frau.

»Fuck!«, schrie Fabian völlig überfordert auf. »Ist hier *irgendwer* ein echter Zombie?«

Sekunden verstrichen, ehe einer nach dem anderen seine Scharade fallen ließ und sich aufrichtete. Schweigend wechselten sie betroffene Blicke, ehe die Frau es auf den Punkt brachte: »Was? Ihr habt *alle* nur so getan?«

»Fuck!« Michael zerzauste sich das Haar. »Ich habe Menschen getötet und roh gefressen!«

»Was? Warum?« Fabians Stimme brach beinahe vor Hysterie.

»Weil ich überleben wollte!«, quietschte Michael. »Ich hab einfach so getan, als wäre ich auch ein Zombie, damit sie mich nicht fressen!«

»Ich auch«, murmelte der Erste tonlos, worauf einer nach dem anderen nickte.

»Warte. Was? Wir haben alle? Obwohl es keinen Grund gab?«

Michael brach in hysterisches Gelächter aus, während die Frau kopfschüttelnd im Kreis ging und andere ebenfalls anfingen, unkontrollierte Geräusche von sich zu geben. Fabian ließ überfordert die Flinte sinken.

Plötzlich hielt der hinterste inne und zischte. Alle verstummten und lauschten. Schlurfende Schritte und leises Stöhnen vieler Kehlen näherte sich. Fabian rann es eiskalt den Rücken hinab. Sie hatten andere Zombies angelockt. Oder …?

»Fuck. Was ist, wenn alle nur so tun und niemand wirklich ein Zombie ist?«

Michael sah ihn ausdruckslos an. »Du kannst es gerne herausfinden. Sag mir Bescheid, wenn du es weißt.«

Im nächsten Moment nahm er wieder seine Zombiehaltung ein und die sechs Übrigen taten es ihm gleich.

Fabian starrte von seiner Flinte zu Michael und dann zum Eingang der Sackgasse, wo sich erste Schemen näherten. Mit einem letzten »Fuck!« schob er die Schrotflinte in den Halfter und imitierte die Haltung der anderen Pseudozombies.

Kommentar: Hier wird das Genre der Zombie-Literatur parodiert. Packend erzählt steuert die Handlung auf die erwartete Pointe zu.

Helge Maria Hassumer

Auf den Punkt gebracht

Ich fürchte, ihr werdet euch daran gewöhnen müssen,
an Frühling, der stumm an vom Winter verschonten Mücken erstickt,
an Sommer, der dörrenden Boden zerreißt unter blutenden Fersen,
an seliges Herbstlauberinnern, wo Grünes zum Welken längst fehlt,
an prachtvolles Weiß, das den höchsten der Gipfel vor Jahren zerronnen.

Ich fürchte, ihr werdet euch daran gewöhnen,
an die nur noch in Kellerverliesen zu schützende Haut eurer Kinder,
an die Flutung der Heimat mit Menschen, denen die Heimat versank.
an den Irrglauben, dass es schon irgendwie irgendwo gutgehen wird.

Ich fürchte, ihr werdet euch daran
weiterhin goldene Nasen verdienen,
fortgesetzt sofabasiert sattsehen,
ansonsten nicht stören lassen.

Ich fürchte, ihr werdet euch
gar nicht als Täter sehen,
gar nicht ändern können,
gar nicht ändern wollen.

Ich fürchte, ihr werdet
trotz allem so weiterbegehren,
gleichwohl gleiches Wohl ignorieren,
immer noch gar nichts verstehen.

Ich fürchte, ihr
haltet Naturgesetze für hinterfragbar,
empfindet Einklang als eintönig,
seid das Salz der Erde nicht.

Ich fürchte
euch um unserer Kinder willen sehr,
mich aber um euretwillen ziemlich -
auch vor mir.

Ich
bin womöglich wie ihr.

Kommentar: Das Format dieses Textes erforderte es, die Schriftgröße zu ändern. Es handelt sich um eine begründete Ausnahme.

Wolfgang Mebs

REGENTROST

Er verlässt wie immer um sieben Uhr das Haus. Dichter Regen umfängt ihn. Der böige Wind zerrt an seinem Regenschirm. Der Tag ist für ihn bereits gelaufen, als er den schmutziggrauen Schacht der U-Bahn betritt, die Hose von den Schuhen bis zum Knie durchnässt.

Natürlich bekommt er keinen Sitzplatz. Die Fahrgäste lassen die Köpfe hängen, den Blick starr auf ihren Smartphones. Er stellt fest, er hat sein eigenes vergessen. Der Mann hinter ihm stößt ihm unentwegt seinen Rucksack ins Kreuz. In Gedanken macht er ihn zur Sau.

Zwei Stationen später. Die Bahn steht immer noch. Immer mehr Pendler drängen sich hinein. Dann die Durchsage: Schwerer Unfall auf der Kreuzung vor ihnen. Er wird zu spät kommen. Zu Fuß 30 Minuten durch den verfluchten Regen.

Warum nur ist er aufgestanden? Warum hat er den Wecker nicht an die Wand geworfen? Er hätte liegen bleiben, sich krankmelden sollen. Dreimal ist er aus Albträumen aufgeschreckt. Er hätte es also wissen müssen.

Die Menschen drängen sich an ihm vorbei, rempeln ihn an. Wut flammt auf, hilflos. Er hätte sie gerne angeschrien. Stattdessen lässt er sich hinausspülen und stellt sich unter eine Markise. Er hadert mit sich. Und mit seinen Mitmenschen. Und mit dem Wetter.

Wie mit dem Obdachlosen, der ihm einen Becher hinhält. Er brüllt ihn unflätig an, schämt sich sofort dafür, entschuldigt sich flüsternd. Er springt auf, zieht die Schultern hoch und geht rasch die Straße entlang. Wieder flucht er laut, als ihm Sekunden später der Regen in den Kragen läuft. Er hat den Schirm in der Bahn gelassen.

Als er an dem Spielplatz vorbeikommt, fühlt er sich müde und ausgelaugt. Er setzt sich auf eine Bank. Jetzt ist alles egal. Er betrachtet das triste Klettergerüst, die traurige, verblichene Wackelente. Ein trostloser Ort, an dem man nicht mal Kind sein möchte.

Er sinkt in sich zusammen. Der Regen vermischt sich mit seinen Tränen. Er wird einfach hier sitzen bleiben.

Jemand, die Kapuze tief ins Gesicht gezogen, überquert den Spielplatz, bleibt stehen und sieht ihn an. Sie geht auf ihn zu, setzt sich neben ihn und legt ihm den Arm auf die Schulter.

Kommentar: Alltagsprosa ohne tiefen Sinn. Der Sinn besteht in der Wahrnehmung und Wertung des Alltäglichen.

Martin Brunner

Findelkinderkeller

Mein Bett steht neuerdings in der U2. Juckt ja keinen. Die meisten hier durchlöchern teilnahmslos die Luft. Ein Stadtfigurenkabinett aus malträtierten Polyesterhüllen, Kopfgewitter auslösender Aftershavebewölkung und grellen Selbstverwirklichungsfantasien auf Acrylnägeln. Wir sind unterwegs zu einer Party, Rini, Mareike, Jakob und ich. Allerdings fahren die andern mit der Ringbahn. Mit mir fährt selten jemand. Die leben alle an ganz anderen Strecken und wir sehen uns inzwischen kaum noch. Eigentlich will ich im Bett bleiben. Aber der Schlaf traut sich eh noch nicht, mir unterm Knisterlicht hier zu begegnen. Eine kleine Frauenclique diskutiert die Risiken und Nebenwirkungen von Wodka-Tampons – für den Fall, dass es Kontrollen gibt am Eingang. Der fiese Märzwind springt mir ins Gesicht und krallt sich fest in meinen Barterwartungsporen. Es gab schon Lärmbeschwerden, noch bevor die Party losging, sagen Rini und Mareike. Mein Blick schwenkt über komatöse Innenhoffassaden. Eine dürre Fensterbrettmatrone aus der Klinkerburgruine duckt sich eilig aus dem Sichtfeld in den blauen Dunstkreis ihres akzeptierten Schicksals. Das eine vorbereitete Geschenk ist schon verschimmelt und mit Spinnweben bedeckt (eine Schachtel voll Containerschätze und ein halbwegs lieb gemeinter Brief), doch die Langspielplatte ist noch gut. Drinnen schreien heisere Gitarren Happy Birthday in der unheiligsten aller Varianten. Jakob kniet in einer Ecke und breitet schon mal seine Penntüte für später aus. Ich parke meinen

Schlafsack neben Jakobs, während er seine Geschenke überreicht. Neben Jakob hab ich früher immer gern geschlafen, weil er ganz normal geatmet hat und ich dann auch nicht extra leise schnaufen musste. Aber Übernachten geht dann später eh nicht mehr – weil, die Nachbarn. Und die Bullen. Und alle müssen das Gelände augenblicklich räumen. Rini und Mareike fahren heimwärts. Irgendwann stehen Jakob und ich in einem Gewölbekeller, wo schon im Krieg die ungewollten Kinder landeten. Hier geht ein leichter, lauer Wind, weil der Lehm noch trocknet an der Decke. Im Lehm sind Grasspreiten gesteckt, breit wie eine halbe Hand und lang wie Sensenblätter, die die Decke ganz sacht trocken rascheln und die Luft dabei bewegen und das angenehmste Raumklima der Welt erschaffen. Und es gibt wunderbare Schlafnester, aus demselben Sensenblättergras gewebt. Hier will ich für immer liegen. Geborgen und behaglich in der Dunkelheit des Findelkinderkellers. Die kleine Frauenclique aus der 2 lacht und lallt die Treppe runter mit gut geleerten Wodkaflaschen in den Händen (zum Glück) und nur noch einem Spuckschluck Energy. Der Keller wird umgebaut, ruft jemand aus dem Kollektiv nach unten, ist aber noch nicht fertig. Die Nester sind tabu, aber es gibt im zweiten Stock drei freie Betten für uns fünf. War ja klar. Ich biege heimlich durch die Haustür ab und tauche bald unter die Frostnacht in den angenehmen Rußpartikelfön der nahenden U2, in der mein Bett treu auf mich wartet.

André Riedl

Wenn meine Tränen eine Stimme hätten

Ich ging durch die Stadt. Der Nebel hatte sich gelichtet.
Doch der Tag war unfreundlich und grau.
Ich ging. Durch die Häuserblocks.
In einer Kaskade von ziellosen Bewegungen.
Als ich heute morgen aufstand, hatte ich zum ersten Mal
damit abgeschlossen.
Ich trug die Silben ihres Namens vor mir her.
Nichtsdestotrotz.
Du kannst das Kind nicht sehen, hatte sie gesagt.
Vor Tagen.
Und jetzt. Klafft die größere Wunde der Welt in mir.
Ein einziges Mal waren wir nach Spanien gefahren. Wir
hatten uns noch nicht lange gekannt.
Mit Eigenbrot und Wangenbrot hatten wir uns
voneinander verabschiedet.
Damals.
Der Hungerengel denkt nicht, wenn ein Kind entsteht.
Der Luftengel dagegen fühlt nur den Augenblick.
Und der Hungerengel, er fehlt nie. Nutzt die Lücke.
Um das Heimweh im Hirn und in der Herkunft die
Sackgasse zu bilden.

In einem Tanzsaal mit Girlanden waren wir uns begegnet.
Damals.

Heute.

Sind wir nackt.
Nackt vor uns selbst. Und dem Kind.
Einsam in uns eingeschlossen.
Und das Kind.
Mein Kind.
Meine Tochter.
Sitzt traurig mit einer weißen Nelke im Haar am Meer.

Weil ihre Mutter und ich nicht miteinander reden.
Während der Hungerengel von den Fersenriemen die
Birnenschalen stülpt.

Ulrike Grömling

Kälte

Ich bin hier nicht erwünscht. Das wird mir jeden Tag aufs Neue bewusst. Dazu müsste ich mir gar nicht diese ewig gleichen Dialoge anhören.

»Als du mit ihr heimkamst, war mir klar, dass wir sie nicht durchkriegen. Schau mal, wie mickrig sie aussieht.« Dabei zeigt er mit ausgestrecktem Zeigefinger auf mich. Als ob es Zweifel gäbe, wer hier mickrig aussieht.

»Ach Bärchen, du kümmerst dich nicht um sie und meckerst nur. Ich finde, sie sieht gut aus«, protestiert sie.

»Nein Schneckchen, schön ist etwas anderes.«

Schnecke seufzt tief. Schon ihr Name erzeugt bei mir eine Gänsehaut. Sie spricht nicht mit mir, sie sieht mich nicht an.

Die fehlende Ansprache ist normal. Aber an die Kälte werde ich mich nicht gewöhnen. In meinem Zimmer wird nie geheizt.

»Tagsüber steht die Tür zur Küche offen, das reicht. Man muss schließlich Heizkosten sparen.« Bärchen lässt keine Widerrede zu.

Als ob ich nicht schon genug Probleme hätte, gibt mir Schnecke das Essen immer kalt, nie lauwarm oder warm. Es ist immer so, als käme es direkt aus dem Kühlschrank. Bei diesen inneren Eisduschen verkrampft sich alles in mir, und ich ziehe sogar die Zehen ein.

Dazu kommt der ruppige Umgangston. »Immer, wenn ich die Fenster putzen will, stehst du mir im Weg!« Dieser Satz jagt mir regelmäßig einen Schrecken ein. Im Licht der spiegelnden Fensterscheibe mustere ich die Flecken auf meiner Haut.

»Wenn das Läuse sind, übernachtet sie draußen«, sagt Bärchen. Ich weiß nicht, was ich mir wünschen soll. Könnten Läuse meine Lage verbessern? Das habe ich nie herausgefunden, denn auf mir krabbelt kein Ungeziefer herum. Nicht einmal die mögen mich.

Jeden Tag kämpfe ich ums Überleben. Meine Schuhe sind zu eng, aber ich jammere nicht. Ich versuche, nicht aufzufallen und wäre am liebsten unsichtbar.

Wenn Schnecke ihren Schlüsselbund nach langem Suchen wiederfindet, strahlt sie vor Glück. Diese Begeisterung sehe ich so gern. Leider freut sich niemand über mich. Ich bin allen egal. Wenn ich nicht mehr da wäre, würde es niemand merken. Immer mehr ziehe ich mich zurück.

Dann geschieht das Wunder. Flora Rosenfeld, eine Freundin von Schnecke, kommt zu Besuch. Wenn Flora erscheint, wird der Tag heller. Flora lacht, und alle Gläser im Schrank vibrieren vor Freude. Sie kommt herein, und es wird warm, Trübsal verfliegt und Begeisterung breitet sich aus. Sie tanzt durch den Raum und verschenkt großzügig ihre Liebe.

Das ist Labsal für meine einsame Seele, und ich möchte ihr entgegengehen, möchte mich in ihrer Wärme sonnen.

Sie mustert mich kritisch von oben bis unten und schüttelt dabei den Kopf. Sachte nimmt sie mich auf den Arm, streichelt mich und begutachtet meine Flecken. Schließlich räuspert sie sich und sagt: »Hier gehst du ein. Aber ich werde dich mitnehmen und wieder aufpäppeln.« Sie wendet sich Schnecke zu und fährt fort: »Mensch, Leonie, du beweist immer wieder, dass du keinen grünen Daumen hast. Mit Topfpflanzen kannst du einfach nicht umgehen!«.......

Kommentar: Das Motiv ist nicht ganz neu, aber es gefällt immer wieder und ist gut umgesetzt.

Eva Joan

warten

manchmal
lassen sich Gefühle
nicht in Worte fassen
sie finden keinen Trost
in schlichten Lettern
so liegt nur Stille
im Raum zwischen
dir und mir
wir schweigen uns leer
warten auf
Echos unserer Stimmen
die dem Schmerz
die scharfen Kanten nehmen
und während sich
Erinnerungen heimlich
aus unseren Augen schleichen
kriecht Winter
unter unsere Haut

Thorfalk Aschenbrenner

Alle Himmel tief

Mir ist, als frören alle Sinne ein,
als zöge stumm die Nacht empor,
gedankenloses Seelenschweifen
durch Tag und Raum - und Sein.

Mir ist, als hingen alle Himmel tief,
als ginge alles Gute fort, Erinnerungen
werden ausgegraut,
das Leben ein fataler Ort

Mir ist, als lägen wie in alten Kammern, fremde
Menschen ohne Namen;
als suchten sie mit kahler Sprache, sich
fassungslos ans Herz zu klammern.

Mir ist, als hörte ich von fern
Gesang, so silberüberstrahlend rein -
die Sinne sind mit einem Mal
ganz weit

Und Herz und Seele gehen

heim.

Kommentar: Nach Mitteilung des Autors handelt es sich um ein Trauergedicht. Die vierfachen Anaphern sollen wohl das Kontemplative betonen, sind aber für meinen Geschmack zu viel. In der vierten Strophe kommt der Trost zur Sprache. Das Ende ist stark.

Anton Halser

Das verlorene Paradies

Die Vertreibung aus dem Paradies führte auch bei so
manchem Tier zu sonderbarer Verwirrung:

Der Spielhahn wurde zum Streit-Gockel,
das Wollschaf zum Neid-Hammel,
das Schmusekätzchen zum Stuben-Tiger,
der Tanzbär zum Brumm-Zottel.

Andere traf es gar noch härter,
sie sanken tief:

Da wurde doch der Singvogel zur Schnaps-Drossel,
die Ringelnatter zur Gift-Spritze,
die Weinbergschnecke zur Schleim-Kriecherin,
das Speckschwein zur Dreck-Sau,
und der Goldesel zum Klug-Scheißer.

Ein paar der entwurzelten Tiere fanden sich dagegen
mühelos in gehobenen Gesellschafts-Rängen wieder:

So der Königstiger als Party-Löwe,
das Silberfischchen als Kredit-Hai,
der Talerschimmel als Weiber-Hengst,
der Lemurenspross als Lack-Affe.

Und der Mensch …?
Schon der erste Mensch schob bei der Vertreibung aus dem Garten Eden alle Schuld dem Un-Tier Schlange in die sprichwörtlichen, nicht vorhandenen Schuhe …
… und so ist das bis heute geblieben.

Bianca Brepols

1986

In meinem Portemonnaie habe ich noch zehn Euro. Zehn Euro. Heute ist der Zwanzigste März. Noch elf Tage, wenn ich Glück habe zehn, bis die nächste Rentenzahlung auf meinem Konto eingeht.

Mein Enkel hatte diesen Monat Geburtstag. Jauchzend hatte er mein Geschenk aufgerissen. Drei Monate lang hatte ich für diese Bausteine-Box gespart. „Mama, du musst dem Kind nichts schenken. Du hast selbst kaum was", schimpfte meine Tochter. Doch, das musste ich. Es gibt nichts, was mich mehr beschämt, außer zugeben zu müssen, dass ich arm bin. Bettelarm. Meine Rente reicht noch nicht einmal für die Miete und Nebenkosten. Das Amt zahlt Grundsicherung, bei der Tafel gehe ich Lebensmittel holen.

Dabei hatte ich ein gutes Leben. Mein Mann verdiente genug. Ich führte den Haushalt, erzog die Kinder, half in Schule, Schützenverein und Kirche aus. Dort zieht es mich weiterhin regelmäßig hin. Der Glaube ist an vielen Tagen noch die Stütze, damit ich nicht verzweifle. Der Glaube und meine Familie.

Das böse Erwachen kam, als mein Mann starb. Die Wohnung zu groß, die Witwenrente zu klein. Die Kinder bezahlten die Beerdigung, das Amt riet mir umzuziehen. Doch die neue, kleinere Wohnung kostet fast genauso viel wie die alte. Nur jetzt war sie in der erlaubten Quadratmeterzahl.

Dadurch verlor ich meinen Garten. In diesem tristen, grauen Wohnblock gibt es lediglich einen Spielplatz für die Kinder, deren Familien es genauso schlecht geht wie mir.

Ich vermisse den Duft meiner Rosen und den Geruch von frisch gemähtem Gras. Meine selbstgepflanzten Kartoffeln und Möhren. Die Sonne in meinem Liegestuhl und das Vogelgezwitscher am Morgen. Der Balkon an dieser Wohnung hat Nordseite und liegt zur Straße. Es ist schattig und laut, meine Geranien und eine bunte Tischdecke die einzigen Farbtupfer in dieser zubetonierten Aussicht.

Heute Nacht träumte ich von meinem Mann. Wir standen auf der Seebrücke in Scharbeutz und schauten auf die wellenschlagende Ostsee. Das Rauschen höre ich noch heute. Viele Jahre verbrachten wir dort mit den Kindern unseren Sommerurlaub. Tagelang liefen wir barfuß durch den Sand, suchten Muscheln, bauten Sandburgen und gruben meinen Mann ein. Tranken Wein im Strandkorb, beobachteten den Sonnenuntergang und fuhren frühmorgens mit den Rädern zum Hafen nach Niendorf. Kauften den frischen Dorsch direkt von Kutter und schauten den Fischern beim Flicken ihrer Netze zu.

Gerne würde ich nochmal dahin reisen. Doch diese zehn Euro in meiner Geldbörse machen mir jedoch bewusst, dass dies ein Wunschtraum bleiben wird.

Mein Leben neigt sich dem Ende zu. Ich fühle es deutlich, mein Mann ruft jede Nacht nach mir. Ich vermisse ihn so schrecklich und würde ihm liebend gerne folgen. Dann stehen wir wieder auf der Seebrücke in Scharbeutz, hören den Wellen zu und genießen die Sonne. Wie 1986.

Kommentar: Was zunächst nach Sozialkritik klingt, erweist sich eher als eine Momentaufnahme eines psychischen Zustandes, der äußeren Umständen geschuldet sein kann, aber nicht muss. Bei all dem Leidensdruck eröffnet sich eine Perspektive, die Trost zu spenden geeignet ist. Sie ist nicht dogmatisch begründet, sondern rein gefühlsmäßig erspürt.

Jürgen Rösch-Brassovan

Thomas

Anfang 2022, es ist kalt, der Himmel bedeckt. Die Blumen hier bei Thomas wirken aber nett. Ein Gebinde in Orange und Gelb.

Ich habe es von Micha erfahren, einem gemeinsamen Freund. Nun stehe ich hier, nachdenklich. Eine kleine Grabplatte, daneben die blanke Erde. Wie wenig bleibt doch am Ende.

Wir hatten uns in einer Eckkneipe kennengelernt. Der Beginn einer Freundschaft der besonderen Art. Ein großer Kerl, Brille, lichte Haare. Ein bisschen unbeholfen. Er konnte aber gut erzählen, hatte einen originellen Humor.

Sehr belesen war er, das rührte wohl von der Mutter her, einer Lehrerin.

Neben der elitären Attitude hatte er aber eine andere, gänzlich konträre Eigenart. Keine Lokalität war ihm zu obskur, keine Gestalt, die er dort traf, des Kontaktes unwürdig. Meinen einzigen Besuch in einer berüchtigten Rotlicht-Kneipe verdankte ich natürlich Thomas. Vorher gab es genaue Instruktionen: „Ein Wodka, der desinfiziert gleichzeitig. Das Geld passend parat in Münzen, die geben nicht heraus. Und dann tschüss". Gesagt getan.

Ansonsten aber war sein Leben leider alles andere als gelungen. Mal jobben, mal Geld vom Amt. Fußballwetten oft ohne Gewinn.

Eines Tages hatte er auch mich für ein Fußball-Tablequiz in einer netten Studentenkneipe rekrutiert. Ein Fünfer-Team, u.a. mit besagtem Micha. Wir ergänzten uns gut. Der erste Preis war ein Brunch in dem Lokal, frei Haus. Kurz vor Schluss lagen wir gut im Rennen, hatten bislang aber noch nicht den Joker gezogen, der bei richtiger Beantwortung eine höhere Punktzahl brachte als normale Fragen. Drei Punkte statt einem, bei falscher Antwort bekamen aber die anderen Teams jeweils einen Punkt. Da kam unsere Chance! „Internationaler Fußball". Wir sahen uns an. Jetzt oder nie! „Wir nehmen den Joker!" Das musste man nach Nennung der Sparte ankündigen. Und dann wurde die Frage auch schon gestellt, exklusiv an uns. „Wie heißen die beiden aktuellen Tabellenletzten der Seria A (Italien)?" Was für eine blöde Frage! Spitzenteams der Topligen kannte man, aber doch nicht die genaue Position irgendwelcher Provinztruppen. Ich wurde nervös. Die anderen Quizteams freuten sich schon, das merkte man. Sie gingen grinsend davon aus, dass keiner von uns die richtige Antwort wusste. Ich schaute in Richtung der beiden Quiz-Moderatoren. Gleich war unsere Zeit` abgelaufen. Da ertönte Thomas` Stimme. „Moment, äh …" Alles schaute ihn an. Gespannt. Erwartungsvoll. Wusste er die Antwort? Und dann sagte er drei Worte: „Ancona und Empoli." Stimmte das?! Der eine der beiden Moderatoren schaute noch einmal prüfend auf seinen Zettel und meinte dann: „Das ist richtig!" Ich grinste, wir klatschten uns ab, die anderen Teams waren perplex. Thomas spezielles Wissen, wichtig für seine Fußballwetten, hatte den Sieg gebracht.

Es gibt welche, die haben fünfzehn Minuten Ruhm. Thomas hatte Ancona und Empoli. Müsste eigentlich hier auf dem Grabstein stehen. Drei Worte für die Ewigkeit.

Was aber gehörte auf meinen Stein?

Kommentar: Hinter einer harmlosen Episode verbirgt sich die tiefsinnige Frage: Was bleibt von uns, wenn wir nicht mehr sind? Und gleichzeitig lernen wir: Nicht die vorzeigbaren Ergebnisse sind es, die zählen, sondern die Art, wie wir leben.

Nikolaus Luttenfeldner

DER LEBENSBAUM

Tief im Herzen des unermesslichen Waldes, so sagt man, steht ein Baum, anders als alle anderen, genannt der Lebensbaum. Dieser Baum wächst auf einer gut verborgenen Lichtung. Nur die Angehörigen des geheimnisvollen Waldvolkes kennen den Weg zu dieser Lichtung, und nur wenige Auserwählte unter den Menschen durften sie je dorthin begleiten. Der Baum, so berichten jene, die den Geschichten an den Lagerfeuern lauschten, sei der einzige seiner Gattung in dieser Welt. Seine ursprüngliche Heimat versank vor Jahrtausenden in den Tiefen des Meeres, und die letzten der Alten brachten ihn als Setzling in das Herz des Waldes, wo das zarte Pflänzchen in all den Jahren zu einem Giganten reifte. Seine Krone erhebt sich über das Blätterdach des Waldes, seine Äste scheinen nach der Sonne zu greifen und nachts den Mond und die Sterne zu berühren. Seine Wurzeln reichen hinab zu den tiefsten Mysterien von Mutter Erde. Der Wind in seinen Zweigen singt Lieder aus der Alten Welt, in einer Sprache, die niemand mehr spricht. Nur die erfahrensten Priester dürfen es wagen, seinen Stamm zu berühren, denn die Visionen, die sie dabei empfangen, würden den Geist eines Ungeübten zerstören. Jeden Sommer, in der kürzesten Nacht des Jahres, feiert und tanzt das Waldvolk auf der Lichtung, und mancher konnte dabei das lächelnde Gesicht einer Frau in der Baumkrone sehen – das Gesicht der Waldgöttin, so sagt man. Solltest du, Wanderer, jemals diese Lichtung erreichen, so wisse, dass du eine Frage frei hast an die Schöpfung. Und wenn du dann jenen Ort wieder verlässt, werden dein Leben und dein Blick auf die Welt nie mehr so sein wie zuvor.

Kommentar: Die Bezeichnung „Lebensbaum" ist mehrdeutig. Bei uns wird meist die Thuja-Pflanze als Lebensbaum bezeichnet. Allgemein ist der Baum des Lebens oder Lebensbaum ein archetypisches Motiv, das sich in vielen Kulturen findet, unter anderem auch in der Bibel. Auf diesen Archetypus geht wohl auch das vorliegende kleine Werk zurück. Davon zu träumen, ist erlaubt.

Elisabeth Spanring

Schnitzel

Ich halte beim Biohof meines Vertrauens. Wie passend, dass ich beide Kinder im Schlepptau habe, so sehen sie gleich wo ihr Essen herkommt und wie ökologische Tierhaltung aussieht - denke ich mir. Wir betreten den Hof und grüßen den Bauern.

„Wir haben gerade Ferkel, wollt ihr sie sehen?", fragt er die Kinder.

Natürlich wollen sie. Die Tochter verliebt sich in kürzester Zeit in das allerkleinste Ferkel. Es tapst neugierig durch das Stroh und streckt uns den weichen, rosigen Rüssel entgegen.

„Mama, was passiert denn mit dem Ferkelchen, wenn es mal groß ist?"

Die Tochter sieht mich mit großen Kulleraugen an und ich bekomme nicht mehr als Gestotter heraus. Der große Bruder beugt sich zu ihr und sagt für alle gut hörbar „Schnitzel".

Das Schwein quiekt, die Tochter weint und eine Stunde später haben wir nicht nur Schweinefleisch, sondern auch ein kleines, quicklebendiges Ferkel in einer Schachtel mit Stroh ins Auto geladen.

Daheim stellen wir die Schachtel vor meinem Mann ab.

„Das ist Rosalinde", sagt die Tochter.

„Ist aber ein Junge", sagt der Sohn.

Der Vater zuckt nur mit den Schultern und geht in den Garten. Dort räumt er den alten Geräteschuppen aus, verfällt in seinen Handwerkermodus und kurz später, darf Rosalinde in ihr neues Heim einziehen.

Das Schwein wächst mit enormer Geschwindigkeit, hat unbändigen Hunger und macht so viel Mist, dass alle Pflanzen in kürzester Zeit überdüngt sind. Es folgt der Tochter auf Schritt und Tritt, pflügt sich durch den Garten und frisst sich mit Hingabe durch das Gemüse. Mein Gemüse.

„Rosalinde ist meine allerbeste Freundin", sagt die Tochter.

„Zumindest nicht so langweilig wie Kaninchen", sagt der Sohn.

„Danke für das Fleisch", sagt die Nachbarin, der ich das teuer gekaufte Biofleisch schenke, denn Artgenossen von Rosalinde stehen ab sofort nicht mehr auf dem Speiseplan.

Alles scheint gut und ich gewöhne mich an die Sauerei, bis ich die Tochter eines Nachts nicht in ihrem Bett finde. Panisch durchsuchen wir alle das Haus von oben bis unten, bis uns aufgeregtes Gequieke in den Schweinestall lockt.

„Rosalinde ist einsam", sagt die Tochter, die sich an das grunzende Schweinchen kuschelt.

„Ich geh wieder schlafen", sagt der Sohn.

Der Vater zuckt nur mit den Schultern.

Am nächsten Tag zieht ein zweites Ferkel ein. Es heißt „Esmeralda" und ist wieder ein Junge.

Ich seufze. Mehrmals. „Die werden nicht besonders alt, oder?", frage ich meinen Mann.

„Bin mir nicht sicher. Vielleicht 20?"

Einen kurzen Moment bin ich erleichtert, bis er „Jahre" hinzufügt und dabei grinst wie ein kleiner Junge, der gerade etwas ausgeheckt hat.

Ich grinse nicht. In meinem Kopf formt sich das Wort „Schnitzel", aber es verblasst schnell wieder, denn längst habe ich mich - gegen meinen Willen - in die rosa Monster verliebt.

Valerie Zichy

jännermess

habe dir meinen kopf in die tasche gesteckt als du
gerade nicht hingeschaut hast als du gerade abgelenkt
warst woanders frag mich nicht wo frag mich nicht wieso
ich die gießkanne in den regen gestellt habe weiß nicht
wieso du beschlossen hast etwas in meinen garten zu
werfen als ich gestern hingesehen habe warst du noch
nicht da oder vielleicht zumindest anders als du es heute
bist heute sind dir zähne gewachsen vielleicht auch über
nacht wer kann sich da schon sicher sein milchzähne
verschwunden die neuen haben eine andere farbe du hast
dich immer nach etwas gesehnt ich habe einen körper im
nebenzimmer vergessen habe meinen körper im
nebenzimmer vergessen du stehst im regen & gießt die
pflanzen ich habe einen moment die augen geschlossen &
als ich sie wieder öffnete warst du einen kopf größer als
ich weiß auch nicht wie das passiert ist weiß auch nicht
wie wir passiert sind wie wir es immer wieder schaffen
einander nicht verloren zu gehen wenn dir langweilig ist
spuckst du kirschkerne über den kirchplatz stellst dir vor
wie hier einmal schatten wachsen ich habe einen moment
die augen geschlossen & als ich sie wieder öffnete warst
du einen kopf größer als ich zehn zentimeter weiter weg
du versteckst dich gerne in letzter zeit ich weiß nicht
wann ich dich das letzte mal habe weinen sehen ich weiß:
dir wäre es lieber gewesen ich wäre aus dem zimmer
gegangen manchmal wäre ich gerne wieder klein mit dir
wachstumsschmerzen in die andere richtung wir haben

flüchtlinge gespielt obwohl wir nichts von unserem
großvater wussten (zu klein für manche geschichten/zu
groß für andere) ich habe meinen körper vergessen kopf
auf deiner schulter fast schlafend fast wissend: da hält
mich jemand fest fast wissend: da ist jemand da im
wartezimmer legst du mir eine tablette auf die zunge legst
mir ein stück toblerone auf die zunge sagst schluck ich
denke an flughafen in denen ich nie war ich denke an dich
wie du deinen flug verpasst obwohl du zwei stunden zu
früh da warst weiß nicht woher das in dir kommt woher
du deine worte hast weiß nur: wir reden aneinander
vorbei weiß nur: das macht uns nicht besonders haben
bedeutungen verwechselt wie sternschnuppen mit
satelliten du sagst wünsch dir was weißt es besser fragst
nicht nach fragst nie nach meinen augen auch wenn sie
wie jeden donnerstag verschwunden sind hier will mir
jemand etwas vorschlagen hier wird mir jemand
vorgeschlagen ich schlage nach & lese: die haut von
chamäleons besteht aus zwei häuten die obere davon aus
kristallen die sich je nach laune verschieben das licht so
anders reflektieren die farbe so wechseln ich will ein
chamäleon sein dann musst du nicht mehr fragen dann
macht es nichts wenn du nicht fragst vergesse manchmal
dass mein kopf nicht von dir gelesen werden kann (weiß
aber auch nicht ob das etwas leichter machen würde) ich
wollte eigentlich ein stück zurück also: hier entlang also:
hier zurück zu dir wie du meinen kopf aus dem fenster
wirfst (es ist nicht die welt die kippt) weiß nicht was ich
mit mir anfangen soll weiß nur: das ist es nicht da war
doch vorhin eine gießkanne & es bleiben 6 minuten übrig
was macht eine gießkanne in diesen 6 minuten singt sie
ein lied? lacht sie mich aus? fängt sie an zu weinen? da
war doch einmal ein kopf da war einmal ein kopf mein

128

kopf den ich dir in die tasche gesteckt habe will nicht ich
morgen um diese zeit sein hatte vielleicht doch angst
hatte ich angst? & manchmal ist es ein gegenseitiges
halten & keine minute ist übrig aber ich bin es noch

Kommentar: Der Text ist weder Lyrik noch Prosa. Er
weigert sich, eine Form anzunehmen, löst die Regeln der
Grammatik auf. Da fragt sich, was nach dem Auflösen der
Sprache noch kommen soll. Eine neue Sprache? Da
kündigt sich nicht an. Der Inhalt ist schwer zugänglich
und soll es wohl auch sein.
Diese Art von Literatur ist modern und legitim. Sie will
nicht jedem gefallen und tut es nicht. Trotzdem ist sie
erfrischend und gefällt als Experiment.

Werner Stangl

Wildwuchernde Winde:

Es sieht jeder Blinde:
Die wuchernde Winde
wächst rasend geschwinde
entlang der borkigen Rinde
einer duftenden Linde
oder auch Tamarinde
und baumelt im Winde.
Meine Gattin Gerlinde
sagt: Gatte, erfinde
doch etwas geschwinde,
dass sie verschwinde!
Wie sehr ich mich schinde,
kein Mittel ich finde!
Meine Wut ist gelinde
schon lang eine blinde.
Weiter wuchert die Winde
wie ich schmerzlich empfinde,
entlang der borkigen Rinde
einer duftenden Linde
oder auch Tamarinde,
baumelt weiter im Winde …
weiter im Winde …
im Winde …
Winde …

Kommentar: Bei Unsinnspoesie ist es wichtig, dass sie
eingängig ist. Hier ist das der Fall.

Gabriele Nakhosteen

Glück ist...

Igittigitt! Nun spritzt doch nicht so.
Mistwetter. Ich bin schon völlig durchnässt.

Nie hätte ich gedacht, dass ich in der aufregendsten
Stadt der Welt so elendig enden würde. Hier im Herzen
Londons, in Piccadilly Circus, wo das Leben keine
Ruhepause kennt, bis spät in die Nacht pulsiert, bin ich
einsam, habe keine Freunde, kein Dach über dem Kopf,
lebe auf der Straße. Das ist besonders unangenehm bei
dem jetzigen Herbstwetter.

Gottseidank lässt der Regen nach, aber die großen
Pfützen machen mir zu schaffen. Mit jedem Auto, das
vorbeirast, bekomme ich eine nasse Ladung ab.

Männer und Frauen, mit und ohne Regenschirm, in
beige-grauen Trenchcoats, wasserfesten Windjacken,
gehen gemächlich oder eilen, hasten, laufen, strömen an
mir vorbei. Kleine Mädchen mit weißen Häkelsöckchen
um dünne, kalte Beinchen trippeln unaufgeregt neben
ihren Müttern. Eine Gruppe Schuljungen in ihrer Uniform
- dunkle Hose, helles Hemd mit Schulkrawatte und
smartem Blazer mit Wappen - spazieren langsam und
schwatzend in Richtung Shaftesbury Ave. Eine
altmodische Plastikhaube schützt das frisch ondulierte
Haar einer älteren Dame. Ein elegant gekleideter Herr
schreitet an mir vorbei. Den Engländern scheint das

Wetter tatsächlich gar nichts auszumachen. Drüben an der Bushaltestelle reihen sie sich ordentlich in die Warteschlange. Ihre Gesichter sind wettererprobt, gelassen, fast stoisch. Wo mögen sie hinfahren? Ins vornehme Kensington oder ärmliche Tottenham? „Achtung!" Mein Gott fast hätte mich ein Doppeldeckerbus voller Touristen gerammt. Eine Verletzung, das hätte mir gerade noch gefehlt.

Ich sollte nicht undankbar sein. Ich habe es im Leben bisher gutgehabt, bin weit herumgekommen, war immer beliebt, habe viele Freunde gehabt und ihnen Freude bereitet.
Meine Karriere begann ich in einer großen Frankfurter Bank. Da wurde auf das Äußere viel Wert gelegt. Geschniegelt und geputzt mussten meine Kollegen und ich auftreten, Mein Aussehen heute? Schaut mich an: pitschepatschenass, kalt und schmuddelig bin ich, wie aus der Gosse gefischt. Da kann man es niemanden verdenken, dass ich nicht beachtet werde.

Langsam wird es dunkel. Menschen wimmeln um mich herum, strömen in Cafés und Restaurants, in Kinos und Theater. Mein Standort ist und bleibt Piccadilly Circus an diesem usseligen Novembertag. Warum musste man mich auch mit nach England nehmen? Völlig unnötig.

Plötzlich berührt mich eine kleine Hand. Sie nimmt mich liebevoll auf, rubbelt mich trocken, hält mich ganz fest. Helles Kinderlachen.
„Schau mal Papi, eine Euromünze!"

„Tatsächlich, Schatz, und das hier in London. So ein Zufall. Du kannst sie mit nach Hause nehmen und dir dort etwas Süßes kaufen."

Die kleine Hand verstaut mich vorsichtig in einer Manteltasche. Bald werde ich wieder zuhause sein. Ich seufze erleichtert, fühle mich endlich wieder warm und geborgen.

Ein Kinderlied, das meine Ahnen häufig gesungen haben, kommt mir in den Sinn: Taler, Taler du musst wandern... Ich bin so glücklich.

Kommentar: Da bin ich nun doch auch darauf hereingefallen – der alte Trick mit dem überraschenden Subjekt, das gar nicht menschlich ist. Das ist durchaus gelungen, wenn ich auch sagen muss, dass ich eine gerettete menschliche Seele bewegender gefunden hätte.

Janina Thomauske

Unvergessen

Wieder weht der leichte Sommerwind in den Bäumen.
Er lässt mich von vergangner Lebenzeit träumen.
Voller Dankbarkeit streckte ich einst meine Hand in
Freundschaft aus.
Deine Essenz wehte durch das ganze Haus.
Deine Stimme war wie ein Gebet in der Stille.
Wir lebten Seite an Seite, denn es war dein Wille.
Dein Lachen war die schönste Melodie.
Ich bereue es, denn gesagt habe ich dir das nie.
Ein bisschen Liebe, ein bisschen Hoffnung, ein bisschen
Glück
und ich kam immer wieder an jenen Ort zurück.
Und wir schließen Frieden mit den Dingen,
die nicht mehr zu ändern sind.
Ich hör` noch dein Lieblingsmusikstück erklingen,
die Töne wehten hinfort mit dem Sommerwind.
Bitte vergiss` nicht all die schöne Zeit,
die viel zu schnell vergangen ist.
Zeit, die sich allzu schnell bemisst,
Zeit, die einfach so vergisst.

Adam Glinski

Knopf los

Eine ältere Frau, dunkel bekleidet… geht nicht gleich in ihre Kirche. An diesem Sonntag ist ihr der Knopf vom Kleid abgefallen! Das hat die liebe Frau plötzlich bemerkt, als sie schon fast in der Kirche war. Dann dachte sie; die Leute könnten es gut sehen, dass ihr Kleid unter ihrem Kinn knopflos ist!

Sie geht jetzt zurück nachhause, um daheim den Knopf anzunähen…

Aber der Knopf ist nicht da! Verloren gegangen. So schaut die Dame auf die Strasse und nicht nur auf den Fußgängerstreifen… Da ist er! Der verlorene Knopf!

Mit Verspätung, aber noch vor dem Evangelium kam sie in die Kirche. Da las der Pfarrer eine Geschichte über den verlorenen Sohn, der mit Dirnen usw. das vererbte oder geschenkte Vermögen verjubelt hatte.

Daheim sagte die liebe ältere Dame zu ihrem wieder gefundenen Knopf: „Du bist wieder gefunden. Und ohne dich war ich wie ohne den verlorenen Sohn… Und ich frage mich, ob auch ich nicht Etwas bis zuletzt verjubelt habe… als verlorene Tochter? Warum mache ich mir so viel Sorgen wegen einem Nichts?"

Der Pfarrer sagte zur Familie der knopflosen Frau (sie ging nach dem Vorfall immer ohne Knopf in die Kirche):

135

„Eure Oma und Mutter ist vielleicht vergesslich geworden?" Die Familie sagte:

„Sie weiß, was sie tut. Und das ist gut so."

Nachdem die liebe ältere Frau von ihrer Familie über die Sorge des Pfarrers informiert wurde, beichtete sie bei der nächsten Gelegenheit der Geistlichkeit: Damals dachte sie neben dem noch nicht wieder angenähten Knopf: „Vielleicht soll ich wie der verlorene Sohn zur Gelassenheit und Ruhe kommen?! Nächstes Mal gehe ich in die Kirche auch ohne mehrere Knöpfe hin! In meinen unvollendeten Kleidern gehe ich sogar wie nackt in die Kirche hinein! So wie Gott mich erschaffen hat! So wie ich einfach bin!"
Der Pfarrer sagte zur Frau:

„Sie wissen, was Sie tun. Und das ist gut so."

Die liebe ältere Frau hatte nach diesem Gespräch mit ihrem Pfarrer einen guten Schlaf in der Nacht. Da erwischte sie ein Traum, den sie nachher nicht vergessen konnte… und den sie jetzt gerade ihrer Familie und dem Pfarrer erzählt.

Im Traum sah sie die ganze Kirche Jesu als eine liebe ältere Frau, zu der eine Stimme unendlich lieb sagte:

„Schaut euch diese knopf-nackte Frau gut an!

Und macht aus wichtigen Dingen keine unwichtigen! Und macht aus unwichtigen Dingen nicht wichtige!

Und am wichtigsten ist im Leben nicht der verlorene Knopf oder Sohn oder die verlorene Tochter, sondern die Liebe! Sie liebt die wahre Nacktheit und klare Eindeutigkeit."

Die Kirche als die liebe ältere Frau sagte zur Stimme:

„Jetzt verliere ich viele Worte, die ich… wie den Knopf… nicht brauche! Jetzt will ich schweigen! Jetzt soll vor allem das Lamm reden, unser Hirte! Jetzt soll die Königin der Apostel ihr Magnifikat singen! Jetzt soll sogar der Papst weniger reden und mehr auf seine Lämmer hören!"

Dann sagte die Stimme zur schweigenden Kirche:

„Du weißt, was du tust. Und das ist gut so."

Christine Glinski-Kaufmann

Der weisse Knopf

An seinen Namen erinnere ich mich nicht mehr, aber an seinen massigen Körperbau, an seine Igelfrisur und an die wachen, blauen Augen, die immer in Bewegung waren, mal hierhin, mal dorthin flitzten.

Unser Metzgergeselle war ein gutmütiger Kerl. Er brachte uns oft zum Lachen und wir hatten ihn gern. Auch meine Mutter… obwohl er ihr durch sein Hobby einiges an unnötiger Zusatzarbeit und viele Seufzer aufzwang. Seinetwegen musste sie nämlich regelmässig Knöpfe an seine Metzgerbluse annähen. Weisse Knöpfe mit vier quadratisch angeordneten Löchern im Zentrum, durch die sie mit Nadel und Faden hindurchstach, kreuzweise. Bei meiner Mutter sassen die Knöpfe immer richtig.

Unser Geselle verlor diese Knöpfe nicht etwa beim Arbeiten… nein, er schnitt sie mit seinem Metzgermesser ab und sammelte sie in der Nachttisch-Schublade in seinem Schlafzimmer, das im Dachgeschoss direkt über meinem Kinderzimmer lag.

Wie man einen Knopf annäht, habe ich schon als Kind von meiner Mutter gelernt und dass dabei der so genannte „Hals" sehr wichtig ist… denn, wenn man den Hals vergisst und die Knöpfe platt, direkt auf dem Stoff annäht, kann man das „Klump" praktisch vergessen, weil man so den Knopf gar nicht ins Knopfloch hineinbringt oder – wenn überhaupt – dann nur mit Gewalt. Und sehr leicht konnte einem dabei nicht nur der Kragen, sondern auch der eigene Hals platzen.

138

Eines nachts... es war eine Vollmondnacht... ich konnte nicht schlafen... da hörte ich von oben Schreie und merkwürdige Geräusche. Auf Zehenspitzen schlich ich die Treppenstufen hoch, immer näher an das Zimmer unseres Gesellen heran und bemerkte, dass die Türe nicht ganz zu war. Ich spähte durch den Türspalt und sah, wie unser Geselle mit weissen Knöpfen spielte, indem er mit einem Knopf zwischen Daumen und Zeigefinger die anderen Knöpfe kickend über seinen Tisch-Fussballplatz flitzen liess.

Dazu brüllte er laut und kommentierte sein Spiel wie die Sportreporter in unserem Wohnzimmer-Radio: „Alarm, Alaaaarm... Gefahr im Strafraum!!!" und dann „Tor, Toor, Tooooor!!!" Deshalb also schnitt er ständig diese Knöpfe ab... um beim Feierabend in seinem Zimmer Knopf-Fussball zu spielen! Gleich am nächsten Morgen würde ich meiner Mutter von meiner nächtlichen Entdeckung berichten.

Oder lieber doch nicht? An verschlossenen Türen lauschen, durch einen Türspalt gucken oder gar durch Schlüssellöcher spähen... das alles gehörte selbstverständlich auch in meiner Familie in die Kategorie: „Das tuat ma net!" Aber „man" – genauer gesagt – ich... tat es halt doch. Doch ich hatte nichts zu befürchten. Am nächsten Morgen erzählte ich es meiner Mutter.

Meine Mutter fand die Lösung. Sie sagte zu meinem Vater. „Kauf doch eine Tischfussballanlage!" Also organisierte mein Vater diesen Tischfussballtisch, einen richtigen Kickertisch! Und von da an blieben die weissen Knöpfe dran am Metzgerhemd von unserem Gesellen.

Stephie Abels

Dialog im Bücherregal

„Meine Damen und Herren, begrüßen wir unseren Neuankömmling!"

„Hmm, mir wird das langsam zu eng hier."

„Jetzt beschweren Sie sich mal nicht, Herr Brockhaus. Wir können uns das nicht aussuchen. Schloss Gripsholm hat auch nicht mehr Zimmer."

„Naja, Herr Tucholsky, Sie haben neben sich noch Raum. Ich stehe hier Seite an Seite mit Nachbarn, die ohne mein Placet platziert wurden. Neulich hat Herr Ende mir die ganze Nacht die Ohren vollgesäuselt. Eine unendliche Geschichte. Irgendwann wollen Sie das nicht mehr hören."

„Seien Sie froh, dass es nur Herr Ende war," kommt es von der anderen Seite. „Meine Nachbarin will immer mit mir diskutieren. Frauen mit Doppelnamen!"

„Nun, Frau Ranke-Heinemann hat nicht nur einen Doppelnamen, sondern auch einiges im Köpfchen, Herr von Aquin. Damit müssen Sie sich auseinandersetzen, würde ich sagen."

„Pah, immer dieser moderne Kram!"

„Ich finde sowieso, dass die feminine Schreibkultur hier deutlich unterrepräsentiert ist. Nicht nur Asterix und Obelix und Narziß und Goldmund. Wir brauchen mehr Mutanfälle."

„Da gibt es eine Lösung, Frau Sölle: Ich sag nur Fahrenheit 451."

„Aber Herr Bradbury ...!"

„Jetzt legen Sie doch mal die verbalen Waffen nieder!"

„Richtig, Frau von Suttner, Gewalt ist keine Lösung. Widerstand kann auch gewaltlos erfolgen."

„D'accord, Herr Gandhi. Schreiben ist auch eine Waffe, die Waffe der Frau."

„Sagt wer? Denken Sie lieber einmal ohne Geländer, dann finden sich ganz neue Wege."

„Ach Frau Arendt, Sie sind mir zu intellektuell."

„Nein, da kann ich Frau Arendt nur zustimmen. Und wenn Sie es nicht intellektuell mögen, dann nehmen Sie meine Pippi Langstrumpf zum Vorbild."

„Ein Kinderbuch? Frau Lindgren, ich bitte Sie!"

„Meine Damen und Herren, so geht das nicht. Wir haben unseren Neuankömmling immer noch nicht begrüßt."

„Wen?"

„Er hat eine lange Odyssee hinter sich ..."

„Das habe ich auch!"

„Ist bei Ihnen aber viel länger her, Herr Homer."

„Nach der Einsamkeit der Primzahlen ist er froh, hier angekommen zu sein ..."

„Hier ist niemand allein, es ist die beste aller Welten!"

„Herr Voltaire, lassen Sie Ihre Ironie! Das Handwerk der Freiheit ist ein mühevolles."

„Herr Bieri, bitte Ruhe jetzt. Meine Damen und Herren, geben wir unserem Neuankömmling seinen ihm gebührenden Platz."

„Hoffentlich nicht neben mir, hier ist es schon so eng."

„Nein, Herr Brockhaus, nicht neben Ihnen. Begrüßen Sie bitte herzlichst: Herrn Kindle."

Schweigen.

„Das ist das Ende der Ehe von Gedanken und Papier."

„Wie wahr, Frau Roig! Lieber ein gepflegtes Bücherregal als eine gedrängte Wochenübersicht."

„Richtig, Herr Malmsheimer, sehr richtig."

„Ich schlage vor, dass er sich auf den Brockhaus legt, sozusagen die nächste Dimension."

„Das ist der Untergang des Abendlandes."

„Nein, Herr Spengler. Nein sagt das Neinhorn."

„Danke, Marc-Uwe. Sein Akku hält sowieso nicht so lange wie unsere Erstausgabe alt ist."

Applaus.

Kommentar: Die Idee kommt mir bekannt vor. Leider kann ich nicht sagen, woher ich sie kenne.

Manfred Possiel

Ich denk an dich

Es ist keine Karaffe,
nur eine Tasse, der Henkel zerbrochen,
Chianti classico darin, eine Prise SWF III.
Ich denk an dich,
der Frühling geht zu Ende,
ein Schluck vom Roten, ich hoffe,
du erlaubst es.
Im Abendwind wirbelt Blütenstaub.
Ein Martinshorn in der Ferne.

Annemarie Aichele

Wendepunkte

Welt, die du mich nicht liebst,
ich habe dir den Rücken zugewandt.
Die Kälte, die du mich fühlen lässt,
beschert mir eisige Schauer.
Noch hoffe ich.
Hoffe, aber erkenne: Du wirst mein Gegner sein.
Wirst dich auf mich stürzen,
mir den Weg erschweren,
mich zum Spielball deiner Launen machen.
Ich wanke trotz breitem Kreuz
meiner Niederlage entgegen.
Ein letztes Aufbäumen,
ein letzter Blick
und mir wird gewahr,
dass du mir nie abgewandt warst.
Egal wohin ich mich wende,
du Welt, bist immer da.

Sven Palapies

Wetten, dass ...?

Ich hätte weggeguckt, wenn ich vorher gewusst hätte, was ich damals zu sehen bekommen würde, ganz sicher hätte ich das, aber wie hätte ich das wissen können, noch nicht mal geahnt habe ich das, geschweige denn vermutet, nein, rein gar nichts wusste ich, bevor ich das alles zu sehen bekam, im Grunde habe ich mich noch nicht mal mit der Frage auseinander gesetzt, ob ich dahingehend irgendetwas weiß, vermute oder ahne oder ob man in diesem Zusammenhang überhaupt etwas wissen, vermuten oder ahnen könnte, die Frage stellte sich mir an diesem Samstagabend gar nicht, denn das muss man sich mal vorstellen, auch wenn es meine Vorstellungskraft bei weitem übersteigt, mir vorzustellen, dass irgendjemand auch nur annäherungsweise in der Lage sein soll, sich dieses epochale Ereignis vorzustellen, als der Thomas Gottschalk am Ende seiner letzten „Wetten, dass ...?"-Sendung in einer Baggerschaufel stand, in eine kühne Höhe gehievt, langsam in Richtung Ausgang fahrend, dem Publikum zuwinkend und zugrinsend und die Fernsehzuschauer in Deutschland, Österreich und der Schweiz grüßend, während auf diesem Bagger, neben dem Führerhaus, kein Geringerer zugegen war als sein Freund Mike Krüger, der sicherlich nicht nur wegen seines Liedes „Bodo mit dem Bagger" aus dem Jahr 1984 anwesend war, wenn ich also zumindest geahnt hätte, dass ein adrett gekleideter Showmaster per Baufahrzeug, das ja höchst selten in gut besuchten Hallen, sondern meist nur auf Baustellen zu finden ist und zumeist nur dort seine Verwendung findet, die darin besteht, Löcher zu graben und Lastkraftwagen mit Erde, Sand und sonstigem Füllmaterial, womit die Löcher vorher noch gefüllt waren, zu befüllen, die das Füllmaterial schließlich und letzten Endes seiner Bestimmung zuführen, zum Beispiel andere Löcher zu füllen oder Berge aufzuhäufen, je nach Bestimmung, dass nun also dieser adrett gekleidete Showmaster völlig schutzlos in einer Baggerschaufel stehen würde, um in selbiger seine letzte Wirkungsstätte unter tosendem Beifall und in Zeitlupentempo zu verlassen, unter tatenloser Mithilfe seines Freundes, der mit an Sicherheit grenzender Wahrscheinlichkeit einen Bagger-Führerschein sein Eigen zu nennen außerstande wäre und daher nur so da stand, wenn das alles meine Vorstellungskraft nicht um ein Vielfaches überstiegen hätte, dann hätte ich weggeguckt, als sich dieses epochale Ereignis, die Zuführung des Showmasters seiner Bestimmung unter Verwendung eines Baggers, ankündigte, aber es kam völlig unerwartet, ganz urplötzlich geschah es, dass ich nicht mehr in der Lage war, wegzugucken, sondern wie gebannt hinguckte, solch ein Sog ging von Thomas Gottschalk aus, ein Sog, dem zu widersetzen ich mich außerstande sah, von diesem Mann, der hoch droben in einer Baggerschaufel stand, begleitet von Mike Krüger, in dessen Beisein Thomas Gottschalk aus dem Saal hinaus transportiert und damit eine beispiellose Karriere ihrer Bestimmung zugeführt wurde, nämlich ihrem viel zu späten Ende.

Peter Biging

Faust – Ein anderes Ende

Der grauköpfige alte Faust schlug kräftig mit seiner Emailletasse an die Gitterstäbe. Das metallische Scheppern dröhnte durch die langen Höllenflure. Eine Stichflamme loderte vor der Zellentür auf. Aus dem Schwefelrauch entstieg Mephisto.

„Was veranstaltest du für einen Lärm? Eine Tasse Tee, mehr gibt es nicht." Mephistos Schweif wedelte lustvoll durch die Luft.

„Ich will diesen widerlichen Tee nicht. Ich will hier raus. Willst du mich bis zum Ende meiner Tage hier schmachten lassen?"

„Es gibt kein Ende deiner Tage. Schon vergessen? Du bist doch längst gestorben. Dein irdisches Leben ist vorbei, du gehörst jetzt mir, bis in alle Ewigkeit." Die beiden Hörner auf Mephistos Schädel glühten blutrot auf.

„Ewigkeit", schrie Faust, „Ewig gibt es nicht. Alles hat ein Ende."

„Irrtum, mein Lieber. Das hier ist auf ewig. Kein Ende in Sicht. Weder da oben noch hier unten. Euer elendes Dasein auf der Erdkugel, das hat Anfang und Ende, aber danach gehört ihr Ihm oder mir. Und du gehörst mir, auf immer und ewig. Schön blöd bist du gewesen, Herr Doktor, für so ein bisschen Geilheit dein Schicksal zu verkaufen. Das Feuer züngelte und Mephisto entschwand. Faust ließ sich entkräftet und mutlos auf die harte Pritsche fallen. „Ein Dasein ohne Ende", sinnierte er, „wie soll ich das fassen, wie begreifen? Das kann kein Mensch ertragen, eher schlage ich mir den Schädel an den Eisenstäben ein." Faust erhob sich. Drei Schritte bis zur

Gittertür, drei Schritte zurück, nicht mehr, nicht weniger. Mit der Linken kräuselte er durch die struppig widerspenstigen Barthaare. „Mephisto, he, Mephisto", schrie Faust durch die eisernen Stäbe. „Was willst du schon wieder?" Der stinkende Qualm erfüllte die Zelle.

„Gib mir Schreibzeug."

„Schreibzeug?" Mephisto stemmte seine Arme in die Hüfte. „Oh ha, Schreibzeug will der Herr Doktor. Unnützes Zeug. Wer schreibt, der lügt. Lesen kann ohnehin bald keiner mehr. Und dein Gekritzel interessiert eh niemanden. *„Dass ich erkenne, was die Welt im Innersten zusammenhält"*, ha, dummes Geschwätz. Was hat dir dein Geschmiere gebracht? Und deine Juristerei, noch blöder. Hättest du was kapiert, säßest du jetzt nicht hier. Und nun lass mich. Ich habe ein Geschäft."

„Halt, warte." Faust trat ganz dicht an die Gitterstäbe und blickte starr in Mephistos funkelnde Augen. „Lass mich gehen. Lass mich frei oder besser noch, lass mich sterben, endgültig."

Mephistos Hörner glühten, als wollten sie explodieren. „Du bist schon tot. Vergessen? Jetzt bist du unsterblich. Für immer und immer und immer. Deine Seele hab´ ich längst, die ist nichts mehr wert. Gefällig werd´ ich dir nicht mehr sein und Wünsche werden hier schon gar nicht erfüllt. Außerdem habe ich noch Verwendung für dich. Nicht jetzt, später, vielleicht in 20, 30 Jahren, wir werden sehen. Magst etwas lesen bisweilen? Ich könnte dir eine Bibel bringen."

Der Rauch vernebelte die Zelle schlagartig. Das schallende Lachen hallte noch lange nach.

Claudia Kemmer

Katzen

Ich höre sie schreien. Den ganzen Nachmittag lang.

Ich laufe durch den Garten, rufe ihren Namen. Sie antwortet, miaut kläglich, doch mit jeder Antwort wird ihre Stimme schwächer. Irgendwann, es ist fast dunkel, verstummt sie.

Ich gehe zu allen Nachbarn, durchkämme ihre Gärten, inspiziere ihre Keller. Ich rufe, bis ich heiser werde.

Mutter ist dabei, den Futternapf wegzuräumen, den Boden zu wischen. Ich schaue sie fragend an. Sie zuckt mit den Schultern. „Sie kommt nicht wieder", sagt sie. Tränen laufen mir über das Gesicht. „Um Tiere weint man nicht", sagt sie.

Vater kommt nach Hause und redet nicht, den ganzen Abend lang. Seine Frage hängt in der Luft, aber er schweigt. Mit dem Kinn deutet er auf Mutter, die so tut, als wäre nichts.

Vater steht auf und geht in den Garten. Ich folge ihm. In der Dunkelheit schauen wir in die leblosen Büsche. Wir rufen nicht mehr nach ihr. Ich bin heiser und ihm fehlen die Worte.

Mutter macht sich in der Küche zu schaffen. Sie wirft die Dosen – Huhn und Rind und Thunfisch – und die Tüten mit dem Trockenfutter in den Müll.

Es ist still im Haus. Staub liegt auf dem Boden. Manchmal sehe ich Schatten, ein Huschen. Wenn ich mich umdrehe, dann ist da – nichts.

Es ist still im Garten. Die Bäume werfen ihre Blätter ab. Die Büsche schimmern grau. Einmal sehe ich etwas huschen. Im Gras verschwindet eine Maus.

Es wird Winter, es wird Frühling. Die Bäume treiben aus, als wir einen neuen Versuch wagen. Ein kleiner Kerl kommt zu uns. Er streunt durch die Räume, jagt Staubflocken. Überall Abenteuer. Spielerisch beißt er uns in die Hände.

Mutter lächelt. Vaters Schritt federt. In der Ecke mit dem Napf ist der Küchenboden bekleckert.

Ich sitze am Schreibtisch, als es klingelt. Ich höre Schritte, Türen schlagen. Die Geräusche lenken mich ab. Ich schiebe meine Hefte von mir, gehe ins Bad. Warum, habe ich vergessen.

Der Kleine läuft an mir vorbei. Ein Abenteuer! Heraus aus dem Bad, in dem er eingesperrt ist, die Treppe hinunter, durch die Haustür, die weit offensteht, davor die Mutter, daneben der Nachbar. Der Nachbar mit einem neuen Hund, einem stattlichen Hund, einem mit großem Maul und spitzen Zähnen, einem Hund, der…

Alles, was ich sehe, ist das Fellbündel im Maul des Hundes. Ich sehe, wie er seine Beute schüttelt, als wäre es eine Stoffpuppe. Ich höre ein Genick brechen. Ein kurzer präziser Laut.

Was ich kaum höre, sind die Schreie. Des Nachbarn. Der Mutter.

Wie in Trance nehme ich das Häufchen Fell mit den losen Knochen auf. Ein letztes Mal hebt der kleine Kerl seinen Kopf. Mit letzter Kraft beißt er in meine Hand. Kein Spiel.

Mutter räumt den Futternapf weg und wischt den Boden in der Ecke. Sie wirft die Dosen und die Tüten mit dem Trockenfutter in den Müll.

Ich meide ihren Blick, verschlucke meine Tränen und verbinde mir die Hand.

Als Vater nach Hause kommt, stellt er keine Fragen. Schweigend gehen wir in den Garten und betrachten die leblosen Büsche. In der Nachbarschaft bellt ein Hund.

Kaia Rose

Verkannt

Eine unüberblickbare Menschenmasse. Wie viele mögen es sein? Tausende, Zehntausende? Bestimmt weniger, als die Medien heute Abend berichten werden. Aber es sind viele - zu viele.

Mein Mund ist trocken. Wie kann es sein, dass sich das Volk von dieser Hexe verführen lässt? Dass es ihr zujubelt, obwohl sie nichts als Gift und Galle spuckt? Was sie predigt, ist Mord - Kindesmord gar, das abscheulichste Verbrechen, dessen der Mensch fähig ist. Und dennoch tosender Applaus.

Ich verspüre den Drang, wegzusehen, die Augen vor dem Unfassbaren zu verschließen. Aber ich kämpfe ihn nieder. Wer sich einer Gefahr stellen will, muss ihr ins Gesicht blicken.

Und stellen werde ich mich, das schulde ich meinem Volk. Auch wenn es sich blenden und verführen lässt, Betrügern Glauben schenkt und Verräter hofiert. Ich werde sie retten vor ihrer eigenen Naivität, diese Menschen, deren begeisterte Gesichter über den Bildschirm flimmern.

Jeder andere würde klein beigeben angesichts der Prügel, die man mir vor die Füße wirft. Selbst mich lockt in mancher stillen Stunde die Versuchung, den ungleichen Kampf aufzugeben und mich vom

Schlachtfeld zurückzuziehen in den Frieden der eigenen vier Wände. Welcher David hätte die Kraft, sich immer wieder gegen Goliath zu erheben, der, mehrfach geschlagen, mit unlauteren Methoden in den Ring zurückkehrt?

Aber ich wäre nicht, der ich bin, gäbe ich der Verlockung nach. Ich werde meine Kräfte bündeln, meine letzten Energiereserven aktivieren und die Last der Verantwortung schultern. Einer Verantwortung, der ich mich Zeit meines Lebens gestellt habe - ohne Rücksicht auf meine persönlichen Bedürfnisse, ohne Sorge um meine Sicherheit, ohne Schmerz und Opfer zu scheuen. Mein Herzblut habe ich gegeben, alle haben es gesehen. Nie zuvor hat sich jemand mit solcher Entschlossenheit für die gerechte Sache eingesetzt.

Einmal noch, ein letztes Mal, werde ich für mein Volk in die Schlacht ziehen. Der Entschluss strafft meine Schultern, als nähme er Jahre von mir. Diesmal werde ich siegen, ich weiß es.

Natürlich werden sie mit allen Mitteln versuchen, mir meinen Sieg streitig zu machen. Vor nichts werden sie zurückschrecken, die Medien aufhetzen, die Justiz korrumpieren, ausländische Mächte zu Hilfe rufen. Ich weiß es, ich habe das alles schon einmal erlebt. Aber diesmal werde ich mich nicht geschlagen geben. Frei von Furcht und Skrupeln werde ich alles tun - alles! -, um mein Land vor einer neuerlichen Regentschaft des Schreckens zu bewahren. Und sei es mit Waffengewalt. Ich werde kämpfen, bis die Verräter vernichtet sind und mein Volk wieder Luft zu atmen hat.

Dann werde ich das Land in eine blühende Zukunft führen. Und alle - auch jene, die heute noch die Hexe bejubeln - werden erkennen, wer ihr wahrer Held ist. Denn ich, nur ich, bin zum Präsidenten der Vereinigten Staaten bestimmt.

Rebecca Rieper

Nestbeschmutzer

Bin ein Flüchtiger, ein Süchtiger,
ein schüchterner, nicht mehr ganz nüchterner
Sklave der Hingabe.
Ich laufe durch vertraute Straßen.
Schon wieder.
Nicht zu fassen.
Bin auf der Suche nach dem nächsten Kick,
suche keinen Fick,
sondern mein Glück in einem kleinen Stück
Nähe.
Dabei stehe
ich mir selbst im Weg,
denn zu Hause
ist alles, was ich brauche.
Ich kriege
dort Liebe,
fliege
in Freiheit,
schmiege
mich in Geborgenheit,
streame
Ehrlichkeit.
Suche keinen Zeitvertreib.
Mich lechzt es nicht nach Kokain,
sondern nach Dopamin und Endorphin.
Adrenalin
bohrt sich durch meine Venen.
Wenn meine Augen in ihre sehen, muss ich untergehen.
Bin ein sinkender Ertrinkender

auf der Suche nach Zärtlichkeit. Zu allem bereit.
Heute will ich den goldenen Schuss.
Liebe im Überfluss.
Bin ein Flüchtiger, ein Süchtiger,
ein schüchterner, nicht mehr ganz nüchterner
Nähe-Junkie.
Stürze mich ins Taxi.
Will meine Nase in ihrem Hals versenken,
keine Sekunde verschenken.
Hab ihr mein Leben vor die Füße gekippt
wie Wischwasser.
Sie hat daran genippt
und alles wieder aufgeschippt.
Übrig blieb eine Pfütze Vertrauen.
Genug Spielraum,
um heute zu ihr abzuhauen.
Ich bin da.
Bin ihr nah.
Will sie immer nur ansehen, zu weit gehen,
ihre Hand nehmen,
muss mich zähmen, mich schämen,
kann nicht widerstehen,
sie riecht so angenehm.
Gold tropft aus meinem Mund
und
fließt aus ihrem Ohr in den Untergrund. Es funkt.
Ich fang an zu zittern.
Ernsthaft?
Alle Grenzen splittern.
Gleich geschafft.
Und so schlittern
wir in den ersten Kuss.
Da ist er - mein Schuss.

Bin ein Flüchtiger, ein Süchtiger,
ein schüchterner, nicht mehr ganz nüchterner
Gefangener im Glück.
Zurück
Im Hier und Jetzt
klingelt mein Telefon.
Mein Herz setzt
aus
und schon
klopft mein altes Leben an meinen Hypothalamus.
„Ich mach Schluss",
sagt sie.
Noch nie
sind Glück und Unglück
derart aufeinander gekracht, im selben Augenblick
Das ist die Nebenwirkung vom Kick.
Du lügst und betrügst und begnügst
dich nicht
mit dem was du hast,
sondern rast
auf der Jagd
nach dem Thrill
bis du versagst.
Bis zum Overkill.
„Aber warum?", frage ich.
„Verkauf mich nicht für dumm,
ich weiß wo du bist."
Stumm sehe ich mich um.
Zu Hause *hatte* ich doch alles, was ich brauchte.
Ich ersaufe
in Zweifeln,
Schuldgefühle schwappen über mich und reißen
jedes Glück mit sich.

Klammere mich an die Frau, die jetzt vor mir steht
und mich ansieht.
„Du musst jetzt gehen, wir werden uns nicht
wiedersehen, ich will mich nicht mit einem Lügner
abgeben."
Spricht sie, dreht sich um und geht.
Ihr zarter Geruch
weht
ihr hinterher.
Ich kann nicht mehr.
Bin ein Nestbeschmutzer.
Ein verdutzter Niesnutzer.
Ich hetze, ich haste
Ich renne, ich taste
Ich brenne, ich platze
fast vor Scham.
Lahm
schlurfe ich durch vertraute Straßen.
Schon wieder. Nicht zu fassen.
Bin ein Flüchtiger, ein Süchtiger,
ein schüchterner, nicht mehr ganz nüchterner
Vollidiot.
Tot!
Im Herzen voller Schmerzen.
Hänge an der Nähenadel.
Erhänge meine Gedanken mit dem Ladekabel.
Ersticke im Panik-Hagel.
Ein Schluss, ein schlechter.
Ein Exitus, ein echter.
Bleibe ein Flüchtiger, ein Süchtiger.

Kommentar: Ungewöhnliche Textstruktur mit vielen
kurzen Zeilen. Vielleicht als Rap geeignet.

Kai Hölcke

Mein Morgen mit Linda Zervakis

Zehn vor sechs. Noch im Schlafshirt lege ich den Papierfilter in den Trichter, häufle fünf Löffel fair gehandeltes Kaffeepulver hinein, gebe eine Prise Salz dazu und schalte an. Der Rundfunkpfarrer erinnert an die sieben Werke der Barmherzigkeit und versteigt sich in die Ansicht, dass auch Jesus ein Wohnsitzloser war. Dann beendet er die Gedanken zum Morgen mit den Worten: „Liebe deinen Nächsten! Er ist wie du. Ich wünsche Ihnen einen segensreichen Tag!" Ich schalte ab.

In der Essecke im Wohnzimmer kontrolliere ich den Frühstückstisch: ein Dinkel-Croissant, zwei Scheiben Toast, Vollkornbrot aus dem Naturkostladen, Biofrischkäse und ein dünnes Tortendreieck Leerdamer. Vor dem Weg zurück zur Küche zappe ich zur ARD und höre die erste von etlichen Nachrichten:
Ein Flüchtlingsboot ist im aufgewühlten Mittelmeer gekentert. Fast 100 Menschen sind ertrunken, darunter viele Kinder. Meine kurze Aufgewühltheit legt sich, als ich höre, dass die Frontex-Grenzschutztruppe personell verstärkt werden soll.

Mein Frühstücksei geht für dreieinhalb Minuten im kochenden Wasser unter.

In Freiburg wurde eine Studentin tot aufgefunden. Man vermutet ein Gewaltverbrechen.
Der Gemeinderat fordert, den Park zukünftig besser auszuleuchten. Das leuchtet ein.

Erdbeer-Rosen-Marmelade von Mutti, laktosefreie Milch, Honig, Fleur de sel, meine Medikamente. Etwas Obst vom Straßenstand aus dem Nachbardorf. Die dänische Markenbutter ruht noch in der Kühlschranktür. Der leichte Salzgehalt macht sie streichfähig. Der Kaffee ist durch.

Das Außenministerium wiederholt seine Reisewarnung für Ruanda. Bei der Bekämpfung der Ebola-Epidemie gibt es keine nennenswerten Erfolge. Im Gegenteil: Die Zahl der Infizierten und Toten steigt täglich. Es fehlt Impfstoff aus Europa.

Ohne etwas im Mund zu haben, schlucke ich schwer. Dann probiere ich einen Löffel vom australischen Wildblütenhonig der Marke „Top Sing". Wirklich lecker. Nur der Zucker kristallisiert etwas grob. Auf dem Nutellaglas steht, dass die Rezeptur verbessert wurde. Ich merke keinen Unterschied. Aber war der Preis vorher nicht niedriger?

Ich höre, dass die Meere immer mehr vermüllen. Besonders das Plastik ist für die Fische ein lebensbedrohendes Problem. Auf jeden Bundesbürger kommen 71 Plastiktüten im Jahr. Ich verstehe das nicht. Ich habe noch nie eine Plastiktasche im Fluss oder im Meer entsorgt. Trotzdem: Die Meeresverschmutzung ist ein starkes Stück.

Ich schneide mir ein starkes Stück Leerdamer ab und esse die dunkelgelbe Köstlichkeit ohne Brot. Mit dem Finger picke ich verlegen und ratlos alle Brösel vom Teller und mache reinen Tisch.

Während ich die Tropfen meiner Arznei abzähle und in dieser Woche bereits zum dritten Mal von rassistischen Übergriffen erfahre, ahne ich, dass die Ablehnung von Fremdem auch Nebenwirkungen haben kann.

In der Rubrik „Aktuelles aus den Bundesländern" wird berichtet, dass die Bewohner rund um das Stuttgarter Neckartor – in der Regel identisch mit den Stuttgart-21-Gegnern – die amtlichen Stickoxidangaben anzweifeln. Dasselbe gilt für die Informationen zur Energieeffizienz. Ich stehe schnell auf und lösche die Beleuchtung neben dem Fernseher, bevor ich ein Glas naturtrüben Apfelsaft einschenke und mir selbst eine Eszet-Schnitte stibitze, die für Sonntag vorgesehen war.

Vor dem Wetterbericht erschreckt mich die differenzierte Analyse über die hohe Zahl der verarmten Rentner in Deutschland. Ich muss einen Termin bei der Bank vereinbaren. Ein Sparbrief wird fällig.

Ich räume den Tisch leer, lecke die Marmeladen-, Honig- und Nutellalöffel genüsslich ab, lade die Spülmaschine und verlasse informiert die Wohnung. Ich bin froh, dass heute Linda Zervakis die Nachrichten gesprochen hat. Wenn sie für den Frühdienst eingeteilt ist, ist alles nicht so schlimm.

Matthias Spiegel

Rabo de Peixe

Es gibt die Welt, und Rabo de Peixe. In der Kleinstadt
im Norden von São Miguel ist manches anders.
Angefangen bei der Sprache. Der gesprochene Dialekt ist
selbst für Einheimische kaum verständlich. Er geht auf
maurische und bretonische Einwanderer zurück. Die
Mauren vermischten ihre Sprache mit dem
Portugiesischen, und die Bretonen gaben den
französischen Akzent dazu. Fertig war ein sprachliches
Kuriosum, das es nur in Rabo de Peixe gibt.

Vor Jahren geriet der Ort in die Schlagzeilen, als
ziegelgroße Päckchen angespült wurden. Der Kapitän
einer Segeljacht hatte einen Ruderschaden erlitten. Er
wollte sich, vor Einfahrt in den nächsten Hafen, der
heißen Ware entledigen. Also versenkte er das Kokain in
einer Bucht. Stürmische See sorgte dafür, dass viele der
Päckchen an den Strand gespült wurden. Mit fatalen
Folgen. Jugendliche und Großmütter angelten nach dem
weißen Gold. Sie verkauften es gläserweise, oft zu
Spottpreisen, was zu Abhängigkeiten und tragischen
Todesfällen führte. Die Behörden waren alarmiert. Es
dauerte Wochen, bis der Spuk vorbei war, und der Ort zu
seiner Bodenständigkeit zurückkehrte.

Für die Menschen in Rabo de Peixe ist Betriebsamkeit
ohnehin eine Marotte aus dem Fernsehen. Das Dorf lebt,
aus Mangel an Alternativen, vom Fischfang. Wen es nicht
in die Hauptstadt zieht, tritt in die Fußstapfen der Väter.
Die Gründe vor der Küste sind üppig. Es ist noch immer
ein lohnendes Geschäft. Früh am Morgen fahren die

Fischer hinaus auf den Atlantik. Der Fang dauert selten länger als ein paar Stunden. Schon um die Mittagszeit kehren die Männer zurück. Sie bevölkern Bars und Cafés, halten da und dort ein Schwätzchen. Niemand ist in Eile. Der Kaffee fließt reichlich. Bei vielen dauert die Pause dann den Rest des Tages. Heinrich Böll lässt schön grüßen.

Lieselotte Degenhardt

Der Stadt so nah

Weit war der Weg - so weit - .
Sie gingen zu zweit Hand in Hand.
Die kleinen Füße hatten Müh,
die großen noch viel vor,
die Dächer der Stadt schon in Sicht
und das Portal davor.

Da kam ein Punkt an einer Gabelung,
wo es partout nicht weiter ging.
Ein kraftloses Auf-der-Stelle-Treten,
kein allerbester Wille half
und auch kein zuckersüßes Beten.

War es ein Luftzug, der drehte,
ein Hauch von Wind, der blies,
zur Umkehr bereiten?
Da lösten die Hände sich,
so müde vom festen Halten.

Den Stadtturm im Blick
in Schlafes Mitte gerückt,
schöpften sie Kraft aus der Nacht.
Nach vorn oder zurück?
Sag du's, mein Kind.

Da stellten am Morgen sich
die kleinen Füße zu den großen.
So gingen sie weiter Hand in Hand.
Und kommen an in nächster Zeit,
doch vielleicht – am Abend noch heut.

Olaf Ludmann

Käpten meines Herzen

Bei leichter Brise, geblähtem Segel,
Kräuselnden Wogen, hohem Wasserpegel
Verließen wir den einsam lärmend´ Hafen,
Wo wir zufällig uns im Gewimmel trafen.
Stachen in das seicht Gewässer,
Tag auf Nacht trieben wir es kesser,
Machten Unfug, lebten süße Zweisamkeit,
Und frönten mit unbefangener Heiterkeit
wilden Freuden, ausgelassnen Scherzen.
So warst du schnell der Käpten meines Herzen.

Landeten an bläulich schattige Gestade,
Von da wiesen uns verschlängelt Pfade
Zu Bergen nebelweiß, Wasserfällen, Tälern grün,
Entrückt jeglich´ Wollen, Streben, Mühen.
Aber bald hatten genug wir zwei
Von dem Gefühlsdusel Einerlei,
Flohen an Bord, Mast gesetzt, Anker klar,
Raus aufs Meer, wo das Leben, die Gefahr.
Mochten Stürmen trotzen; lieber beben, zittern,
Wenn die Rahe bricht, die Blanken splittern.
Dann als wir vorbei an den Westmeerinseln brausten,
Wo die schmachtenden Sirenen hausten,
Lachend hört ich sie mit Schalmeienklange circen
Denn mich bannt´ der Käpten meines Herzen.

Später als wir uns heillos stritten,
Erbärmlich Schiffbruch dabei noch erlitten,
Geworfen ich an rauhe Klippenküsten,

Du durchstreiftest trocken staub`ge Wüsten,
Getrennt, was uns verband scheinbar dahin,
Bewahrt ich dich trotz allem fest im Sinn,
Bis wir lautlos uns wiedergefunden,
Um vereint in unsren Seelen, den geschund´nen,
Das schrägäugige Untier auszumerzen,
Bliebst auch da stets Käpten meines Herzen.

Nie und nimmer kann es enden,
Wohin sich wird das Blatt auch wenden,
Tief im Grunde, wie die selt´nen Erzen,
Ruhst in mir, du, Käpten meines Herzen.
Verschlägt es mich in öde Fluren,
Prophezeien mir himmlische Auguren,
Kein Glück sei mir fortan je beschieden;
Werd ich von der Welt zerrieben,
Sich das Unheil über mir zusammenbraut,
Gar der Heimat ich beraubt,
Führt in Ketten man mich fort,
Fall zum Opfer schäbigem Komplott,
Oder muß mich Elend, Armut fügen,
Verbrennt die Erd´ in tausend Kriegen,
Bei denen ganze Staaten untergehen,
Länder zu Staub und Asch´ verwehen,
Revolten, Unruhen, Aufruhr toben
Die das Unten kehr´n nach oben,
Ringsum Städte, Dörfer qualmen,
Alles was uns Teuer sie zermalmen,
Präsidentenköpfe rollen, Kanzlerhälse spalten;
Ja, sollt´ selbst das Universum ganz erkalten,
Alles, all das kann ich leicht verschmerzen,
Verlier ich bloß nicht dich, Käpten meines Herzen.

Niemals will ich dich entbehren,
Kein Ruhm und keine Ehren,
Weder Schand´ noch Tadel sollen mir je verscherzen
Deine Nähe, deinen Anblick, Käpten meines Herzen.

Vielleicht bald, vielleicht fern, daß ich dich verlasse.
Wenn meine Hülle auf der düsteren Barkasse
Übern Styx sich zur ewigen Stille schickt,
Meine Seele zweifelnd sich verdrückt,
Dann lenke deine Schritte
Aus der abgeschiedenen Kajüte.
Schau nur hoch zur nächtlichen Himmelsweite,
Welch der blasse Mond gibt sein Geleite,
Siehe, wo die Sterne flackern, gleich unlöschbaren
Kerzen,
Dort bist du noch immer Käpten meines Herzen.

Kommentar: Die dichterische Freiheit gestattet eine
gewisse Dehnung der sprachlichen Regeln – aber in
Maßen! Die sehr strapazierte Epipher „Käpten meines
Herzen" stört insbesondere, weil der Genitiv Singular
von „Herz" eben nicht „Herzen" lautet, sondern
„Herzes" oder "Herzens" mit Endkonsonant "s".

Robert Füllenbach

Auszeiten

Anna legt sich auf das Bett der Suite, während ihr Mann unter die Dusche geht. Gähnend tastet sie nach der Fernbedienung und findet sie auf dem Nachttisch. Sie zappt durch die Sender, bis sie endlich einen deutschsprachigen findet. Die Folge einer Seifenoper geht zu Ende, nach mehreren Werbespots beginnt eine Nachrichtensendung. Wieder ist ein neues Video aus einem der Kriege dieser Welt aufgetaucht. Einer Welt, der sie manchmal entfliehen möchte, ohne es zu können. Die verwackelten Aufnahmen zeigen mehrere junge Soldaten. Sie haben Blut an der Uniform, manche auch im Gesicht. Mit Kabelbindern werden ihnen die Hände hinter dem Rücken gefesselt. In ihren Blicken Angst, aber auch Ungläubigkeit, was mit ihnen passiert, wie sie in diese Situation kommen konnten. Die bewaffneten Terroristen um sie herum schreien mehr, als dass sie mit ihnen sprechen.

Nicht lange und Anna schaltet wieder aus. Dennoch dringen weitere Bilder in ihre Gedanken, die in den Medien veröffentlicht wurden. Zerbombte Städte, deren noch stehende Hauswände wie Knochen von Kadavern in die Höhe ragen. Körperlich und seelisch erschöpfte Männer in Schützengräben. Eine schwangere Frau, verletzt und mit anklagendem Blick vor einem zerstörten Krankenhaus.

Anna steht auf und geht auf den Balkon. Sie hält sich am Geländer fest, als ihr schwindelig wird, bis sie im leichten

Wind des Sommerabends wieder einen klaren Kopf bekommt. Vom achten Stock des Hotels sieht sie nach unten. Nur wenige Gäste sitzen an den Tischen vor der Bar, die meisten werden sich fürs Abendessen fertig machen. An einer Tischtennisplatte spielen Kinder Rundlauf.

Wie können wir das machen?, fragt sie sich und setzt sich auf die hölzerne Bank. In manchen Ländern passieren die schlimmsten Dinge. Gewalt, Hungersnöte, Unterdrückung. Auch in diesem Moment sterben Menschen, werden misshandelt und gefoltert. Und wir sind hier in dieser Ferienanlage, nicht weit entfernt das Meer. Unsere Sorgen bestehen darin, ob das Wetter gut bleibt, oder welchen Cocktail wir unbedingt noch probieren müssen. Haben alle hier das Recht, eine tolle Zeit zu haben, während andere durch die Hölle gehen? Leere breitet sich in ihren Gedanken aus, bis sich darin eine Antwort formt: Wir können es nicht nur, wir müssen es! Ohne Auszeiten geht es nicht. Für unsere eigene mentale Gesundheit, aber auch als Zeichen der Freiheit gegenüber denen, die Gewalt und Macht ausüben. Nur wenn wir gesund bleiben, können wir anderen helfen. Ob wie sie als Ärztin, oder welche Aufgabe auch immer jemand in der Gesellschaft hat. Wir können das Leben genießen, wenn wir durch unseren Wohlstand auch denjenigen helfen, die in Not sind.

Dennoch fällt es ihr schwer zu lächeln, als sich ihr Mann mit zwei Gläsern Wein neben sie setzt. „Danke!", sagt sie und nimmt eins entgegen. „Alles in Ordnung?", fragt er.

Anna zuckt mit den Schultern. „Denke schon. Auf die letzten Tage hier!"

„Und die Zukunft!"

Sie stoßen an und blicken zum Sonnenuntergang.

Claudia Paus

Der Baumstumpf

Moosbefallen liegt er da,
abgeholzt, ist jedem klar.

Blätter kringeln sich um ihn,
hoch, so hoch bis zu den Knien,
liegen sie jetzt hier am Boden,
waren tatsächlich mal ganz oben.

Forstlich auch Erdstammblock genannt,
ist allerdings nicht jedem so bekannt,
als Überbleibsel eines Baumes er sich wagt,
ein Stück noch aus dem Erdreich ragt.

Claudia Dvoracek-Iby

Schwerer als gedacht

Bei unserem allerletzten Streit
Fiel dir ein grauer Stein
Aus dem Mund
Du hast es nicht bemerkt
Und ich habe nichts gesagt
Als du gegangen bist
Habe ich ihn aufgehoben
War schwerer als gedacht

Seitdem trage ich ihn bei mir
Und verfluche dich
Denn seitdem schimmert er
So schön dein Stein
Schimmert in allen Facetten
Von ozeantiefem Blau
Ihn einfach wegzulegen
Ist schwerer als gedacht

Kommentar: Das Motiv scheint mir absolut neu zu sein und daher umso beeindruckender. Sprache und Form harmonieren miteinander.

Jürgen Artmann

Die Kommunisten

An einem warmen Sommertag besuche ich eine einfache Bierbar in Strasbourg. Die Außenterrasse besteht aus Biergarnituren, die auf den trottoir gestellt sind. Die Bar ist beliebt, es gibt verschiedene Biersorten und große Gläser. Da alle Tische besetzt sind, frage ich an einem Tisch, ob ich mich an der Ecke dazusetzen kann. Die beiden Männer nicken.

Nach dem ersten Bier fragt mich der eine auf Englisch, woher ich komme.

„Ich bin Deutscher", antworte ich, „wohne aber in Strasbourg."

„Ah, Deutscher", meint der, der mich gefragt hatte. „Wir kommen aus Spanien."

Er übersetzt meine Herkunft seinem Kumpel ins Spanische. Der verdreht daraufhin leicht die Augen. Er spricht kein Englisch und auch kein Französisch. Deutsch sowieso nicht. Ich spreche kein Spanisch. So muss unser Mittelsmann den ganzen Abend übersetzen.

Nein sie leben nicht dauerhaft in Frankreich, erklärt mir der Erste. Sie seien für ein Bauprojekt nur für ein paar Wochen hier. Wenn das fertiggestellt ist, ziehen sie innerhalb Europas weiter. Zum nächsten Projekt des gleichen Auftraggebers.

Wir schwärmen noch ein bisschen über Strasbourg, die Schönheit der Stadt und was man hier alles unternehmen kann. Dann stellt der Zweite auf Spanisch seine erste politische Frage.

Was ich denn von Angela Merkel halte und der vor allem durch Deutschland geprägten europäischen Finanzpolitik.

Ich denke kurz nach, habe Merkel nie selbst gewählt. Ich antworte aber schließlich, dass ich sie eigentlich ganz gut und besonnen finde.

„Honestly, she is not a politician, she's a scientist. That's good. We will miss her."

Der Erste übersetzt. Der Zweite schüttelt den Kopf und macht eine abfällige Handbewegung. Merkel würde die anderen Länder viel zu stark unter Druck setzen. Griechenland musste leiden, und in Spanien finden junge Leute keinen Job. Und die, die es gibt, sind schlecht bezahlt. Sie selbst wandern deshalb über Wochen im Jahr durch Europa.

Was sie denn genau machen, frage ich sie. Sie sind Bauleiter, kommen immer dann, wenn die Arbeiten an einer Baustelle abgeschlossen werden.

„Und ich, ich bin Kommunist", sagt der Zweite auf Spanisch und mit Stolz im Ton. Er zeigt zur Unterstreichung des Gesagten auf sich selbst. Der Erste ist auch ein Kommunist, ergänzt er, nicht so doll wie der Zweite, aber im Grunde auch.

„Kommunist, interessant." Echte Kommunisten hatte ich noch nie gesehen.

„Und für wen arbeitet ihr hier?", frage ich noch.

„Für Primark. Wir stellen den neuen Primark-Store fertig."

Ich stutze, wohne direkt neben der Baustelle. Das neue Gebäude verstellt meinen Blick auf das Flüsschen, dass die Innenstadt umspült. Ich mag diese Billigkette gar nicht. Ich bin gespannt, wie die mit dem Lieferkettengesetz umgehen werden.

„Primark? Ihr seid zwei spanische Kommunisten, die für Primark arbeiten?"

„Ja." Beide zucken verlegen mit den Schultern und grinsen beklommen. „Ja, das klingt komisch, das wissen wir. Aber so ist halt das Leben."

Marion Redzich

Das Kompliment

Ein Sonntag wie jeder andere. Wie jeder andere? Nun ja, begonnen hat er jedenfalls so.

Sonntagmorgen. In einer Stunde holt mich Jan ab. Wir wollen gemeinsam zum Stuttgarter Fernsehturm. Dort ist ein „Dinner im Turm" geplant. Jans Geburtstagsgeschenk für mich.

Vor einigen Wochen bin ich 64 Jahre alt geworden.

Heute fühle ich mich nicht sehr fit. Wie schon so oft in den letzten Wochen und Monaten.

Aber ich freue mich auch auf den Tag mit Jan. Sehr sogar!

Kurz überlege ich, was ich zu diesem Anlass anziehen soll.

Ich entscheide mich für ein bequemes Outfit in blau. Passender Schmuck dazu. Fertig.

Wir fahren mit den öffentlichen Verkehrsmitteln. Dank der vielen Baustellen ist schon der Weg zum Fernsehturm ziemlich anstrengend.

Die Auffahrt zum Restaurant mit dem Aufzug geht sehr schnell.

Oben angekommen werden wir von einer freundlichen Servicekraft begrüßt, die uns an unseren Tisch führt. Ein Tisch für zwei direkt am Fenster mit einer grandiosen Aussicht über die Stadt. Fantastisch! Ich fühle mich schon besser!

Ein Glas Sekt für jeden eröffnet offiziell das Buffet.

Wir lassen uns Zeit, genießen die Aussicht, die Zweisamkeit, die Atmosphäre, das gute Essen.

Ich genieße den Moment.

Völlig in meine Gedanken versunken bemerke ich gar nicht, dass Jan, der eben noch mir gegenübersaß, plötzlich weg ist. Unter dem Tisch höre ich etwas rascheln. Ich schaue um die Ecke vom Tisch und sehe, dass Jan da kniet. Tausend Gedanken schießen mir in dieser Sekunde durch den Kopf:

„Er wird doch nicht... nein, nein, oder doch?" Ich sehe mich im Brautkleiderladen, umgeben von geschäftstüchtigen Verkäuferinnen, die mir ein Brautkleid nach dem anderen zur Anprobe bringen.

„Hab sie!" Diese zwei Worte reißen mich aus meinem Gedankenkarussell und katapultieren mich wieder auf den Stuttgarter Fernsehturm. „Hab die Gabel gefunden!", höre ich wieder die Stimme von Jan und mir wird klar, dass das kein Heiratsantrag ist.

Verlegen, enttäuscht und auch ein bisschen erleichtert widme ich mich wieder meinem Teller.

Plötzlich steht die Servicekraft an unserem Tisch, schaut mich an und sagt: „Ich muss Ihnen sagen, dass Sie Geschmack haben!" Ich schaue zurück, lächle und beziehe ihren Kommentar auf meine Auswahl des Tischweines. „Ich finde, Sie sind eine sehr schöne Frau!", fährt die Servicekraft fort.

Ich schaue mich um, weil ich mir sicher bin, dass sie unmöglich mich meinen könne. Doch da ist niemand. Ich stammle so was wie „das hab ich von Dir noch nie gehört!" und schaue dabei Jan an. Ich merke, wie ich feuerrot anlaufe. Mir wird ganz warm.

Die Servicekraft ist inzwischen wieder gegangen und ich frage mich, ob das jetzt wirklich passiert ist. Ein Kompliment, dazu von einer völlig Fremden!

Die Zeit vergeht wie im Flug und schon ist die schöne Auszeit auf dem Fernsehturm vorbei.

Im Rausgehen sehe ich die nette Kellnerin von vorhin und bedanke mich für das nette Kompliment.

Den ganzen Tag bin ich wie berauscht. Und das kommt sicher nicht nur vom Wein.

Kommentar: Was zunächst wie eine Romanze erscheint, stellt sich dann als eine Kritik an der männlichen Unsensibilität heraus. Zur Verteidigung der Männer sollte gesagt werden, dass gewisse Verhaltensweisen die Routine in einer Partnerschaft eventuell stören würden und dass gerade die eingefahrenen Muster von beiden geschätzt werden. Hiervon abzuweichen, erfordert viel Gespür und darin sind eben Frauen besser.

Isabel Neumerkel

Fremde Spuren

Sonne segelt in Gedanken
übers Meer und alte Zeiten,
ausgeschwemmt am Horizont.

Wellen aufgereiht in Schatten
reflektieren unter Wasser
ohne Puls und ohne Farben.

Salzkristalle auf den Wangen.
Augen leer und flutverschlungen
unser Strand, an dem wir spielten.

Ländergrenzen sind verschoben,
Nachbarsleute Heimatlose
auf der Flucht, in fremden Spuren.

Detlef Siehl

Eine hilfreiche Erinnerung an die frühe Currywurst

Markt. Mediterrane Spezialitäten. An diesem Stand bildete sich immer eine lange Schlange. Die Auswahl war einfach zu groß. Ich musste mich bescheiden. Ich ließ also all die Brotaufstriche und Dips, die allein durch ihre Farbkombination attraktiv aussahen, unbeachtet und deutete auf die eine Creme hin, die alle anderen ausstach: zitronengelb mit feinen dunkelroten Sprenkeln, dazu sahnig gerührt, und schon beim bloßen Draufgucken streichzart. Das Wort *Mango* tauchte neben *Chili* in der Beschreibung auf und beides gab dem Ganzen einen Hauch von Exotik. Die will ich.

„Ist die scharf?", hatte ich den Verkäufer noch vorsichtshalber gefragt, obwohl meine Entscheidung schon feststand. Allerdings, wie er den Kopf wiegte, hätte mich warnen sollen. An manchen seiner Angebote war ja extra ausgewiesen s*charf,* aber hier stand nichts. Er druckste etwas herum, entschied sich dann für ein „hm, nicht wirklich scharf". Nach einer kurzen Pause fügte er hinzu „pikant" und bestätigte das mit einem Kopfnicken.

Ich hätte probieren sollen, die lange Schlange hinter mir hielt mich ab. Und so ging ich in das volle Geschmacksrisiko, sozusagen ein kulinarisches Abenteuer.

Ich kaufte auch noch ein Brot und schon war das Mittagessen perfekt. Zuhause wärmte ich das Fladenbrot, bestrich es mit dieser Creme, die sich tatsächlich als streichzart erwies und biss erwartungsvoll in diese Kreation aus gerösteten Sesamkörnern, knusprigem Fladenbrot und diesem unbekannten Etwas. Mit der Zunge verteilte ich die Masse in meinem Mund als unmittelbar ein Brennen auf der ganzen Zunge einsetzte und sich am oberen Gaumen fortsetzte, das nach sofortigem Löschen durch Wasser rief.

Eine kurze Erleichterung setzte ein, die sich allerdings sofort wieder auflöste und ich nun das Gefühl hatte, das Wasser wäre wie Öl im Feuer gewesen, weil es nur zur weiteren Verbreitung des Brennens geführt hatte. Es hatte sich nun den oberen Bereich der Kehle erobert und ließ mich nach Luft ringen.

Ich konnte nicht sitzen bleiben. Mit weit aufgerissenem Mund lief ich durch das Zimmer und versuchte so viel an Kühlung einzusaugen, wie ich nur konnte. Es half nicht. Wie und wann geht das vorbei? Schnell griff ich zu einem Stück Brot um zu neutralisieren, dann zu einem Jogurt *mild*. Nichts minderte das Brennen. Es ließ keine anderen Empfindungen neben sich bestehen.

Was wird nach diesem Überfall an Geschmacks-nerven noch übriggeblieben sein? Wie hatte ich das früher überstanden? Waren wir nicht als Kinder zu den Currywurst-Buden gegangen und hatten *extra scharf* bestellt und uns gegenseitig an Waghalsigkeit überboten?

Einzig diese Erinnerung sagte mir, irgendwann, irgendwann wird es vorübergehen. Du wirst wieder differenzieren können zwischen milder Süße, feinem Bitter, leichter Säure. Du wirst erkennen können, was herzhaft-würzige oder ausgewogene Aromen sind. Du wirst wieder nussig, fruchtig, blumig schmecken und vor allem: Du wirst wieder genießen können.

Kommentar: Zwischen Currywurst-Nostalgie und Scoville-Wahn wird ein Weg gesucht – das gefällt mir, zumal die Berliner Currywurst gerade 75 Jahre alt geworden ist. Die kleine Glosse besticht durch ihre „Schärfe".

Caroline Kühl

Dernière

Diamanten kullern
blasse Wangen hinab
haltlos in die Tiefe fallend, um voller Sehnsucht
die Tränenpfütze zum Beben zu bringen.

Eibennadeln wispern mir
einen Abschiedsgruß entgegen,
höre ich dazwischen leise den Klang
deiner Stimme,
bevor der letzte Stein meine Augen verlässt
und für immer im tiefen Nichts des Ozeans
vor mir verschwindet.

Hans Peter Flückiger

Der Böse und die Guten

Der Böse:
Was schert mich eure Integrität
Bald sind wir die Herr'n im Haus
Ob ihr das wollet oder nicht.
Bomben fallen von früh bis spät,
Drohnen dröhnen ohne Rast
Bis die letzte Kraft gebricht.

Die Guten:
Nein, nein, nein – das kann nicht sein
Wir setzen Norm und Recht
Kein Opfer ist uns dafür zu gross.
Niemand von uns knickt ein
Nie werden wir eines Despoten Knecht
Akzeptieren kein Unrecht – zweifellos.

Der Betrachter:
Die Guten sind aber auch nicht besser
Recht ist ihnen vieles, solange es nützt
Und die Aktien der Waffenschmieden steigen.
Sie liefern nötigenfalls auch dich ans Messer
Keiner ist von ihrer Macht geschützt
Da lassen die sich nichts vergeigen.

Der Nachdenkende:
Guter Rat ist da teuer
Wer soll nun unser Schlichter sein?

GPT-4 – zeitgeistkonform programmiert?
Dafür fange ich kein Feuer
Verzichte auf dies' Bevormunderlein.
Uff – sind wir angeschmiert.

Kommentar: Ein philosophischer Text über die ethische Grundfrage „Was soll ich tun?". Kants Antwort darauf ist der kategorische Imperativ. Kann der uns Heutigen noch helfen?

Rolf Blessing

eine Zeit ohne Tropfen und Hauch

ein leichter Hauch
aus dem Mund der Ewigkeit
verliert sich
in der Atmosphäre
wie ein Tropfen Wasser
im Meer

Vergänglichkeit
ist allem vorbestimmt
was entsteht
ist nicht ewig
außer der Ewigkeit

ein Tropfen
kann kein Meer füllen
der Hauch den Wind nicht ändern
aber was wäre eine Zeit ohne sie
ohne Tropfen und Hauch
ohne Farbe und Licht
ohne Geräusch und Stille
ohne Fröhlichkeit und Trauer
ohne Schönheit und Groteske

eine Zeit
bringt die nächste selbst hervor
und sie wird
von der vorherigen ablöst

Patrick Schild

maskulin

aus welchem dunkel -mutterschoß- der mich geborgen
- in welchem dunkel wurde ich entbunden
u. geboren – überdrüssig u. müßig des leichten
leuchtenden, zärtlich verstreuten, lichtes am morgen.

ein wort-gerinnsel nur, das sich verdickt u. verdichtet
in schichten, in eurem – meinem - lichtlosen mund
-dunkel das sich verschleiert u. nimmermehr lichtet-
wechseln auch die figuren, die spiele, der grund.

hinaus aus innerstem dunkel in die äußerste nacht
begleitet uns – sprechende – die wunde der sprachkraft
(von mund zu mund, im dunkel entbunden der ton)

reine nicht-gestalt, dunkel, vorbote du
kommenden blühens im angereichertem lehm
bevor ich blühe, möchte ich schlafen, schlafen: für wen?

Marco Lombardi

Ein schönes Paar

Die beiden schlenderten Hand in Hand ohne Hast und Eile dahin. Das Wetter war schön, ein leichter Wind trieb ein paar Blätter vor sich her, die sich an einer Kante oder einem Stein rieben, zu Boden fielen und auf einen stärkeren Windstoß warteten, um ihre Reise ins Nirgendwo wieder aufzunehmen. Die Stille war allgegenwärtig, auch die Schritte des Paares auf dem Kies waren nicht zu hören. Die Vögel in den Bäumen trällerten ihr Lied, leise, als ob sie spürten, an einem Ort der Ruhe zu sein. Ein paar Menschen gaben ein verhaltendes Murmeln von sich, andere drückten ihr Schluchzen in ein vorgehaltenes Taschentuch.

Hertha und Willi schwebten weiter. Sie hatten alle Zeit der Welt, das Begräbnis würde so oder so mit ihnen stattfinden. Verschiedene Gräber säumten ihren Weg, manchen waren liebevoll mit Blumen in dezenten Farben arrangiert, die ihren Duft vergeudeten, denn niemand der anwesenden Menschen interessierte sich dafür. Sie lagen da als letzte Gabe, einem Brauch geschuldet, dessen Ursprung kaum mehr jemand kannte. Andere Ruhestätten hingegen lagen brach. Keine Kerzen, von Wind und Wetter verwahrloste Grabsteine, verdorrtes Gestrüpp, und die Inschriften von Staub und Schmutz besudelt und kaum lesbar. Den Toten war es einerlei.

Das wussten auch Hertha und Willi, und im Grunde war es ihnen auch egal, wie sich das letzte Bett für ihr Fleisch gestaltete. Es floss so kurze Zeit nach dem Dahinscheiden noch ein wenig Lebenswehmut in ihnen, dachten an ihre Hinterbliebenen mit deren Trauer. Das stimmte sie zufrieden, denn so glaubten sie, zu Lebzeiten nicht die schlechtesten Menschen gewesen zu sein. Sie waren mehr als fünfzig Jahre verheiratet, erlebten Zeiten der Eintracht und der Zweifel, magere und fette Jahre. Sie hielten zusammen, auch wenn es Situationen gab, in denen sie sich gegenseitig zum Teufel wünschten. Nun, vielleicht war es ja jetzt soweit, dachte Willi verschmitzt und drückte Herthas Hand. Zumindest tat er so, wie sie es früher als frisch verliebtes Paar gemacht hatten. Und sogar später noch, im fortgeschrittenen Alter, nachdem all die kleinen Scharmützel vergessen waren, suchten ihre Körper und Seelen immer wieder die Nähe zueinander. Sogar jetzt blieben sie vereint, konnten gemeinsam die Ewigkeit mit süßem Schlaf auskosten.

Nicht mal der Unfall, der sie zusammen aus dem Leben gerissen hatte und sie dem Tod übergab, konnte sie trennen. Mittlerweile waren sie vor ihrem Grabstein angekommen, blieben davor stehen und warfen einen Blick auf ihre eingravierten Namen, die in goldenen Lettern in der Sonne funkelten. Daneben, aufgebahrt auf einem Wagen, zwei Särge. Der eine weiß, der andere schwarz, beide mit bedruckten Schleifen, Kränzen und weißen Blumen behängt.

Hertha seufzte tief, erwiderte den Druck von Willis Hand und meinte, sogar im Tod seien sie ein schönes Paar.

Michael Bernal Copano

Stimmlos

Stimmen erhoben sich
bekamen zu Stande
stakkato, legato,
Gewirr und Gehabe.
Erheblichen Tonfalls, befiel's mich
und fiel von mir ab –
Kladderadatsch.

Ich erhob meine Stimme
im Hochregallager
und legte sie über
der Hörschwelle ab.

Sie hütet den Laden dort
und lässt mich in Ruhe
einatmen und aus
am Ufer vorm Röhricht im Wind.

Am Weg dann nach Hause,
Basho*, sehen,
sehen allein!

Die Gingkoblätter,
nun ab, umliegen den Stamm.
Schein Licht am Boden.

* Erneuerer des japanischen Haiku, 1644 bis 1694

Kommentar: Der Autor versteht sich als Verfasser von liedhafter Lyrik. Der vorliegende Text mit musikalischer Untermalung findet sich unter folgendem Link: https://www.myownmusic.de/VerKlang/play/?songid=463 838

Pavel Kolganov

TANNENBAUM

Die Weihnacht bei der Essenausgabe
Am Bahnhof für verliebte Obdachlose.
Ich schenke dir das Beste, was ich habe –
Ich fand im Müll gerade eine Rose...

Du schüttest heiße Suppe in die Teller
Und gibst dazu die kleine Schokolade.
Die Welt wird satter, wärmer, süßer, heller
Durch Gottes oder auch deine Gnade.

Ich kann das Glück im Leben kurz beschreiben:
Wir werden in der Nacht im Wald verschwinden
Und dort für immer füreinander bleiben,
Nachdem wir einen Tannenbaum finden.

Du gibst mir Tee aus deiner Termoskanne.
Ich kenne die romantische Geschichte:
Ein Krokodil schwamm in der Badewanne
Und schrieb für dich dort jeden Tag Gedichte.

Ich lad' dich ein – vielleicht – zum Kaffeetrinken.
Im unerfüllten winterlichen Traum
Lass uns zu zweit im Märchenwald versinken,
Lass uns dort suchen einen Tannenbaum...

Kommentar: Das Weihnachtsgedicht ist romantisch und gleichzeitig modern. Die Reimstruktur ist in Ordnung, die Metrik an manchen Stellen holprig. Zu dem fehlenden „s" bei „Essenausgabe" verweise ich auf Bastian Sicks Buch „Der Dativ ist dem Genitiv sein Tod".

Dario Schrittweise

Fragmente der Erinnerung

Eine Kurzgeschichte in Briefform

5. 7. 2031

Meine liebe Fernanda,

endlich finde ich Zeit, dir zu schreiben. Ich bin schon mehr als sieben Monate in dieser Einrichtung, meine Gedächtnislücken und Bewusstseinseintrübungen werden immer weniger. Am besten gefällt mir die Lage. Die Insel ist idyllisch und das Anwesen luxuriös. Internet und Smartphones sind hier untersagt, doch mein neuer Freund Art bringt meine Briefe zur Post, bis ich wieder laufen kann. Der Chefarzt hat mir gesagt, dass ich den Rollstuhl in spätestens fünf Wochen nicht mehr brauche. Die anderen Patienten sind freundlich und wir unternehmen viel gemeinsam. Stell dir vor, gestern waren wir an einem weißen Sandstrand. Er sah aus wie auf einer Postkarte. Nur du fehlst!

In ewiger Liebe
dein Grimaldo

9. 7. 2031

Lieber Herr Esposito,

ich freue mich, dass Sie sich gut eingelebt haben, nur Ihr lückenhaftes Gedächtnis macht mir immer noch Sorgen.

Sie haben mich gebeten, stets ehrlich zu sein, daher muss ich etwas richtigstellen: Ich bin nicht Ihre Lebenspartnerin, sondern seit drei Jahren Ihre Therapeutin. Nach dem Unfall haben die Ärzte und ich Sie in die Klinik von Professor Sterling bringen müssen. Sein besonderes Projekt hilft Patienten wie Ihnen. Der Professor wird weiter unsere Briefe weiterleiten. Ich freue mich, wieder von Ihnen zu lesen.

Weiterhin gute Genesung
Dr. Fernanda Summers

2. 8. 2031
Lieber Herr Esposito,

warum antworten Sie nicht? Haben meine Worte Sie verletzt? Bitte schreiben Sie mir.

Freundlich grüßt Sie
Dr. Fernanda Summers

6. 8. 2031
Liebe Frau Dr. Summers,

nein, Ihr Brief hat mich nicht verletzt. Ihre offenen Worte haben mir geholfen, mich zu erinnern. Danke dafür. Mir ist wieder eingefallen, warum ich in dieser Einrichtung bin. Die Bruchstücke der Erinnerung kehren zurück: Der schreckliche Autounfall, die vielen Verletzten und Toten. Jetzt weiß ich auch wieder, wer Sie sind. Ich habe nur ein Foto mit Ihrer Adresse bei mir entdeckt und Sie für meine Freundin gehalten. Mein Gedächtnis spielt mir weiter

Streiche.

Alle sind sehr freundlich, doch es ist zu schön, um wahr zu sein. Das Wetter ist stets sonnig und das Klinikpersonal ist immer gleich und zu gut gelaunt. Und was ist das für ein Projekt? Niemand gibt mir eine vernünftige Antwort.

Allerbeste Grüße
Grimaldo Esposito

7. 8. 2031
Lieber Herr Esposito,

ich habe mit der Wahrheit gewartet, um Ihnen den Schock zu ersparen. Beim Autounfall haben nur Sie überlebt, aber schwerstverletzt. Dann haben wir Sie an Professor Sterling überwiesen, der ein experimentelles Projekt leitet.

Sterling hat Ihr komplettes Gedächtnis in eine virtuelle Realität hochgeladen und Ihren Körper in ein künstliches Koma versetzt.

Verzeihen Sie mir, dass ich Ihnen keine erfreulichere Antwort geben kann. Hoffentlich werden Sie auf der Insel glücklich.

Ich wünsche Ihnen alles Glück der beiden Welten, bitte passen Sie auf sich auf.

Alles Gute
Dr. Fernanda Summers

Astrid Kohlmeier

Sehnen

Wenn meine Nächte am dunkelsten sind
Wachsen meinem Sehnen Flügel
Und es reist über den Mondesrand
Bevor ein Traumgespinst mich holt zu dir
Still lege ich mich in dein Gewordensein
Und atme ganz allein für dich
Ich deck' dich zu mit meinem wirren Haar
Und leg' den Arm um deine Einsamkeit
Sodass wir friedlich beieinander schlafen
Wie zwei Kinder, die vom Tod nichts wissen

Kommentar: Diese Gefühlsbewältigung macht der Leserin / dem Leser Mut.

Paul Fehlinger

Die ewig aufblitzende Schuld mit ihren feinen, qualvollen Stichen des Selbsthasses

Du rennst verzweifelt hin und her. Als wäre die Ruhe wie von dir abgeschnitten, seitdem dieser Gedanke aufblitzte, diese eine Erinnerung aufflackerte, wie eine verdrängte Szene eines Kindheitstraumas in einem Horrorfilm. Doch das, was sich in deinem Kopf zum x-ten Mal abspielt, ist keine Fiktion: Keine gecasteten Schauspieler, du allein bist der Protagonist der Handlung mit dem Blut an den Händen. Du hast dich nicht gewehrt, nicht „nein" gesagt, sondern hast mitgemacht und immer, immer wieder mitgemacht. Dieses Blut wirst du nie vergessen, doch immer versuchen, diese seelischen Würgereiz auslösende Erinnerung aus deinem Gedächtnis zu verdrängen. Du wirst dich nie dazu überwinden, jemanden davon zu erzählen, gerade ihr nicht, aber oft träumen, zu beichten. Auch jetzt klebt das Blut noch an dir, du bist alleine in den Zimmern eurer gemeinsamen Wohnung, alleine mit dem Gedanken. Auf dem Nachtisch liegt das Handy, du könntest sie jetzt gleich anrufen. Doch du quälst dich lieber bis zum nächsten Morgen, bis im Alltag wieder alles verschwimmt, sich temporär verflüchtigt, und doch ewig in dir verweilt, bis du dann vielleicht doch zum Spießrutenlauf antreten muss und keine „Tut-Mir-Leids" noch helfen können, die Schläge in die Magengrube und Peitschenhiebe auf deinen nackten, abgemagerten Körper abzuwenden. Tja, zurecht, geschieht dir recht. Sabotierst du immer selbst dein Glück, dann sei nicht verwundert über „Pech".

Und wenn sie zurück nach Hause kommst, dann lächelst du sie an. Du musst den Ekel vor dir selbst, den verbitterten Selbsthass, runterschlucken. Anders geht es nicht. Schließlich sind die Stunden mit ihr, besonders in ihren Armen, das noch einzig Schöne in deinem Leben und schließlich bist du es mehr als schuldig, ihr ein paar schöne Stunden zu schenken. Du musst ALLES für sie tun, sonst bist du nur noch mehr schuldig! Und dann liegt ihr zusammen auf der Coach, kuschelt engumschlungen. Auf dem Flatscreen läuft „Greys Anatomy". Ihr könnt fast jedes Wort mitsprechen, so sehr kennt ihr beide die Serie in und auswendig. Es ist ihre Lieblingsserie, und so wurde sie auch zu deiner. Manchmal könnte man denken, ihr seid die gleiche Person, so wie ihr stets das Gleiche denkt, gleichzeitig das Gleiche sagt und jeden Blick des Anderen versteht. Aber du wirst niemals wieder ansatzweise wie sie sein. Sie ist ein Engel und du Abschaum. Immer wenn du neben ihr liegst und in ihre traumatisierten, kindlich blauen Augen schaust, wird dir das klar, wie sehr du im Unrecht bist. Und als sie eine Szene kommentiert, in der die Stationsärztin von der Untreue ihrer Ehefrau erfährt, dass sie dir guten Gewissens blind vertrauen kann, weil du als „liebster Mensch", den sie kenne, dazu niemals in der Lage wärst, sagst du: „Das geht mir genauso, Hasipups." Wie immer lacht ihr, nachdem ihr eins eurer dümmlich-kindlich-süßen Kosenamen benutzt habt, aber innerlich schluchzt du vor ihren Knien.

Anita Adam

Zusammen sind wir weniger allein

Ich spüre wie ich langsam wieder zu Bewusstsein komme und die Stimmen über mir wahrnehme.

„Wir mussten sie leider vorübergehend fixieren", höre ich eine Männerstimme sagen und weiter, „ich denke, sobald sie wieder bei Bewusstsein ist, sollten die Medikamente so weit wirken, dass wir sie wieder losmachen können."

Fixieren? Losmachen? Was geht hier vor sich? Ich öffne die Augen und sehe die weiße Decke über mir. Leicht benebelt versuche ich die Hände zu bewegen, was sich aufgrund der Fixierung auf die Finger und Zehen beschränkt. Ich versuche meinen Kopf zu drehen, mich zu orientieren und vielleicht ein bekanntes Gesicht auszumachen. Dabei erkenne ich meinen Mann, der augenscheinlich mit einem Arzt spricht. Gerade als ich etwas sagen will, spüre ich anfallsartige, dumpfe Kopfschmerzen.

„Hallo Schatz, schön, dass du wieder hier bist", höre ich meinen Mann zu mir sagen.

„Wo bin ich und warum bin ich angebunden?"

„Das ist nur vorübergehend zu deiner Sicherheit. Du hattest so etwas wie einen Anfall, weil du vergessen hast, deine Medikamente zu nehmen. Du weißt doch, dass du sie regelmäßig nehmen sollst", sagt mein Mann zu mir in freundlicher wie auch bestimmter Weise. Ich weiß genau, dass er sich ehrlich sorgt und die Ärztemeinung unverhohlen teilt. Ich weiß auch, dass ich mich den

Vorgaben beugen und meine Medikamente nehmen muss, wenn ich eine Zukunft haben möchte – wenigstens eine mit meinem Mann.

Plötzlich merke ich, wie ich von zwei Pflegern losgemacht werde. Mein Mann ist mittlerweile auch wieder weg und ich richte mich im Bett halbsitzend auf. Ich betrachte mein weißes Nachthemd und blicke auf das leere Nachbarbett. Wann Jenny wohl wieder kommt? Sie ist meine Zimmernachbarin und wir haben die gleiche Diagnose – Endstation: affektive Störung. Ich frage mich immer, wer definiert, was noch normal und was bereits gestört ist? Gibt es da irgendeine magische Grenze, ab der man etwa sagen kann: „Ja, herzlichen Glückwunsch, ab jetzt sind sie offiziell gestört"? Die Ärzte sagen immer, es geht um den individuellen Leidensgrad. Ich weiß nur, dass man mit dieser Erkrankung die meiste Zeit seines Lebens verdammt einsam ist. Deswegen rede ich vermutlich auch immer so gerne mit Jenny. Als sie ins Zimmer hereinkommt mustert sie mich von der Seite. Ich erzähle ihr von meinem Anfall und spüre augenblicklich ihre Betroffenheit. Sie setzt sich zu mir.

„Das tut mir so leid. Wie geht es dir jetzt?", fragt sie mich.

„Ist schon okay. Jetzt, wo du da bist und fragst, geht es mir schon viel besser", antworte ich und blicke sie dabei wohlwollend an.

„Wenn ich irgendwas für dich tun kann, dann gib Bescheid. Ich bin für dich da", sagt sie und legt den Arm um mich.

In dem Moment merke ich, wie sich eine Träne den Weg aus meinem Auge nach unten bahnt. Ich freue mich insgeheim, nicht allein mit diesen zum Teil widersprüchlichen Gefühlen leben zu müssen und sage

201

nur „danke, dass du da bist", und ich denke, „zusammen sind wir weniger allein".

Kommentar: Handelt es sich um Erlebtes oder Fiktion? Die Schilderung geht unter die Haut und lenkt unseren Blick auf Schicksale, die selten bekannt werden.

Johannes Wöstemeyer

Scarabée

Es war kalt an diesem frühen Novemberabend. Der Nebel schien durch seine dünne Jacke zu kriechen. Die Ampel über die Frankfurter Straße blieb rot, so lange, dass er rasch in das Lädchen hinter ihm trat, um eine Schachtel Zigaretten zu kaufen. Er rauchte fast nie, es war entschieden zu teuer, doch schenkte ihm der kleine Ausflug für einen Moment den Hauch von Wärme. Als er auf die Straße trat, war die Ampel noch immer rot; oder schon wieder. Doch jetzt stand dort ein Mädchen.

Sie trug einen langen, malvenfarbenen Mantel, das dunkle Haar fiel locker über den Kragen. Er hätte gern gewusst, ob es schwarz oder braun war. In der Dunkelheit konnte er es nicht ausmachen. Die Zeit an der Ampel gleich vor dem Bahnübergang, der ebenfalls noch zu überqueren war, dehnte sich. Immer wieder sahen beide einander schüchtern an. Schließlich öffnete er die Packung und bot ihr eine Zigarette an. Peinlich, dachte er, wieso traue ich mich nicht, sie anzusprechen?

„Wohin gehst du?", fragte sie leise.

„Ins Scarabée", stammelte er, „gleich über den Bahnübergang und die Straße ein paar Schritte abwärts."

Die Antwort überraschte und ließ ihn innerlich jubeln. „Ich weiß, wo es ist. Nimmst du mich mit? Ich habe kein Geld, will aber trotzdem am Samstag etwas Abwechslung haben."

„Das passt", erwiderte er, „ich habe auch fast nichts, doch für eine Flasche Apfelwein wird es reichen."

Er sah zu ihr rüber. Das kastanienbraune Haar war grau geworden; er selbst hatte gar keine Haare mehr. Ihre Ehe war nicht leicht gewesen. Beide brachen häufiger als nur gelegentlich aus. Auf wundersame Weise gelang es ihnen dennoch, beieinander zu bleiben.

Die Studienzeit lag Jahrzehnte zurück. Später mochten sie nicht mehr ausgehen. Irgendwann hatte der Mantel nicht mehr gepasst. Als sie ihn fortwerfen wollte, hatte er ihn ein letztes Mal reinigen lassen, in Seidenpapier eingeschlagen und in seinem Kleiderschrank aufbewahrt. Skarabäen bringen Glück, dachte er.

Kommentar: Zuerst war ich verwirrt, bis ich erkannte: Der vorletzte Absatz spielt nach einem gewaltigen Zeitsprung. So verstand ich das Ganze und es war auf einmal sehr romantisch. Ein kleines Kunststück.

Barbara Tischow

Sommergäste

Schön, ihr habt wieder hergefunden
nach eurer großen Reise.
Seid ihr erschöpft?
Wie ist es euch ergangen?

Mein alter Kater ist gestorben,
im Herbst, ihr wart kaum fort.
Hat sich den langen Winter klug erspart.
Ich hab die Weihnachtskekse mit
den Sperlingen geteilt.
Die Kinder war'n nicht da.
Es war kein Fest.
Im Januar bin ich gestürzt.
Das macht mir noch zu schaffen.
Die Ärztin sagt, da hilft jetzt nur Geduld.

Ihr gönnt euch keine Ruhepause,
baut Nester unterm Dach
und fliegt laut und geschäftig ein und aus.
Wenn eure Jungen neugierig
die Nesträder erklimmen
und ungeduldig Richtung Süden drängen,
lasst es dann nicht zu Ende sein.
Vielleicht reicht dieser Sommer
für eine zweite, eine dritte Brut.

Jana Schultz

Lärm
Eine Klageschrift

Egal, wo ich bin, überall habe ich mit Lärm zu kämpfen. Wenn ich in meiner Wohnung sitze, höre ich die vielen Autos, die an meinem Fenster vorbeirasen. Gehe ich nach draußen, muss ich den Baulärm und das Quietschen der Straßenbahnen ertragen. Selbst in der Nacht habe ich nur selten Ruhe, wenn die Partygänger noch auf ihrem Nachhauseweg laute Musik hören und rumgrölen müssen.

Viel schlimmer ist aber der Lärm in meinem Kopf. Den kann ich nicht einfach durch Ohrstöpsel oder Kopfhörer mit Noise Cancelling abschalten. Hat er mich einmal überwältigt, werde ich ihn nicht so schnell los. Er setzt sich fest wie eine hartnäckige Zecke, schlägt gegen meine Nerven wie ein Vorschlaghammer und lässt sich genauso wenig vertreiben wie eine Mücke auf der Suche nach frischem Blut.

Die Ursache für diesen Lärm kann unterschiedlich sein: Stress, eine negative Erfahrung, die im Inneren nachhallt oder etwas ganz anderes. Dann dreht es sich, dieses unerschütterliche Gedankenkarussel und niemand hat daran gedacht, eine Notbremse einzubauen. Wenn es dann doch einmal zum Stehen kommt, dann nur kurz, denn schon bald geht es wieder los: "Achtung, Achtung, die nächste Fahrt geht rückwärts!".

Ich möchte ihn abreißen, diesen dämlichen Freizeitpark, der sich in meinem Kopf einen Spaß erlaubt und mich damit quält! Ich bekomme Kopfschmerzen, wenn ich nur an diesen elendigen Lärm denke. Immer und immer wieder kommt er zurück, nimmt dabei keine Rücksicht auf Verluste.

Warum wird es für uns Menschen eigentlich immer schwieriger, abzuschalten, einfach mal eine Weile dazuliegen und nichts zu tun? Es ist doch nicht fair, dass mittlerweile jeder erwartet, dass man überall und jederzeit erreichbar ist. Wenn um drei Uhr morgens dein Chef anruft, dann hast du gefälligst eine halbe Stunde später im Büro zu stehen, so einfach ist das. Was soll denn das noch werden, wenn wir uns so kaputt machen?

Wenn Sie mich fragen, müssen wir hier ganz schnell raus. Wo vorher keine Notbremse war, müssen wir eine einbauen und zwar BEVOR es zu spät ist. Es kann doch nicht sein, dass wir bis zum Äußersten gehen, nur um dann zu sagen "Joa, das war jetzt ein bisschen viel." aber dann genau so weiterzumachen, wie bisher. Wo ist denn da der Sinn?

Lassen Sie uns gemeinsam lernen, wieder zur Ruhe zu kommen. Das blöde Handy zur Seite zu legen und ein Buch zu lesen oder einfach die Decke anzustarren und der Kreativität freien Lauf zu lassen. Wir sollten mit unseren Freunden reden, statt ihnen zu schreiben und statt ständig Fotos oder Videos aufzunehmen, einfach mal den Moment genießen.

Kommentar: Innere Ruhe ist wichtig. Ein Plädoyer dafür ist angebracht. Tatsächlich können durch innere Ruhe sogar physische Leiden gelindert werden. Tinnitus kann aber auch konkrete physische Ursachen haben, die sich dadurch nicht beheben lassen.

Lara J. Winter

Die Herrscher dieser Welt

Früh morgens,
wenn glitzernde Tropfen noch auf den Halmen
verweilen,
wenn die Blüten noch verschlossen sind,
zieht ein grauer Nebelschwaden über die Welt.
Eingeschlossen müssen wir eingestehen:
wir sind nicht Herrscher dieser Welt.

Die Welt ist sich eigener Herrscher,
sie bestimmt, wann die Zeit gekommen.
Wann Veränderungen sinnvoll sind.
Durch welchen Tod man stirbt,
verändert sie die Geschichte,
besiegelt das Schicksal.

Wir sind Spielfiguren,
in einer Welt, die nicht existiert.
Wir hoffen vergebens,
warten auf den Verlust.
Wer gewinnt am Ende?
Wer bestimmt?

Im tosenden Zeitalter,
gibt es kein Warten.
Das Ende ist nah,
keine Zeit zu wachsen, die Zeit verrinnt.
Schon bevor die ersten Tulpen sprießten,

ward das Ende gekommen.

Spät nachts,
wenn die Sterne den Himmel erleuchten,
wenn das Zirpen der Grillen langsam in der Dunkelheit
verstummt,
zieht drohend ein weißer Nebelschwaden über die Welt.
Hilflos müssen wir eingestehen:
wir sind nicht Herrscher dieser Welt.

Kommentar: Hier findet sich eine spontane Reaktion auf das Erleben der eigenen Bedeutungslosigkeit in der Welt, vermischt mit buddhistischen Ideen. Diese Art von Erlebnis kann jede/jeden überfallen. Nicht immer hilft die Suche nach philosophischen Erklärungen. Wichtiger ist das Grundvertrauen auf die eigene Geborgenheit in etwas Größerem.

Eva Heimen

Steiniger Wink

Ich habe den Peiniger abgeschüttelt. Ein Schritt weiter, und es wäre Blut geflossen.

Das kühle Gras umarmt meinen geschundenen Fuß. Erschöpft schließe ich die Augen, bis mich eine derbe Stimme aus den Gedanken reißt.

„Wollen die Füße nicht mehr?" Behäbig setzt sich jemand zu mir auf die verwitterte Bank.

„Ich hatte einen Stein im Schuh. Nicht der Rede wert."

Der Fremde zieht seine buschigen Augenbrauen zusammen. „Nicht der Rede wert? So ein Winzling kann hartnäckig sein!"

Ich nicke.

Er wiegt die Hand wie eine Waagschale hin und her. „Andererseits säßen Sie vermutlich nicht hier und die grandiose Aussicht würde Ihnen entgehen."

Insgeheim gebe ich ihm Recht. Ohne die kleine Zwangspause wäre ich mit meinem Rucksack voller Sorgen achtlos an der Bank vorbeimarschiert.

Verstohlen mustere ich den Alten. Abgegriffener Seppelhut, struppiger Vollbart, speckige Lederhose.

Er sieht mich fragend an. „Haben Sie den Stein noch?"

Demonstrativ halte ich ihm den Quälgeist hin.

„Ich gebe Ihnen einen Rat." Er blickt geradewegs in meine Seele. „Tragen Sie ihn immer bei sich. Er soll Sie stets daran erinnern, Ihren Blick auf die schönen Dinge des Lebens zu richten."

Perplex starre ich ihn an.

Er steht auf und macht sich schlurfend auf den Weg. „Ich muss weiter. Habe mir für heute eine längere Tour vorgenommen."

Wie hypnotisiert lasse ich den Stein in die Jackentasche plumpsen und sehe ihm verwirrt nach.

Die Tage vergehen.

Wann immer ich beim Wandern grübelnd die Hände in den Taschen vergrabe, berühre ich den Winzling und werde umgehend aufmerksam.

Ich bewundere die Sonnenstrahlen, die den aufwirbelnden Staub eines Mähdreschers wie Goldstaub erstrahlen lassen. Ich lausche den wechselnden Launen des kalten Gebirgsbaches. Magie!

Am letzten Urlaubstag sitze ich auf der Bank hinter der weißen Friedhofskapelle, um die Sonne zu genießen.

Eine Trauergesellschaft hat sich vor einer frisch ausgehobenen Grube versammelt. Nacheinander greift jede der dunklen Gestalten in ein Körbchen, hält kurz am Grab inne und wirft etwas Winziges hinein. Es klingt wie prasselnde Hagelkörner.

Eine leise, brüchige Stimme reißt mich aus den Gedanken.

„Kannten Sie meinen Mann?" Mit wässrigen Augen schaut mich eine gekrümmte alte Dame fragend an.

Beschämt schüttele ich den Kopf und reiche ihr die Hand. „Mein herzliches Beileid."

Sie nickt bekümmert.

„Darf ich Sie etwas fragen?" Nervös knete ich meine Hände. „Was haben Sie ins Grab geworfen? Ich kenne diesen Brauch nur mit Blumen."

„Ach wissen Sie, mein Mann hatte die Angewohnheit, den Menschen hübsche kleine Steine zu schenken als Fingerzeig, wie wunderbar das Leben ist." Ein Lächeln aus purer Liebe zieht über ihr Gesicht.

Verblüfft schlucke ich.

Sie fährt fort. „Solche Steinchen haben wir ihm auf seinen letzten Weg mitgegeben. Verrückt, oder?"

„Nein, das ist nicht verrückt." Ich ziehe das Gestein aus der Jackentasche und präsentiere es der Frau auf der flachen Hand. "Ich glaube, ich kannte Ihren Mann doch."

Heinz Kröpfl

Widerstandsbewegung

Bleiern
lastet der Himmel
Die Bäume
spreizen ihre Äste
dagegen
Ein Gänseblümchen
reckt seinen Kopf empor
tief unten

demonstrativ
oder auch schon

für alle Fälle

blumenleere

absenz

[...] we walk this land like monsters
on top of the graves of gods [...] –
temporal control of light echos;
moor mother

verfolge das licht an die grenzen der scharniere
jener puppen & prothesen u lost within ur time
welche du auf dich gestellt allein durch schatten
emotionaler abhaengigkeit zu adjustieren haben
wirst merging encyclopedias nobody could ever
read weil sie zum bersten gefuellt mit seltsamen
codes gen signifikanten ohne signfikat verweisen
drehst du nicht dich im kreis sondern denselben
herum was nichtsdestotrotz dir nausea bleeding
disorientation & a pretty awkward brain damage
induzieren wuerde waerst du kategorisch genug
komplexer gewesen & kaum naiv relativ naeher
gerueckt to the source where sun moon & stars
were just idealistic ideas mad persons invented
genau die hemisphaeren deines gehirnes rudern
via nirwana dieses manifest autochthoner leere
in dem jedes konzept ad absurdum gefuegt zart
erlischt & ur prophecies silently eat themselves
up up & away to another ambivalent dimension
hinterm rand deines nahtoderfahrungerstickens

Kommentar: Moderner Stil, nicht jedermanns/jederfrau Geschmack. Der Text ist halbwegs verständlich und scheint etwas Dahinterliegendes anzudeuten. Ob da etwas ist, bleibt offen.

Alexander Willms

Zwischen-Zeit

Die Prinzenallee zerschnitt den deutschen Ort Höhenwalla wie die Sykes-Picot-Linie den Nahen Osten nach Ende des Ersten Weltkriegs. Links und rechts befanden sich vereinzelte Gehöfte und ab und zu ein etwas von der Allee abgesetztes Einfamilienhaus, das auf günstig erworbenen Grund errichtet worden war; an einem davon verriet ein getöpfertes, bunt geschecktes Schild neben der Haustür: *Hier lachen, streiten und versöhnen sich Peter, Frieda und Sonja Guthans.* Niemand der Anrainer wusste, warum die Straße, an der sie wohnten, den Namen Prinzenallee trug. Der kurvenlose Verlauf und die hie und da am Straßenrand vegetierenden Brombeersträucher, die sich in den letzten Dekaden nach dem großen personellen Aderlass des Ortes niedergelassen hatten, mochten mit etwas Phantasie zumindest die *allee* erklären. Aber selbst der ehrenamtlich tätige Bürgermeister der zugehörigen Verwaltungsgemeinschaft grinste nur auf die Frage, welcher Königssohn hoch zu Ross der Abendsonne entgegengeritten war und zu dessen Ehren die nun vereinsamte Bundesstraße den adligen Namen erhalten hatte.

Peter Guthans blickte aus dem Fenster seines Hauses. Der Vorgarten bestand aus gepflegtem Rollrasen, auf dem in betont asymmetrischer Anordnung zwei steinerne Skulpturen thronten. Vor der Haustür begann ein feinkiesiger, einen s-förmigen Bogen beschreibender Weg, der an einem Briefkasten an der Straße mündete. So

217

hatte es der wöchentlich vorbeihuschende Postdienstleister einfacher. Auf einen Zaun an der Grundstücksgrenze hatten Frieda und er verzichtet – sie hatten dem Freiheitsgedanken, der sie aus Berlin hatten flüchten lassen, auch architektonisch Ausdruck verleihen wollen, sozusagen als diametralen Gegenentwurf zu *gated communities*, wie sie sie auf ihren früheren, sonjalosen Reisen durch Südafrika zu sehen bekommen hatten.

Peter fröstelte. Hier draußen endete der Sommer früher als im kosmopolitischen Berlin, und der Herbstwind wehte bereits jetzt – Mitte September – welke Blätter seines im anderen Teil des Gartens stehenden Ahornbaums in den Vorgarten, ließ sie vor dem Fenster in Zeitlupe herabsegeln und dann auf dem Rasen verschiedene Ocker- und Rottöne erzeugen. Einzelne Sonnenstrahlen stielten sich durch die dunkle Wolkendecke, als wollten sie den Jahreszeitenwechsel nicht akzeptieren, wie ein letztes Aufbäumen vor dem Unvermeidlichen. War es möglich, fragte sich Peter, dass sich das angekündigte Unwetter doch verziehen und sie verschonen würde? Hatte die Sonne noch die Kraft, die drohende Katastrophe abzuwenden, in dem sie die schwarzen Zellen ausbrannte, bevor sie ihre hässliche Saat ausschütteten? Oder war man der Gewalt, die sich entladen würde, letztendlich hilflos ausgeliefert?

Peter wusste es nicht. Er riss sich los und trat ins Wohnzimmer. Dann schaltete er den Fernseher ein. Die Sondersendung lief bereits, ein Countdown wurde heruntergezählt und bevor sich Peter über die Amerikanisierung von politischen Sendungen ärgern konnte, waren sie da – die Wahlergebnisse.

Kevin Michael Schott

Lebensfluss

In einem Boot auf dem steten Fluss der Zeit,
Segeln wir durch das Leben, weit und breit.
Jede Welle, die uns trägt, jede Biegung, die wir seh'n,
Zeugt von einer Reise, die nie enden wird, so schön.

Jugendliche Träume, wie zarte Knospen blüh'n,
Verheißungsvoll, voller Hoffnung, im Sonnenlicht glüh'n.
Doch die Strömung reißt uns weiter, unaufhaltsam fort,
Und wir lassen hinter uns, was einst war unser Ort.

Die Jahre ziehen vorbei, wie Blätter im Wind,
Erinnerungen verblassen, während Neues beginnt.
Höhen und Tiefen prägen unsern Pfad,
Nur manchmal fühlen wir uns verloren, wie im
Hamsterrad.

Inmitten der Stürme und der finsteren Nacht,
Finden wir auch Trost, der uns Hoffnung macht.
Doch die Zeit, sie kennt keine Ruh,
Schreitet stets voran und vergeht wie im Nu.

Bald erreichen wir das Ufer, das Ende unserer Reise,
Aber in unseren Herzen bleibt die Erinnerung, ganz leise.
An all die Momente, die uns geformt und geprägt,
An die Liebe, die wir teilten, und an das, was uns bewegt.

Die Reise des Lebens, ein ewiger Fluss,
Mit Höhen und Tiefen, voller Glück und Verdruss.
Doch am Ende bleibt die Gewissheit, dass Zeit und Raum vergeh'n,
Denn die Spuren, die wir hinterlassen, werden ewig besteh'n.

Kommentar: Dem Versuch, das Leben dichterisch zu erfassen, mangelt es an dichterischer Schönheit. Das Bild des Flusses passt. Am Ende wird jedoch das Bild nicht weiterverfolgt. Des ungeachtet ist die Absicht löblich.

Peter Jabulowski

Keine Ahnung

Noch vor wenigen Wochen wollte ich nicht mehr leben. Schmerzen überall am Körper. Jeden Tag, mal mehr, mal nicht so schlimm. Selbst die Arbeit lenkte mich nicht ab. Keine Ahnung, was mit mir los war. Im Büro schleppte ich mich von einer Aufgabe zur nächsten. Mein Arbeitstempo litt. Mir passierten jede Menge Fehler. Die Nächte hielt ich kaum aus. Abgesehen von den Albträumen aus Sorge um meine Gesundheit rissen mich Wadenkrämpfe aus dem Schlaf. Wenn der Wecker klingelte, fühlte ich mich wie gerädert. Kopfweh setzte ein. Sobald ich mich von der Bettkante erhob, warf mich Drehschwindel zurück auf die Matratze. Niemand konnte mir helfen. Ich lebe ja allein. Und was sagten die Ärzte? Internisten, Kardiologen, Neurologen?

Achten Sie auf Ihre Ernährung, empfahl einer. *Treiben Sie Sport,* riet ein anderer. Ansonsten - Schulterzucken. Auf den morgendlichen Kaffee verzichtete ich. Ich schmeckte nichts und Schlucken schmerzte. Das Frühstück ließ ich ausfallen. Appetit hatte ich sowieso nicht. Trotzdem, keine gute Idee. An den späten Vormittagen knurrte mein Magen höllisch. Also zwang ich mich, öfter mal ein paar Chips oder ähnliches zu essen. Leider quälten mich bald Blähungen im Bauch und trieben mich zur Toilette. Falls mich jemand auf dem Weg dorthin beobachtet hat, ist ihm wahrscheinlich mein wunderlich verkrampfter Oberkörper aufgefallen. Den hatte seit Wochen das Rheuma fest im Griff. Natürlich

war ich nicht in der Lage, Sport zu treiben.
Ich fühlte mich am Ende. Wie soll ein Mensch so leben
können? Doch ich hatte keine Wahl. Mein Kreislauf blieb
stabil, auch wenn der Blutdruck schwankte. Mein Herz
schlug zuverlässig weiter, unauffällig, kräftig und
gesund.

Um den Schmerzen zu entfliehen, folgte ich eines Abends
der Einladung meiner Kollegen zu einem Feierabendbier.
Das Lokal war gut besucht. Das Summen der Stimmen,
die dezenten Lacher erzeugten eine heimelige
Atmosphäre.

Wir standen am Tresen, unterhielten uns prächtig. Gerne
ließ ich mich von meinen Leiden ablenken.
Und dann, ich kann nicht erklären wie es geschah, dann
stand unvermittelt jemand neben mir. Wir unterhielten
uns. Sie war so charmant, so heiter. Irgendwie zufällig
trafen wir uns schon am nächsten Abend wieder,
verabredeten weitere Treffen. Ich lud sie zu einem kleinen
Lunch ein, später zu einem Abendessen. Unsere
Gespräche wurden vertrauter. Ihre Nähe stillte meine
Sehnsüchte. Zwischen uns wuchs ein tiefes Verständnis.
Und sie war so zärtlich. Meine Schmerzen beachtete ich
nicht mehr.

Heute fühle ich mich wie neu geboren. Alles Weh und
alle Qual sind wie weggeblasen. Ich spüre nur noch *sie*.
Die Freude, *ihr* begegnet zu sein, überstrahlt meine
Leiden der Vergangenheit.

Trotzdem habe ich keine Ahnung, ob es mir heute
besser geht. Wieder finde ich nachts keinen Schlaf.
Wieder quält mich ein Schmerz. Mein Herz tut so weh,
wenn sie nicht bei mir ist.

Christiane Schmidt

DIE SCHWELLE

"Normalerweise tue ich das nicht", sagt er. "Normalerweise", bedeutet, dass er bereit ist, mir so gut er kann gerecht zu werden. Er steht bereits in den Schuhen, die ich für ihn bereitgestellt habe und so ist es mit allem, was ich für ihn bereitstelle.

"Das werde ich doch nicht umsonst machen!", faucht er. "So dumm bin ich nicht!"

Er ist böse. Sein Blick ist zurechtweisend. Also, dass ich das nun von ihm erwarte, das ist für ihn schockierend. Und dann soll es auch noch umsonst sein.

"Ich nehme nichts dafür, sagt er und hat sich damit bereits abgefunden. Doch etwas später lässt er mich wissen, dass es auf keinen Fall ein Freipass sein wird, für alles was ich nun von ihm bekommen könnte. Weil man im Grunde genommen niemanden um so etwas bitten darf, sagt sein aufgebrachter Blick. Er lässt keinerlei Diskussionen zu. Denn ich hätte es wissen müssen, ohne ihn danach zu fragen. Ich darf ihn also auf keinen Fall um so etwas bitten!

Aber da es nun einmal so ist wie es ist und ich schon so weit gegangen bin...

"Hier liegt eine eindeutige Grenzüberschreitung vor!", sagt er, ohne es zu sagen. Sein Blick drückt die notwendige Autorität aus.

Es ist wie ein Ort, der nicht auf dem Plan ist", fügt er hinzu. "Dort darf man nicht hingehen!"

Etwas später gibt er mit zu verstehen, dass er im Inbegriff ist, das jetzt zu tun. Er will es trotzdem tun. Er ist bereit.

"Wir tun das jetzt!", sagt sein verschmitzter Blick. Nur wir beide. Weil wir wissen, dass hier ein Ausnahmezustand vorliegt. Weil ich es bin. Weil Du es bist. Wenn es jemand anders wäre, dann würden wir hier nicht stehen. Und uns fragen, ob es nun bald soweit kommen wird. Aus diesem einfachen Grunde. Und weil es ein Gedanke ist.

"Also, im Allgemeinen tue ich das nicht! Doch wenn Du das unbedingt willst, dann soll es wohl so sein", sagt er.

Aber wir sind noch nicht so weit. Doch wir stehen schon da. Obwohl wir uns noch nicht sicher sind.

"Wir sollten es uns noch überlegen, meint er. Man weiß nie genau, wohin so etwas führen kann."

Weil sich jeder mindestens einmal im Leben die Frage stellt. Mach ich das nun oder mache ich es nicht? Geh ich oder gehe ich nicht?

"Aber doch ja", sagt er etwas später.

Also, er ist bereit, dafür gerade zu stehen. Aber dann auch wieder nicht!

"Normalerweise" und ich verstehe, was zu verstehen ist. Er, mit seinem vergnügten Blick. Er ist so glücklich über mein Anliegen an ihn. Denn es handelt sich um einen Einzelfall. Ich soll wissen, dass er dafür Verantwortung trägt. Er will mir eine Freude machen!

"Ich stehe, wo ich stehe. Ich denke, woran ich denke", sagt er.

Wir wollen das jetzt auch. Wir wollen das gemeinsam. Wir sind einstimmig. Wir gehen. Und wenn wir es auch nicht mehr wollen, wir tun es trotzdem. Was wir jetzt nicht tun, tun wir nie.

Und dann gehen wir in Eintracht durch die Tür.

Vevi Gold

Stadt, Land und zurück

Meinen richtigen Namen kennen nur einen Fingerhut voll Menschen. Wo ich auch hinkomme, alle nennen mich den Wandervogel. Im Gegensatz zu meinen gefiederten Freunden wechsle ich meinen Standort im Sommer. In diesen wenigen Monaten rücke ich meine Krone zurecht, packe mein kleines Königreich auf den Gepäcksträger meines roten Dreigangfahrrades der Marke Puch und bewege mich wogenden Schrittes dem Stadtrand entgegen. Dabei fühle ich, wie meine winterliche Fäule rückstandslos von mir abfällt und mein Innerstes zu einem hellstrahlenden gelb wird.

In den Gartenhäusern der städtischen Schrebergartenkolonie herrscht reges Treiben. Den sommerlichen Blumenstöcken hinter den Holzgartenzäunen und den Kolonien kitschig-bunter Gartenzwerge schenke ich keine Beachtung. Ich habe diese Sammelleidenschaft nie verstanden und kann allgemein dem biederen Gartentreiben keine Sympathien entgegenbringen. Hoffentlich erdrückt mich der Kleingeist in den nächsten drei Wochen nicht, die ich sozusagen, Zaun an Zaun mit ihm verbringen werde.

Babett, wir nennen sie „kleine Mama Theresa", die kurzfristig zu ihrer Schwester nach Gütersloh fahren musste, lässt mich in ihrer jägergrünen Gartenlaube hausen. Als Gegenleistung soll ich ihre fünf Hühner umsorgen. Ich werde mir täglich ein Vierminuten-Frühstücksei gönnen. Gegenüber einem saftigen

Brathendl in Biermarinade wäre ich auch nicht abgeneigt. Babett würde mich für diese Schandtat auf den glühenden Rost legen.

Vom angrenzenden Häuschen höre ich die rhythmisch fallenden Wassertropfen, die sich ihren Weg aus der kaputten Dachrinne in die Blechregentonne bahnen. Das monotone Geschehen lässt mein getriebenes Wesen innehalten, durchatmen, ein Schauer läuft mir über den behaarten Rücken.

Die Sonne heizt mir ordentlich ein. Ich geselle mich unter einer schattigen Eiche zu zwei, im angeregten Dialog, einander zugewandten älteren Herren. Ich nehme nur Wortfetzen wahr: „feuchter", „reicht", „Baumschnitt". Die Männer bemerken meine Anwesenheit, einer der beiden sieht flüchtig auf seine Armbanduhr, sie stehen auf, nicken mir kurz zum Gruß und schreiten zügig in den nördlichen Teil der Kleingeistsiedlung.

Wenn die Sommerstunden sich zu Ende neigen, der Regen sein herbstlich kaltnasses Gesicht zeigt und mein inneres Gelb langsam erlischt, trödle ich zurück in die Stadt. Letzten Herbst musste ich mich schweren Herzens von meinem blau-violetten Schlafsack trennen. Joe, dieses verdammte Dreckschwein, hatte mich beim Würfelpoker übers Ohr gehauen. Der Wetteinsatz war mein Schlafsack gegen seine Fellhaube. Leider bemerkte ich den Schwindel erst am nächsten Tag. Der gezinkte Würfel muss ihm beim Verlassen des Spielortes aus der Jackentasche gefallen sein. Jeglicher Versuch einer Konfrontation war gescheitert. Joe blieb für mich unauffindbar.

Aber ich lasse kein Wehklagen aufkommen, schiebe die dunklen Stunden des Tages weit weg, mache es wie die Sonnenuhr - sehe das Licht und die Fülle des Lebens.

Tanja Nova

Je weiter raus ich schwimme
umso stiller umso dunkler
das Wasser in behäbigen Wellen
Sanftmut vorheuchelnd
hilft mir nicht deinen Kopf
zu finden ich drehe
herum herum fideldum
Panik Ruhe Gewissheit
ja das Meer diese
gierige Kracke
hat dich verschlungen
so wird es sein ja
jetzt wo wir uns
gerade erst …
doch dann da ja
ich sehe dich doch da
bereits zurück am Sandstrand
mit deinem Sommersonnenlachen
breit wie der Horizont
ich sollte Urlaub machen
von dieser Verlustangstscheiße
denke ich wir bleiben
wir bleiben
bis die vebrutzelten Menschen
fortgeflipflopt sind und die
Möwen ihr Revier zurückerobern
kreischend sich streitend
um den fressbaren Müll
des täglichen Badetrubels.

June O'Leary

Gestohlen

»Hast du Angst vorm Sterben, Oma?«
Ich muss fast grinsen, weil mein Enkel sofort die Stirn runzelt, als ich mit dem Kopf schüttle. Ich drücke seine Hand und streiche mit meinen faltigen Fingern über seinen glatten Handrücken. »Ich bin schon einmal gestorben. Das war friedlich. Ich hatte in diesem Moment keine Panik. Das hat mich erstaunt.«
»Wieso hattest du keine Angst?« Ich schaue ihm in seine dunkelbraunen Augen, die meinen so gleichen und zucke mit den Schultern.
»Es fühlte sich in diesem Moment nach Akzeptanz an. Ich wusste instinktiv, dass nur mein Körper vergeht, glaube ich. Aber ich muss zugeben, dass mich danach etwas geängstigt hat.«
Jetzt heben sich seine Brauen und ich muss mein Schmunzeln erneut unterdrücken. Doch dann werde ich ernst, als er mich fragt, wovor ich mich gefürchtet habe.
»Ich hatte Angst, dass ich zu früh gehen muss, nachdem mich die Ärzte gerettet und ich aus dem Koma aufgewacht bin. Ich kann es nur schwer beschreiben. Aber ich habe mich gefragt, ob ich in meinem Leben glücklich gewesen war und ob ich Spuren hinterlassen habe. Das konnte ich nur verneinen.«
»Du sprichst von deiner ersten Ehe.« Ich nicke und beiße mir auf die Unterlippe, als ein Echo der stillen Qual von damals in mir aufwallt. »Du hast deinen ersten Mann dann verlassen.«
»Ja, letztendlich habe ich ihn verlassen. Ich habe damals

229

beschlossen, dass ich die Bonus-Zeit nutzen würde, und bin gegangen.« Jetzt muss ich doch lächeln und rolle instinktiv mit den Augen, weil ich mich an die fordernde Zeit danach erinnere und das karge Krankenhauszimmer in meinem Blick verschwimmt: Plötzlich alleinerziehend, arbeitssuchend, entfremdet von der Familie, in einer neuen Stadt.

»Hast du diesen Schritt jemals bereut?« Seine Frage holt mich zurück in die Gegenwart und jetzt strahle ich meinen Enkel an.

»Nein. Ich will nicht lügen. Es war hart. Sehr hart. So manches Mal habe ich gezweifelt, ob es richtig gewesen war, das Leben meiner Kinder und meins so auf den Kopf zu stellen. Doch der Kampf hat sich gelohnt. Ich durfte mich nochmal neu kennenlernen. Konnte meinen Wert erkennen und hochhalten. Die Beziehung zu deiner Tante und deinem Papa hat sich gefestigt. Ich habe gelernt, dass ich auch mit mir allein glücklich sein kann und dass ich stärker bin, als ich gedacht hatte.«

Tränen sammeln sich in meinem Augenwinkel und ich drehe den Kopf zu dem Mann, der im abgenutzten Sessel am Fenster sitzt. Seine braunen Augen funkeln mich an, denn wie immer weiß er, was ich sagen werde. Dennoch zittert meine Stimme. »Ich durfte lernen, wie sich Liebe anfühlen sollte. Und so vieles mehr. Ich wurde Zeuge von so vielen gestohlenen Momenten. Noch heute überrollt mich tiefe Dankbarkeit deswegen.«

Ich wende mich wieder meinem Enkel zu, der mit einem sanften Lächeln nickt. »Dann hat es sich gelohnt.«

»Ja, hat es. Wenn ich diesmal gehe, weiß ich, dass ich die gestohlenen Momente gelebt habe. Jedes Hoch und jedes Tief. Ich hinterlasse Spuren in den Herzen meiner Liebsten. Ich bereue nichts.«

Nadine Buch

Eine himmlische Begegnung

Ich hielt die Tageszeitung unter den Arm geklemmt und trug meine wenigen Einkäufe in den Händen, während ich zum Auto ging. Es war Herbstanfang, und entgegen der Wettervorhersage war der Himmel weiß bedeckt. Kein Stück Blau war zu sehen. Ein Husten überkam mich, während ich ungeschickt nach dem Türgriff meines anthrazitfarbenen Opels angelte.

»Möchten Sie auch ein Hustenbonbon?«

Die Frage brachte mich aus dem Konzept. Ich verharrte und blickte in das Gesicht einer älteren Dame, die bereits ihre Hand ausstreckte, um mir ein Bonbon zu reichen.

»Nein, danke. Aber das ist total lieb von Ihnen«, antwortete ich mit einem Lächeln. Meine Bonbonphobie wollte ich lieber verschweigen.

»Ach, das ist aber heutzutage echt eine Last mit dem Husten. Kein Wunder, bei dem Wetter«, klagte die Dame und kam näher. »Wissen Sie, ich hab so viele Zipperlein. Hier, mein Knie … Das schmerzt schon die ganzen Wochen und ist dick. Der Arzt meint, dass das Cortison schon helfen wird. Aber soll ich Ihnen was sagen?«

Die Dame kam noch näher.

»Dafür sind meine Augen immer noch gut! Ich sehe gestochen scharf, und das für meine 78 Jahre.«

Ich nickte und blinzelte. Ja, zum Augenarzt wollte ich unbedingt auch mal gehen, denn wurden meine Arme beim Lesen immer länger. Ich antwortete: »Glauben Sie mir, die Sehkraft ist was Tolles. Es ist gut, wenn sie einem lang erhalten bleibt.«

»Und ich fahre normalerweise jeden Tag meine zehn Kilometer mit dem Fahrrad, um fit zu bleiben. Gerade geht es nicht«, betonte die Fremde und zeigte auf ihr Knie. »Und ich spiele Dart, zusammen mit zwei Freundinnen.« Das flüsterte sie, so als müsse sie es verbergen, im gehobenen Alter so etwas Wildes zu machen. Spielten doch nur gestandene Männer Dart.

Die alte Dame winkte ab.

»Wissen Sie, mein Mann ist schon lange vor mir gegangen, und da muss man gucken, dass man nicht vereinsamt. Meine Enkel halten mich jung. Wenigstens habe ich sie. Sie sind wirklich toll.«

Ich schaute in die brillenlosen Augen der Dame. Sie waren schiefergrau. Eigentlich hatte ich es eilig, aber irgendwie mochte ich die alte Frau und genoss ihre Anwesenheit.

»Ich muss gerade so lachen. Denn wissen Sie was? Meine Tochter schimpft immer mit mir, dass ich die fremden Leute immer an die Wand quatsche, wie sie sagt«, meinte sie und lachte. »Ja, sie hat recht, aber ich bin, wie ich bin.«

Sie drückte meine Hand und wandte sich zum Gehen um.

Mir kam, dass die Dame vielleicht einsam sein könnte. Wie gerne wollte ich …

»Einen Moment, wie heißen Sie?«, meinte ich schnell.

Die Dame drehte sich um und sagte: »Ellen.« Dann ging sie energischen Schrittes weiter.

Ich blinzelte in die Sonne. Erst da fiel mir auf, dass sie schien.

Beschwingt von Ellens fröhlicher Natur stieg ich in mein Auto und legte die Einkäufe auf den Beifahrersitz. Als ich kurz die Zeitung aufschlug, blickte ich direkt in

Ellens Gesicht, das auf einem Foto zu sehen war.

Es war eine Todesanzeige, erstellt von ihrer lieben Tochter und ihren Enkeln.

Karin Maria Finkler

Bestimmung

Ganz früh am Morgen
Wenn der Himmel vom Kuss der Sonne
Noch errötet
Dann strebt meine Seele aus
Innerem Glanze
Das Gold des Tages zum Scheinen
Zu bringen
Sie singt dem Tanz meines Herzens
Zum Takte
Sie wiegt und hütet den Zweck
Meines Lebens
Mit all meinen Sinnen
Mit Kraft und mit Schmerzen
Versuch ich zu folgen
Mit fröhlichem Herzen

Kommentar: Das Bild vom errötenden Himmel ist schön. Danach versucht die Autorin, den Titel des Gedichts zu rechtfertigen, was nicht ganz gelingt.
Ich halte nichts von strikten Verboten. Daher hätte ich im Prinzip nichts gegen den Reim „Herz-Schmerz" einzuwenden, wenn er denn inhaltlich geboten wäre, was nicht der Fall ist. Hinzu kommt, dass das Wort „Herzens" weiter oben schon einmal als Zeilenausklang benutzt wurde. Das ist ein Herz zuviel.

René Gröger

Flamingoland®

Willkommen in Flamingoland®

Wir begrüßen Sie herzlich im ersten und letzten Flamingopark der Welt. Zu Ihrem Privatvergnügen stehen sich rund 300 Tiere täglich die Storchenbeine in den Bauch. Lassen Sie sich vom majestätischen Federvieh eine rosarote Brille auf den Riechzinken zaubern und erleben Sie ein exotisches Event der Extraklasse. Einen Vogelschiss von Flötzingen entfernt, bekommen Sie Anmut und Eleganz hautnah zu spüren – von der Brutstation zur Schlachtbank und zurück.

Flamingomotions für die ganze Familie

Im *Flamingo-MINI-Land* wird artenschutz großgeschrieben: Mädchen bieten wir Workshops im Federkleid-Nähen, Jungs können Leder aus Vogelhaut gerben. Lassen Sie Ihre Kids auf Flamingorücken durch den *Everglades-Parcours* reiten oder beim *Flamingo-Race* im pinken Streitwagen an den Start gehen. *Flamingohals-Fechten* und *Flaminigolf* mit Beinchenschlägern sorgen für noch mehr Fun! Rabeneltern können währenddessen in der Rooftopbar *Florida* mit *Flamingoland*®-Eierlikör den Vogel abschießen (Begrüßungsshot gratis).

Tierliebe, die durch den Magen geht

Sie suchen nach der delikaten Geschmackssymbiose zwischen Shrimp und Pute? Willkommen im *Fancy Flamingo*! Die Fütterung mit Salinenkrebsen sorgt nicht nur für exquisite Roséffärbung des Fleisches, sondern auch für meeresfruchtiges Aroma. Schnabulieren Sie gegrilltes Flamingofilet, pochierte Flamingo-Eier oder gefüllten Wendehals. Gefieder-Gourmets probieren unbedingt die ausgezeichnete *Flamingoland*®-Pastete (Goldener Schnabel 2023): Hierfür mästen wir die Vögel ausschließlich mit fein gehäckselten Artgenossen. In unserem patentierten 360°-Verfahren drehen wir den Flamingos erst schonend den Hals um und sie dann kräftig durch den Fleischwolf. Mehr Flamingo geht nicht!

Hereinspaziert ins pinke Produkt-Paradies

Im *Flamingoland*®-Fanshop finden Sie Bestseller wie den Flamingo-Staubwedel und das Feuerzeug *Flammingo*, sowie den beliebten Spielklassiker *Flambingo*. Oder benehmen Sie sich wie ein Flamingo im Porzellanladen und kaufen Sie die handgefertigten Produkte unserer *sélection flaMINGo*. Die brandheiße CD der Flötzinger Schlagerchart-Stürmer *Die Flamigos* finden Sie ebenfalls im Concept Store. Wir haben alles, was das Flamingoherz höherfliegen lässt!

Erscheinen Sie, sonst weinen Sie

Kommen Sie ins *Flamingoland*® und lassen Sie sich von der Zartheit der pinken Zweibeiner überraschen – im Park und auf dem Teller. Eine Experience für alle Flamingoliebhaber und die, die es werden wollen. Wir garantieren Ihnen einen Trip, den Sie nicht so schnell vergessen werden. Wir freuen uns auf Ihren Besuch!

Bitte beachten Sie:

- Eine Besichtigung ist nur zu den Besichtigungszeiten möglich!
- Die Flamingoland GmbH übernimmt keine Haftung für Blutspritzer auf der Privatkleidung im Rahmen der Führung durchs Flamingo-Schlachthaus!
- Unser Fleisch ist koscher und halal!
- Weitere Informationen unter: https://flamingoland-floetzingen.fl

Ingeborg Henrichs

Heimathimmel

Als ich sah

Wie die zwei Wolken

Den Heimathimmel verließen

Tänzelnd kreisend nebeneinander

Ihre Nasen kess voran

Auf neue Wege sich einließen

Da spürte ich etwas

Vom Zauber des Abschieds

Von der Magie des Unterwegsseins

Und sah ihnen lange zu.

Wo sind sie nun?

Am Heimathimmel unsichtbar

Der Wolken Spur.

Lina Wagner

Der Baum

Der Wind wurde stärker, das Quietschen über ihren Köpfen lauter. Sie sahen sich genervt an. Es folgte eine Neuauflage des Gesprächs, das sie schon einmal geführt hatten, bevor sie sich niedergelassen und ausgepackt hatten. Sie tauschten dieselben Argumente aus wie das erste Mal.

Sollten sie nicht doch weiterziehen?

Die Kinder sind müde. Die Pferde sind müde. Hergott! Sie waren alle erschöpft vom langen Tagesmarsch.

Vielleicht nur kurz über die Brücke?

Dafür lohnte sich der Aufwand nicht.

»Wenn wir wieder einpacken, müssten wir schon weiterlaufen, als nur über die Brücke«, sagte der Mann genervt. »Dann könnten wir genauso gut bis in die Stadt und zum Marktplatz gehen. Alles andere wäre Zeitverschwendung.«

Der kleine Junge begann zu quengeln. Biss demonstrativ in einem Laib Brot, während er sich in die Nähe des Karrens mit seiner löchrigen Decke einigelte. Er würde keinen Schritt weiterlaufen können. Das Mädchen hatte sich auf den Boden gesetzt und rührte sich nicht. Schweigend beobachtete sie den Disput der Erwachsenen.

Eine Windböe. Wieder quietschte es eindringlich über ihren Köpfen.

Die Frau runzelte die Stirn, während sich ihr Mann zu den Kindern gesellte und sein karges Abendmahl auspackte.

Aber auch der Schwager fühlte sich unwohl und zwinkerte seiner Schwägerin verschwörerisch zu. »Wir würfeln es aus«, provozierte er seinen älteren Bruder.

Ein Innehalten. Tiefes Luftholen. Seufzen. Der Mann griff in die Tasche und holte die Würfel heraus. Sie spielten schweigend und verbissen. Der Wind flaute ab und brauste wieder auf. Das Quietschen wurde leiser und lauter.

Der Schwager gewann. Sie packten alle ihre Sachen, spannten die Pferde wieder an und trieben die nörgelnden Kinder zur Eile. Wenn sie schnell weiterzogen, kamen sie vielleicht doch noch vor Einbruch der Dunkelheit bis in die Stadt und zum Markplatz. Am nächsten Tag würden sie dort ihre Waren anbieten.

Sie gingen. Der Gehängte im Baum blieb wieder allein zurück. Der Wind flaute ab und brauste wieder auf. Das Seil rutschte über den Ast – quietschte leiser und lauter.

Kommentar: Das Ende ist überraschend und rätselhaft. Die Verknüpfung mit dem Vorhergehenden bleibt spekulativ. Das regt zur Auseinandersetzung mit dem Text an.

Doreen Jaafar

Die Andächtige

Des zart bestickten Stoffs gar fein genähte Bahnen,
wie hüllen sie so sanft geschmeid'ge Glieder ein!
Voll Würde und mit Freud' woll'n sie getragen sein.
Der Stunde voller Kranz, er klingt: zur Eil' zu mahnen.

Gleich drängt es sie hinaus zum ält'ren Volk der Ahnen:
dem längst getrübten Aug' ein frisch lebend'ger Schein.
In Anmut trägt ihr Schritt sie wiegend durch die Reih'n
der satt beblätterten, gewichtigen Platanen.

Vergebens schmachtest du, erfolgloser Gesell'!
Ihr feierlicher Gang führt hin zur heil'gen Schwell',
wo sich ein reines Herz am Göttlichen erquicket.

Aus andächtigem Aug' erstrahlt ihr Sel'ges hell,
zu füll'n mit wahrer Lieb' die Mauern der Kapell',
auf dass der letzte Trug des Weltlichen ersticket.

Ingrid Reidel

Das Päckchen

Ich war ohnehin schon mit meinen Nerven am Ende, als das Päckchen ankam. Es war kurz vor Weihnachten. Das Päckchen war in schlichtes, braunes Packpapier gewickelt, ohne besondere Merkmale, aber eindeutig an Hans Müller adressiert. Als ich diesen Namen las, blieb mir das Herz stehen. Hans war vor einem halben Jahr gestorben. Wer konnte ihm jetzt noch etwas schicken? Warum bekam er ein Päckchen, und was konnte darin sein? Ich starrte es an, als könnte ich durch die Verpackung hindurchsehen. Dann schoss mir plötzlich ein Gedanke durch den Kopf: Hatte Hans vielleicht vor seinem Tod noch etwas bestellt? Ich hatte einmal gehört, dass Männer auch im Alter gewisse ... Bedürfnisse verspüren. Himmel, ich konnte das Päckchen nicht öffnen – nicht allein.

Ich griff nach dem Telefon und wählte die Nummer meiner Freundin Gotthilde. „Gotthilde, du musst mir helfen", sagte ich. „Es geht um ein Päckchen", sagte ich und merkte, wie absurd das klang. „Es ist an Hans adressiert!"

„An Hans?", rief sie ungläubig. „Aber der ist doch schon längst tot!"

„Deswegen", antwortete ich.

Eine halbe Stunde später lag das Päckchen auf Gotthildes grobschlächtigem Esstisch.

Sie musterte das Päckchen kritisch. „Es sieht ganz unscheinbar aus", meinte sie. Dann stand sie auf. „Ich gehe mal in die Küche und hole ein Messer."

„Ein Messer?" Ich erschrak. „Was willst du mit einem Messer?"

„Na, das Päckchen muss doch irgendwie aufgemacht werden", sagte sie.

Gotthilde ging in die Küche, kam mit einem scharfen Küchenmesser zurück und stellte sich neben mich. „Beruhige dich", sagte sie. „Es wird schon keine Bombe drin sein, alles andere kann uns doch im Alter nicht mehr erschrecken, oder?"

Ich nickte. „Aber was, wenn Hans vor seinem Tod noch etwas bestellt hat? Vielleicht etwas ... Persönliches?"

Gotthilde hob eine Augenbraue. „Was meinst du mit ‚Persönliches'?"

Ich biss mir auf die Lippen. „Na ja ... vielleicht etwas, das mit, äh, Ehehygiene zu tun hat?"

Gotthilde starrte mich kurz an. „Ehehygiene?", wiederholte sie. „Du meinst, sowas wie ... erotische Spielzeuge?"

„Ich weiß es doch auch nicht", stammelte ich. „Vielleicht ist es teuer", fügte ich hinzu. „Ich werde es natürlich bezahlen – allein schon wegen der Blamage!"

Gotthilde schüttelte den Kopf und lachte. „Jetzt beruhige dich doch mal", sagte sie. Dann machte sie mit dem Messer einen entschlossenen Schnitt in das Packpapier.

Wir hielten beide den Atem an, als die Flügel des Kartons zur Seite klappten. Ich blinzelte und starrte in den Karton hinein. Was ich sah, war völlig unerwartet. Kein erotisches Spielzeug. Keine teure Rechnung. Nichts Peinliches. Stattdessen lag in dem Päckchen eine Packung feinster Nürnberger Lebkuchen. Ich blinzelte noch einmal, um sicherzugehen, dass ich mich nicht täuschte.

Dann sah ich Gotthilde an, die ebenso verblüfft dreinschaute.

„Lebkuchen?", sagte ich, noch immer ungläubig.

Gotthilde lächelte. „Feinster Nürnberger Lebkuchen", fügte sie hinzu.

Ich ließ mich in den Stuhl zurücksinken und atmete tief aus.

Kommentar: Wenn man den Verdacht auf ein Sexspielzeug erstmal akzeptiert (das ist schon fast satirisch), ist es eine durchaus realistische Kurzgeschichte, die aber eben auch sehr amüsant ist. Das macht Spaß.

Zafer Jäger

Resigniert

Verstohlen schauten
Die Sterne
Durch den
Industriehimmel
Sie wollten sich
Mit den
Lichtern der
Großstadt messen
Der Mond sah
Ihnen resigniert zu
Sich hinter einer
Wolke verkriechend

Kommentar: Obwohl das Bild einfach ist, erzeugt es durch die poetische Sprache sine definierte Stimmung.

Ingrid Maestrati

Immer langsam

Omar streckte alle Viere von sich und gähnte. Dann bekrabbelte er sich und kam auf seine Beinchen zu stehen. Ein älterer Hamster, im Dienst ergraut. Früher waren Kinder da, bereits älter, aber sehr lustig. Da durfte er morgens aus dem Käfig. Durch offene Türen war er in andere Räume gelangt, und seine Hamsterwelt war dadurch reicher geworden.

Nach seinen Streifzügen trieb ihn der Hunger von selbst zum Käfig zurück. Der Boden war inzwischen gereinigt worden und in seinem Fressnapf waren köstliche Leckereien. Das waren noch Zeiten.

Jetzt war er allein mit Anneliese. Die Kinder hatten die Familie verlassen und der Hausvater war gestorben.

Immer wenn Anneliese den Käfig reinigte, versuchte er zu fliehen, aber sie hielt ihn mit einer Hand fest.

Omar dachte wehmütig an die Ferienreisen. Er war im Auto, in den Armen von Hansi, sein Käfig im Kofferraum. Stundenlang wurde geschmust und dann schlief er ein.

Seine Pfötchen fingen an zu kribbeln. Er rannte hin und her. Seit kurzem hatte Anneliese ein großes Tretrad im Käfig installiert. „Das wird dich beruhigen, mein kleiner Omar", flüsterte sie und streichelte ihn ein wenig. Er beschnupperte dieses Unding und ging hinein, erst quer und dann von Stufe zu Stufe – immer schneller. Sein Hamsterherzchen fing an, wild zu schlagen. Omar wurde müde, aber er konnte nicht aufhören. Das Rad lief immer weiter. Schließlich beugte er sich nach links und wurde herausgeschleudert. Oh, tat das weh!

Anneliese hörte seine Schmerzenslaute nicht. Sie war inzwischen auf ihr Gymnastikbike gestiegen – vor dem Fenster zu Straße. „Fünf Kilometer in verschiedenen Geschwindigkeiten", murmelte sie vor sich hin.

Karli kam pfeifend vorbei. „Der müsste sich mal wieder die Haare schneiden lassen", sagte sie halblaut und legte einen höheren Gang ein. Anneliese fing an laut zu atmen. Seit längerer Zeit war sie nicht mehr aus dem Haus gegangen. Der Rücken, die Beine … es wurde immer schlimmer.

Omar rüttelte mit den Zähnen an den Gitterstäben. Anneliese ging zu ihm. „Ich weiß, dass du rauswillst, aber dann finde ich dich nicht mehr", flüsterte sie. „Drei Tage lang hast du dich das letzte Mal versteckt und ich musste dich vom hintersten Winkel eines Schrankes hervorziehen." Sie wagte nicht, daran zu denken. Bücken konnte sie sich noch, aber fast nicht mehr aufstehen.

Jetzt klopfte ihre Freundin Betty ans Fenster. „Komm mit, zum Bäcker." Anneliese öffnete die Tür und Betty kam herein wie ein Wirbelwind. „Mach dich fertig, wir gehen los".

„Kannst du mir nicht ein Brot mitbringen?" Anneliese weinte fast. „Ich muss noch vier Kilometer heruntertrampeln."

„Gehen ist besser als Trampeln, komm mit."

Anneliese ließ sich nicht umstimmen. Sie stieg wieder auf ihr Bike und ließ Betty alleine weggehen. Und Omar verkroch sich in sein Schlafnest. „Uns ist nicht zu helfen", dachte er und schlief ein.

Achim Sonntag

überall

ich stehe
stehe reglos da
und lese
eine lange Reihe von Namen
einer unter dem anderen
Namen von Menschen, die kennenzulernen ich nie
Gelegenheit hatte
Menschen, gestorben lange vor meiner Geburt

Sutter Josef, gef. am 22. Sept. 1917 bei Verdun
Sutter Johann, gef. am 7. April 1918 im Senecat-Wald
Sutter Remig, gef. am 10. April 1918 bei La-Bassée
Sutter Franz, gef. am 19. Mai 1918 in Bancourt
Sutter Siegfried, gef. am 6. Oktober 1918 bei Verdun

wer waren diese Menschen
fünfmal derselbe Nachname
waren Josef und Remig Vater und Sohn
oder Onkel und Neffe
waren Josef und Johann oder Remig und Siegfried
Brüder
waren Siegfried und Franz Cousins
höchstwahrscheinlich, dass sie mit einander
verwandt waren

sie alle gestorben auf Befehl
für Vorstellungen, Ideen, Ideale, Werte, Überzeu-
gungen
für Hirngeburten
die, selbst wenn sie Wirklichkeit werden, doch selten
länger als ein Leben lang Bestand haben
waren das ihre Vorstellungen, Ideen, Ideale, Werte,
Überzeugungen
oder wagten sie nur nicht, sich einem Befehl zu
widersetzen
oder war es für sie gar nicht denkbar, einen Befehl zu
verweigern

die Namen, die auf dieser Tafel fehlen, sind die
Namen ihrer Mütter, Schwestern, Frauen
für diesen Krieg nicht zu gebrauchen
die Namen ihrer Väter und Onkel
schon zu alt zum Sterben
für diesen Krieg nicht mehr zu gebrauchen
die Namen ihrer jüngeren Brüder
noch zu jung zum Sterben
aufbewahrt für den nächsten Krieg
all diese Menschen waren es, die die Briefe, in denen
von „Heldentod" die Rede war, entgegennehmen
und danach irgendwie weiterleben mussten

genau so wenig wie ich kannten diejenigen, die den
Befehl zu sterben gaben, Josef, Johann, Remig, Franz
und Siegfried Sutter

kannten ihre Mütter, Schwestern, Frauen, Väter,
jüngeren Brüder nicht
sie kannten nur ihre Vorstellungen, Ideen, Ideale,
Werte, Überzeugungen
kannten nur ihre persönliche Macht
die zu bewahren, sie entschlossen waren
die es ihnen erlaubte, diese fünf Menschen
wegzuwerfen
sie konnten es sich leisten
es gab genug davon

immer wird irgendwo auf Befehl gestorben
werden Menschen weggeworfen
auf Befehl von Menschen, die die Macht haben, das
zu befehlen

heute heißen sie auf der einen Seite Maksym
Kowalenko und Dimitrij Petrov auf der anderen

ich stehe
und lese
und stelle mir Fragen

Kommentar: Die Fragen, die sich der Autor stellt, sind
berechtigt. Manchmal sind es nicht einmal Ideen, für die
Menschen sterben, sondern nur pures Machtstreben. Das
Machtstreben ist männlich. Was helfen könnte, ist das
Weiblich-Werden der Welt.

Jutta Berkenfeld

In der Küche

Als ich jung war, wohnten wir in einer Altbauwohnung mit großer Küche und einer angrenzenden Speisekammer. Hier fand das Familienleben statt. Hier machte ich meine Hausaufgaben. Hier schaute ich meiner Mutter beim Kochen, Backen und Spülen zu, während sie Volkslieder sang oder pfiff.

Mein Vater arbeitete im Rathaus als Techniker und kam mittags nach Hause, so dass wir alle zusammen, meine Brüder, meine Eltern und ich, in der Küche zu Mittag aßen.

Saßen wir gemeinsam am Tisch, mussten wir Kinder still sein, damit sich unsere Eltern in Ruhe unterhalten konnten. Meistens erzählte mein Vater von seinem Chef, über den er sich ärgerte. Erst nachdem sich meine Eltern alles Wichtige erzählt hatten, wandten sie sich an uns und fragten uns, wie es in der Schule war.

Eines Tages war mein Vater krank und lag tagelang im Bett. Er hatte eine Thrombose, aber damals konnte ich mir nichts darunter vorstellen. Ich sah nur, wie er sich mittags leidend zum Esstisch schleppte und schwieg, denn er hatte nichts zu erzählen, weil er ja nicht im Büro war.

Und weil er nichts zu erzählen hatte, hatten wir Kinder mehr Redezeit als üblich. Das nutzte mein mittlerer Bruder aus und berichtete humorvoll von den Streichen, die er und seine Klasse den Lehrern spielten. Vor allem eine Geschichte ist mir in Erinnerung. Mein Bruder erzählte, dass sie den Biologielehrer eine Stunde lang in einen Wandschrank gesperrt hatten. Das zu hören war mir sehr unangenehm, denn die Tochter des Biologielehrers ging in meine Klasse.

Nachdem mein Vater wieder halbwegs gesund war, fuhr er in die Kur. Beim Mittagstisch beanspruchten nun meine Brüder die gesamte Redezeit. Niemand ließ meine Mutter zu Wort kommen. Niemand erkundigte sich, wie es ihr ginge. Weil sie die Versorgerin war, lief der Haushalt aus unserer Sicht reibungslos. Nur am Wochenende, wenn meine Tanten kamen, konnte meine Mutter über ihre Sorgen sprechen. Manchmal stellte ich mich hinter die Küchentür und belauschte die Gespräche. Die größte Sorge meiner Mutter war wohl, dass sich mein Vater einen Kurschatten zulegen könnte. So nannte man damals die Affairen, die während eines Kuraufenthaltes zustande kamen.

Einige Zeit später, als mein Vater wieder zuhause war und zur Arbeit ging, erzählte er am Mittagstisch eine Geschichte. Ein Kollege hatte sich während seiner Kur in eine Frau verliebt und danach die Familie verlassen.

"Das kommt in den besten Familien vor", rief mein Bruder vorlaut. Wir waren wohl keine beste Familie, sondern nur eine gute oder nicht einmal das, denn als mein Vater aus der Kur zurückkam, fuhr er wieder täglich ins Büro, kam mittags nach Hause und beanspruchte seine Redezeit, um sich über seinen Chef zu beklagen.

Irmgard Wackerzapp

Fremd auch gleich befremdlich?

Es ist laut in der Besteckschublade, ja, es geht schon fast tumultartig darin zu. Das ist allerdings erst so, seitdem die Hausfrau einen fremden Teelöffel in den Kasten gelegt hatte. Damit hatte sie die anderen Teelöffel verwundert, die einfach nicht verstehen konnten, was das sollte. Sie waren ihrer doch genug. Also, wozu dieser fremdartige Löffel? Wie kam die Hausfrau dazu? Die Teelöffel, rückten auseinander, um genügend Abstand zum Neuling zu finden. Das war allerdings ein schwieriges Unterfangen, gab es doch nur begrenzten Platz. So maulten und meckerten sie in einer Tour, betrachteten den Eindringling mit Skepsis, zumal er doch so ganz anders aussah als sie. Er war glänzend und nicht mattiert, Zudem hatte er am oberen Ende des Stiels fremdartige Verzierungen. Die Teelöffel meckerten in einem fort und konnten sich einfach nicht daran gewöhnen, diesen Fremdling zu ertragen. Am liebsten hätten sie ihn, so sie denn die Möglichkeit dazu gehabt hätten, im hohen Bogen rausgeworfen. Dabei wollte dieser Teelöffel nichts anderes, als zu ihnen zu gehören, einen kleinen Platz in ihrer Gemeinschaft innezuhaben, anerkannt zu werden und in Frieden mit ihnen zu leben. Das war einfach nicht möglich. Die Teelöffel meckerten, maulten und zeterten jeden Tag aufs Neue.

Eines Tages wurde es der Gabel zu bunt. Die holte tief Luft und schrie mit sonorer Stimme: „Haltet endlich die Klappen. Was soll das denn? So schlimm ist das doch nicht, dass da ein fremder Löffel bei euch ist. Nehmt ihn doch einfach so an, wie er ist. Der tut doch nichts Böses."

„Ja", zischelte das Messer „warum hört ihr nicht auf die Gabel, die hat doch recht. Mit eurem Geschrei und Gezeter ändert ihr gar nichts. Ob ihr jetzt meckert oder nicht; es bleibt doch so, wie es ist."

Der Esslöffel meldete sich auch zu Wort und meinte: „Wisst ihr was? Wenn man uns einen fremden Esslöffel in die Schublade gelegt hätte, würden wir es zulassen. Wir würden ihn anerkennen und mit ihm leben. Was ist denn schon dabei? Was macht denn so ein fremder Löffel schon?"

Die Teelöffel hörten nicht auf das Gerede der anderen. Sie waren weiterhin gemein und ätzend zu dem Eindringling. Dieser wünschte sich nichts anderes, als wieder in seine Heimat zurückzukehren und bei seinen Leuten zu sein. Aber wie sollte er das bewerkstelligen? Er hatte ja nicht die Möglichkeit, das zu ändern.

So ging es Woche um Woche, Monat um Monat. Zwei Jahre waren mittlerweile vergangen. Für den Fremdling hatte sich nichts geändert. Dieser hatte sich in sein Schicksal gefügt und bemühte sich, so unauffällig wie möglich zu bleiben.

Die Hausfrau zieht die Besteckschublade auf, schaut hinein und dann auf ihren Ehemann. „Was hältst du davon Bernd, wenn wir uns ein neues Besteck kaufen? Das alte ist schon ziemlich in die Jahre gekommen, nicht mehr so schön und schon gar nicht mehr modern. Na ja immerhin haben wir es ja schon viele Jahre. Da wir bald Silberhochzeit haben, meine ich, ist das eine gute Gelegenheit, uns ein neues Besteck zu kaufen. Weißt du was, ich habe vorhin in einem Prospekt ein ganz tolles Besteck gesehen. Supermodern, schick und traumhaft schön. Und das Beste an der ganzen Sache ist, es kostet nur noch die Hälfte. Auch noch ein Schnäppchen. Na, was meinst du?"

„Na ja". sagt ihr Ehegatte „wenn du das möchtest, kauf es."

Das lässt sich die Frau nicht zweimal sagen. Sie eilt ins Geschäft und erwirbt ein neues Besteck. Das alte nimmt sie sofort aus der Schublade, um es einem Sozialkaufhaus zu schenken, und legt das neue hinein.

Als sie mittags das Geschirr in die Spülmaschine räumt, fällt ihr Blick auf einen Teelöffel des alten Bestecks. Sie nimmt ihn heraus und legt ihn zu den Teelöffeln des neuen.

Kommentar: Die Parabel beleuchtet einen Aspekt des Fremdseins. Damit beschränkt sie sich zwar, kommt aber zu einem Happy End.

Syntje Beck

Insa

Insa ist abgefahren. Hals über Kopf packte sie ihre Tasche, schnappte sich ihr Kind und ging zur Straßenbahn, Richtung Hauptbahnhof. Dort würde sie lange warten müssen, denn es ist Wochenende, noch dazu Ostern, der Nahverkehr beschränkt sich auf ein Minimalangebot für Sonntagsausflügler in Richtung Friedhof. Während Insa im Wartehäuschen auf dem einzigen Stuhl aus Stahlgeflecht sitzt und raucht, putze ich ihre Spuren weg. Mit Latexhandschuhe. Ich ziehe dicke, schwarze Haare aus dem Waschbecken. Eine Zigarettenlänge lang. Wenn Insa dann endlich in der Straßenbahn ist, wird sie auf ihre Uhr schauen und registrieren, dass der Zug erst in einhundertdrei Minuten fährt. Sie wird mit ihrem Kind zu McDonalds gehen, Cola und Donuts in sich hineinstopfen. Sie wird trotz des stürmischen Wetters draußen sitzen, damit sie sich wieder eine Zigarette drehen kann. Fünf Stück in einhundertdrei Minuten. Ich weiß das deshalb so genau, weil ich gerade ihren Aschenbecher entleert habe. Ich legte ihn wieder an seinen Platz in der Schublade hinten rechts. Wenn sie sich trotz des Streits heute Morgen am Frühstückstisch entscheiden sollte, im Sommer wiederzukommen, würde sie ungefragt die Lade öffnen, den Ascher nehmen und sich ihre Zigarette drehen. Wenn. Ich hoffe, dass sie sich ihrer Worte erinnert und keinen Wert mehr darin sieht, mich zu besuchen. Mich, ihre *einzige* Schwester, wie sie betonte. Ich ergänzte: weil die Natur es so bestimmte. Wir haben uns zu Ende dividiert. Nichts haben wir gemeinsam, weder Augen, Nase, Mund oder Haarfarbe. Selbst meine Blutgruppe ist eine andere. Null,

Rhesus negativ. Im Falle eines Falles wäre sie nicht mein Spender. Das beruhigt mich.

An unserem letzten gemeinsamen Abend habe ich die Flucht ergriffen. Seit Insas Ankunft vor zwei Tagen verstärkte sich meine Hautflechte, und ich benötigte die heilende Hand meiner Therapeutin. Während der Behandlung malte ich mir aus, was Insa nun in meiner Wohnung mit ihrem dicklichen Kind machen würde. Der Fernseher ist codiert, mein Kühlschrank gefüllt mit Gurken, Sellerie und Möhren, Naturjoghurt und Käse. Also werden sie sitzen und warten. Insa mit der Kippe, ihr Kind mit dem Handy in der Hand. Stundenlang. Es wird Pizza geben heute Abend, sagte ich, bevor ich floh. Ihr könnt schon mal die Pilze schneiden. Sie schauten ungläubig.

Nach meiner Behandlung radelte ich entspannt durch den Park nach Hause. Die Abendsonne wärmte meine Hände, und ich kämpfte mit der Lust, einfach weiterzufahren. Doch ich wurde erwartet, das dickliche Kind öffnete die Tür, noch bevor ich mein Rad angeschlossen hatte. Es tat mir leid und ich spürte, dass es mein Mitleid durchschaute. Komm, sagte ich, machen wir Pizza. Das Kind klammerte sich an meine Beine, ich strich über seine Haare, die genauso schnell durchfetten wie meine. Eigentlich müsste man die täglich waschen, dachte ich, das Kind könnte mal duschen, die Klamotten sollten auch in die Maschine und überhaupt. Beim Abendessen sprachen Insa und ich kein Wort. Nur das Kind mäkelte und quengelte, es würde keine ekligen Pilze, keine ekligen Oliven und erst recht keine ekligen Tomaten essen. Dabei fasste es mit spitzen Fingern die Haarwurzeln eines Feldsalates an und ließ die Blätter angewidert auf den Teller fallen. Ich wies es zurecht, noch ein Wort mit Ekel und es würde im Flur weiter essen dürfen. Das Kind zuckte

257

zusammen, nahm sich ein Stück Gemüsepizza, aß schweigend. Zum Nachtisch stellte ich ihm einen Fruchtquark hin und für Insa und mich einen Espresso. Ich begann, über Politik, Religion und die Welt überhaupt zu referieren. Insa stand auf. Ihr massiger Körper füllte den Türrahmen. Sie hob die Hand zum Gruß, sie würde sich schon mal verabschieden, sie wäre müde. Na dann, sagte ich, und blickte das Kind auffordernd an, dann machen wir zwei uns eben einen Fernsehabend. Mit Chips und Erdnüssen verzogen wir uns aufs Sofa. Das Kind kroch dicht an meine Seite, legte seinen Kopf auf meinem Schoß. Es hatte meine Haarfarbe, ein undefinierbares Blond, das bereits nach einem Tag in fettglänzendes Nougat übergeht. Ich hoffte auf ein schnelles Ende des harmlosen Tierkinderfilms.

Heute Morgen am Frühstückstisch fragte das Kind in die Stille hinein, warum Insa und der Papa nicht mehr zusammenleben würden. Er kommt nicht damit zurecht, dass ich krank bin, sagte Insa. Aber sie glaube den Ärzten nicht, die meinen, Insas Hirnstamm sei krank, sie sei doch nur ein wenig stressanfällig. Und damit werde der Papa eben nicht fertig, sagte Insa und nahm einen tiefen Zug aus ihrer Zigarette. Ich biss in mein Croissant und bemerkte mit vollem Mund, es sei sicher schwer, sich mit der schleichenden Hirnfäule der Lebenspartnerin zu arrangieren, die dazu noch mit der generellen Faulheit der Person einhergeht, da sei mir die Fäulnis meiner Haut dann doch lieber. Dabei kratzte ich unauffällig mit der Gabel meine Hautflechte am rechten Unterarm. Insa drückte ruhig ihre selbstgedrehte Zigarette aus, stand auf und ging ohne ein Wort weg. Minuten später stand sie auf der Straße, die Tasche zu ihren Füßen, eine frische Zigarette im Mund und wartete auf ihr Kind. Es kam mit verheulten

Augen zu mir und drückte mir einen kleinen, ockerfarbenen Vogel in die Hand. Er war aus Styropor, sein Schwanz war anscheinend mehrfach wieder angeklebt worden. Er darf bis zum Sommer bei dir bleiben, sagte das Kind und lief seiner Mutter nach.

Kristina Baumgarten

Macht nichts!

Ich sitze auf einem Stühlchen im Kreis mit 30 Kindern und deren Müttern. Das neue Projekt der Gänseblümchengruppe heißt: ,Nichts macht uns so gut wie Gemeinsamkeit!' Anna, die Erzieherin, erklärt uns die Grundlagen. „Wir fördern und fordern die Teamfähigkeit der Kinder. Sie erhalten verschiedene Aufgaben und lernen, zusammen weit mehr zu erreichen als jeder für sich allein."

Als ob man das im Kindergarten noch lernen muss, dachte ich, als ich das von Luke mitgebrachte Projektblatt an die Pinnwand geheftet hatte. Gleich neben den Grillabend des Fußballvereins mit der Bitte um eine Salatspende. Wenn möglich, setze ich meinen Namen in der Liste entweder hinter ,Nudelsalat' oder ,Sandkuchen'. Beides ist immer sofort weg. Nicht beim Essen, sondern bei der Auswahl. Der Tisch biegt sich auch heute wieder unter köstlichen Backwerken, das Ergebnis des mütterlichen Wettbewerbs. Gestern Abend hatte ich in Windeseile ein paar Schokolinsen auf die Fertig-Muffins vom Discounter geklebt. Vermutlich stehe ich als Rabenmutter mit Vollzeitjob auf irgendeiner schwarzen Liste. Jemand hat meine Kunstwerke gnädig hinter eine prachtvolle, mit Gänseblümchen dekorierte Torte geschoben.

Ob die von Geli stammt, der Vorzeigemutter auf dem Stühlchen neben mir? Geli arbeitet nicht. „Kinder brauchen ihre Eltern, gerade in dem Alter", findet sie.

Stimmt. Gelis Tochter Jil könnte ihre Designer-Jeans kaum von ihrem Taschengeld finanzieren.

„Sind die Kekse von dir?" Geli deutet auf einen Teller appetitlicher Plätzchen. Während ich darüber nachdenke, ob die Frage boshaft oder günstigenfalls naiv gemeint ist, mischt sich Ela ein. Elas Hauptthema sind ihre Kinder, perfekt dressierte Welpen, die sofort auf eine leicht hochgezogene Augenbraue ihrer Mutter reagieren. Höhnisch fragt Ela: „Ernsthaft, Geli?"

Ein herablassender Blick streift mich und macht deutlich, wie genau sie über meine nicht vorhandenen Küchenbegabungen unterrichtet ist. „Die Kekse sind von mir. Ohne Nüsse. Egon ist allergisch gegen Nüsse."

Ich bin allergisch gegen Mütter wie Ela. Um sie zu ärgern, frage ich: „Und von wem ist die wundervolle Torte?"

Wütend zuckt Elas Augenlid. Geli kichert.

„Die Torte ist von mir." Veggie-Britta natürlich, deren Tochter Vi sich überall fleischhaltige Mahlzeiten erbettelt.

„Sicher Vegan", kommentiert Ela zuckersüß.

Anna sieht kurz zu uns hinüber und verkündet eine Pause. Das Buffet ist eröffnet. Bedrohlich nähert sich uns eine Abordnung der Kids.

„Was ist hier los?" Luke, Vi, Egon und Jil mustern uns argwöhnisch. Wir schweigen betreten, mit Blick auf diverse Schuhspitzen. „Streiten ist doof. Nichts macht euch so gut wie Gemeinsamkeit", verkündet mein Sohn.

Ela unterbricht zaghaft die ungemütliche Stille: „Kann ich mal einen von den Muffins probieren?" Geli schneidet eilig die Torte an. „Nicht vegan", murmelt Britta undeutlich, mit dem Mund voller Kekskrümel. „Macht nichts", versichere ich, und halte ihr verlegen grinsend meinen Teller hin.

Kommentar: Kindergartenmütter unter sich! Das ist köstlich. Als Mann sollte man da die Flucht ergreifen. Dabei sind Frauen harmloser als Männer. Frauen zicken vielleicht mal herum, aber sie tun sich meistens nichts. Männer dagegen werden gern gewalttätig und sind letztlich für die meisten Kriege verantwortlich.

Frank Joussen

Singend durch die Nacht

Wir berühren uns wieder,
aber scheu, unser selbst
zu sehr bewusst -
wie zwei Geschiedene,
nun neu Vermählte,
die das Hochzeitsgeschirr
übervorsichtig auspacken,
in stillem Unglauben an
ihr neues Glück.

Wenn ich dich,
wenn du mich
durch die Nacht bringst,
wird alles gut.

Wir berühren uns wieder,
in der Tiefe der Nacht,
wie zwei Kinder,
die unfähig sind,
eine Kerze zu entzünden,
die sich aber
an einige Lieder erinnern,
die sie gemeinsam erlernt haben.

Wenn ich dich,

wenn du mich
in den neuen Tag bringst,
wird alles wieder gut.

Maximilian Muck

Helden

Er rannte von Osten auf den Brunnen zu und wandte sich immer wieder um. Ich kam von Westen auf den Brunnen zu, der inmitten der Kreuzung stand. Egal, aus welcher Himmelsrichtung man kam: Früher oder später musste man an dieser Kreuzung, an diesem Brunnen mit dem vier Meter hohen Kalksteinsockel und der darauf thronenden Reiterfigur vorbeikommen. Der Reiter erinnerte den Gründer der Stadt. Ein Held, zweifellos, dieser mit erhaben erhobenem Blick nach Süden sehende Reiter, an dem vorbei der etwa fünfzehnjährige Junge sprintete.

Er rannte über die Kreuzung, am Brunnen vorbei, in meine Richtung. Es waren vielleicht noch siebzig Meter, bis wir auf derselben Höhe waren. Ich lenkte im Gehen schon leicht ein, damit er an mir vorbeiziehen konnte. Es war wenig los an diesem Mittag. Deshalb war der Mann, ebenfalls von Osten kommend, rennend, aber längst nicht so schnell wie der Junge, nicht nur zu hören sondern auch sofort zu sehen.

„Haltet ihn, haltet ihn!", rief er und seine Stimme erstickte in seinem Keuchen.

Ich sah wieder zu dem Jungen. Dieser sprang am Brunnen vorbei, sah nach hinten und dann wieder geradeaus, direkt in meine Richtung. Zwischen uns war niemand sonst. Ich war der nächste Mensch, an dem er vorbeimusste. Und in der Sekunde, in der wir beide diesen Umstand realisierten, trafen sich unsere Blicke. Und in dem Moment, in dem ich in seine von Panik geweiteten Augen, in seine vom Rennen verzerrten

Gesichtszüge sah, schienen er und mit ihm alle Bewegungen der Stadt um mich herum langsam zu werden.

Vielleicht war er ein Dieb, dachte ich. Hielt ich ihn auf, war ich einer jener Helden des Alltags, von denen man so gerne hörte. Sie trugen dazu bei, dass man vor der Menschheit und ihrer Gleichgültigkeit gegenüber dem Schicksal anderer nicht völlig resignierte. Vielleicht war er bedroht. Er könnte dem Versuch einer Entführung durch den Mann entgangen sein, der ihn nun doch noch zu schnappen versuchte. Hielt ich ihn auf, hatte ich Mitschuld an dem, was ihm widerfahren würde. Während sich in Zeitlupe seine Füße vom Pflaster hoben und wieder senkten, seine Arme nach links und nach rechts in die Höhe glitten, sah ich, dass ihm die blanke Angst ins Gesicht geschrieben stand. Angst davor, erwischt zu werden? Angst vor dem Schicksal? Angst vor mir, der ich nur nach links einschlagen und den Fuß zur Seite strecken müsste, um ihn zu Fall zu bringen?

Tu es, tu es nicht. Tu es, tu es nicht. Tu es, tu es nicht...

Der Junge und die Stadt wurden schneller. Seine Schuhe prasselten auf das Pflaster, als er an mir vorbeijagte. „Haltet ihn, haltet ihn!", hechelte der Mann, am Brunnen vorbei, an mir vorbei, der Kurve, die die Straße nach Westen machte, folgend. Der Junge war nicht mehr zu sehen.

An der Kreuzung angelangt blieb ich stehen. Ich sah empor zu dem Reiter, dem erhabenen Gründer dieser Stadt. Er zeigte mir die kalte Schulter. Ein Held, zweifellos, dachte ich und ging gen Norden in die Stadtmitte, weil ich noch für mein Abendessen einkaufen musste.

Kommentar: Hier wird über die Pflicht, zu handeln oder nicht zu handeln, philosophiert. Am Ende erledigt sich manch derartige Entscheidung von selbst und man wird nie wissen, ob man sich richtig verhalten hat.

Gerwine Ogbuagu

Regenzeit in Nigeria

Tageslicht kriecht aus der Nacht heraus. Auch unser Hahn meldet sich mit seinem müden, heiseren Krähen. Heute Morgen regnet es, wird mehr und stärker. Die nigerianische Regenzeit hat begonnen.

Endlos scheinende Monate der Hitze und Dürre ertrinken ab heute. Ich will das Licht anknipsen. Der Strom ist ausgefallen. So ist es immer bei starkem Regen.

Das Wasser rauscht vom Wellblechdach an der Hauswand herab.

Meine Blumenzwiebeln und Stecklinge schwimmen fort. Die Wege im Garten sind eine Rutschbahn. Bei jedem Schritt will die nasse rotbraune Erde die Schuhe in sich hineinsaugen. Der millimeterdicke Staub auf Büschen und Bäumen ist jetzt endlich abgewaschen.

Morgen werden sich herrliche rote, gelbe, weiße und blaue Blüten öffnen und aus den saftig glänzenden grünen Blättern vieler Bäume und Büsche hervorstrahlen. Ich plane, in die Stadt zu fahren – ich muss viele Stadtteile nach Gas absuchen. Seit Wochen ist das Gas so knapp geworden, dass es nirgends neue Behälter gibt. Meine beiden grossen Gasflaschen von verschiedenen Gaslieferanten liegen im Kofferraum des Autos. Zu gern würde ich mich noch mal im Bett umdrehen und weiterschlafen.

Aber wenn ich nicht bald fahre, komme ich nicht mehr durch den Verkehr. Ich höre schon die Autos am Ende des grossen Schulparks hinter unserem Haus hupen. Der grosse Stau hat begonnen.

Die Autos werden nur noch kriechen, jedes Bremsen zur Rutschpartie werden.

Ich breche auf. Mein Auto und ich werden zur Schnecke. Die Schlaglöcher sind bereits mit Wasser angefüllt. Lauern unsichtbar.

Ich kenne unsere Straße und ihre Löcher, seit Jahren unverändert, manche sind nur noch tiefer geworden. Ich warte in der langen Schlange, ob die Fahrzeuge sich vorwärtsbewegen.

Motoren brummen, stampfen, stottern und versagen. Meine Gasflaschen rollen im Kofferraum hin und her, wenn ich wieder anfahre.

So komme ich nicht vorwärts.

Ich beschließe, nach Hause zurückzufahren.

Ich parke wieder vor unserem Haus. Stelle mich an die Brüstung des überdachten Balkons. Die Verkehrspolizisten, die den Verkehr regeln sollen, haben ihre Posten verlassen. Sie sind vor den herunterbrausenden Wassermassen geflüchtet. Das Wasser in den Abwasserkanälen an den Seiten der Straße ist weiter gestiegen Es reicht an den Autotüren schon bis zu halber Höhe. Gruppen von Jugendlichen haben sich schnell gebildet und schieben die stockenden Autos weiter. Sie bessern ihr knappes Tageseinkommen auf. Trotzdem bleiben manche Fahrzeuge im Matsch stecken und versperren die Durchfahrt.

Wenn der Donner grollt und die Blitze zucken, schreit die Menge.

Frauen haben Plastikplanen über ihre Köpfe gezogen. Sie tragen ihre großen Schüsseln mit gekochtem Essen unter Plastikplanen auf dem Kopf durch die Fluten. Mit wiegendem Gang schreiten sie. Ein Hundekadaver treibt zwischen alten Gummireifen im Wasser.

Eine Frau röstet Mais unter einem Dach auf einem Grill. Nachher kaufe ich einige Maiskolben.

Morgen koche ich vielleicht.

Doch nur wenn ich eine neue Gasflasche kaufen kann.

Bendix Litten

Natürliches Aufwachen

Du wachst auf. Es ist ein natürliches Aufwachen, nicht
jenes, welches vom schrillen Kreischen eines
Weckers erzwungen wird. Nicht jenes, dass von
Schritten auf dem Flur, dem Bohren eines
ignoranten Nachbarn, oder der Zeit, die du am
Wochenende länger als gewöhnlich hast,
herbeigeführt wird. Es ist auch nicht richtig Aufwachen
und das hatte er dir voraus. Halb schläfst du
fast noch, während er bereits wach war. Aber du schläfst
auch nur fast. Eine Belohnung einer
übernatürlichen Macht ist es, wenn du dem Wecker an
einem Wochentag voraus bist.
Schnell, fast panisch, lässt du den Bildschirm deines
Handys aufleuchten und den Klingelton
schweigen, bevor er überhaupt die Gelegenheit hat, die
idyllische Stille, die dich so sanft zwischen
Schlaf und Wachsein getragen hat, zu zerbrechen. Du
bringst ihm zu wenig Dank dafür entgegen,
dass er es die letzten Jahre immer getan hat, doch wie
kannst du das verstehen?
Als du aufstehst, in die Küche gehst und deine Schüssel
mit Müsli befüllst, merkst du immer noch
nicht, dass er bereits vor dir wach war. Auch nicht, als
du die Milch nachfüllst, isst und dich
schließlich, die Zahnbürste im Mund, über das
Waschbecken beugst, bemerkst du nicht, dass er
dich beobachtete. Du richtest dich auf, blickst in den

Spiegel und er sah zurück.

Es ist wohl kaum deine Schuld, dass du ihn nicht erkennst, genau so wenig wie es die seine war, damals vor all der Zeit. Er sah aus wie du und du siehst so aus wie er. Du musterst ihn im Spiegel, während die Zahnpasta ihre brennende Erinnerung an sich auf deiner Zunge hinterlässt. Du siehst ihm in die Augen und denkst immer noch, dass es dein Gesicht, ist, dabei war es das seine. Beinahe bewunderst du ihn, nicht weil du besonders eitel bist, sondern weil es so befremdlich auf dich wirkt, dass eben diese Augen, diese Nase, dieser Mund zu dir gehören soll. Zu Recht, denn es war das seine. Du hebst die Hand an den Spiegel und er imitierte diese Geste, wie du es von ihm erwartest, da du denkst, er sei ein Spiegelbild, dabei war es nur er.

Du konntest dich nicht mehr rühren, er kann es jetzt aber. Er ist und du warst jetzt. Schließlich stelltest du mit Entsetzten fest, dass nun er dein Gesicht im Spiegel ansieht und du nur zurückblicktest. Dann trittst du vom Waschbecken zurück, während er seine Hände anstarrte. Du verlässt das Bad und machst, wohl aus einem Anflug der Böswilligkeit heraus, denn anders konnte er sich diese Grausamkeit nicht erklären, das Licht aus. Du gehst weg und er blieb in der Dunkelheit zurück. Er starrte in die Schwärze und konnte es immer noch nicht begreifen, es war damals doch ein Traum gewesen. Ein Albtraum. Doch du gehst jetzt seinem Leben nach und er blieb zurück und starrte in die Schwärze und war alleine mit sich.

Wohin du gehst, wusste er nicht, denn jetzt bist du dran

und er musste nun darauf warten, dass er
natürlich vor dir aufwachte.

Kommentar: Hier wird mit der Identität gespielt. Das
ist interessant. Sprachlich gibt es stellenweise unschöne
Stetllen, was wohl eine jugendliche Ausdrucksweise
widerspiegelt und vielleicht auf Kreativität hinweist. Eine
Korrektur hätte das Bild verfälscht und wurde deshalb
unterlassen.

Anne Jansen

Nachtschatten

Nicht alle Nächte sind schwarz. Obwohl Clara das eigentlich wusste, war sie hoffnungslos. Diese Nacht war unendlich schwarz. Rabenschwarz. Diese Nacht war ein dunkles Tuch, das sie erwürgen wollte. Sie fühlte sich blind und taub. Ihre Hand zitterte, als sie nach dem Korkenzieher griff. Sie spürte noch den Schlag in den Gliedern, als vor wenigen Minuten die Tür hinter ihm zuschlug. „Nie wieder!", hatte er gebrüllt. „Es gibt kein Zurück für mich!"

Clara schluckte schwer, um die Tränen niederzukämpfen. Sie wusste, wenn sie jetzt losheulen würde, dann gäbe es kein Halten mehr. Die Dämme würden brechen. Sie würde in sich zusammenfallen und der Morgen würde sie zerstört finden. Aber sie wollte diese Nacht überstehen.

Auf dem Tisch stand die Rotweinflasche. Als sie den Wein in ihr Glas goss, konzentrierte sie sich auf die purpurne Anmutung. Was für ein Leuchten! Sie wollte dieses Funkeln trinken. Es sollte ihren Bauch wärmen und ihren Kopf erleuchten. Doch der Blick aus dem Fenster trieb ihr diesen tröstlichen Gedanken wieder aus. Es war ein Schattenreich. Die Finsternis wirkte unbezwinglich. Sie ließ das Glas unberührt stehen und trat auf ihren Balkon.

Als der Wind ihre Haare hob und senkte, fröstelte sie leicht. Sie umschlang sich mit beiden Armen und starrte in das Nichts. „Nie wieder!" Wie ein Mantra wiederholte sie seine letzten Worte. Es kam ihr vor, wie der Stakkato-

Gesang eines dramatischen Opernchores. Nie wieder Freude, nie wieder Licht, nie wieder Wärme. Für immer gefangen in der Schwärze.

Clara spürte, wie ein Schluchzen in der Kehle sich den Weg bahnte. Entschlossen ging sie zurück in die Wohnung und griff nach dem Weinglas. Mühsam spülte sie ihre Tränen zurück.

„Nicht alle Nächte sind schwarz!", murmelte sie trotzig und versuchte Bilder von Nächten heraufzubeschwören, in denen Lichter geblinkt hatten. Sie erinnerte sich an Vollmondnächte mit ihm. Sie dachte an Spaziergänge unter einer funkelnden Sternenpracht. Immer war er an ihrer Seite gewesen. Immer nah. Immer vertraut. Keine Nacht mit ihm war ganz schwarz gewesen. Und jetzt war sie allein.

Diese Nacht war ein dunkles Loch, das sie einsaugen wollte. Clara wusste, sie durfte dem nicht nachgeben. Mit dem Weinglas trat sie wieder auf den Balkon. Sie schloss die Augen.

Es war nichts zu hören. Kein Auto, kein Gezwitscher. Nicht einmal das Rascheln einer Maus. Aber was war mit dem Riechen? Clara zog geräuschvoll die Luft durch die Nase. Es roch nach feuchter Erde, nach Kirschblüten und Frühlingsblumen. Ja wirklich, sie witterte Morgenluft. Und da setzten plötzlich auch die Vögel ein. Zunächst ein vereinzeltes Piepen. Und dann, wie auf Kommando, ein ohrenbetäubendes Konzert.

Als Clara die Augen öffnete, sah sie am Horizont einen meerblauen Streifen. Eine Ahnung des herannahenden Sonnenaufgangs verscheuchte den Schrecken des Augenblicks. Sie fühlte das Leben wie ein flackerndes Kerzenlicht in ihren Geist zurückkehren. Sie hob das Glas und hielt es dem Licht entgegen.

Kathinka Reusswig

Der Wunsch

Bejahung – Schwäche.

Ambition – Zwiegespräche.

Liebe – Fantasie.

Desillusion – Melancholie.

Realität – Täuschung.

Selbstzweifel – Trennung.

Ablehnung – Leere.

Dunkelheit – Schwere.

Wunsch – Liebe.

Spannung – Triebe.

Margot Euler

Felsental

Winde, laue Lüfte
streifen frisch ins Tal,
wogen sanfte Düfte
ein ums and`re Mal.

Hochmütig reckt ein Blümelein
im Talesgrund den Kopf,
erinnert mich ans Mägdelein
mit ihrem güld`nen Schopf.

Mir schwanden einst die Sinne,
deine Lieb` mir schenktest du.
Von ferne sang der Minne
ein liebend Lied dazu.

Einmal will ich dir senden,
der Engel fliegt für mich.
Gedanken die mich blenden,
wehklagend ruf ich dich.

Verließest mich im Mondenschein
betörend war dein Duft.
Komm schweb` zu mir ins Tal hinein,
in die kühle Felsenkluft.

Morteza Pashapourahmadabadi

Lächle

Lächle.
Das Heben deiner Wangen
Kann die Hoffnung zurückbringen,
Die verloren gegangen ist.

Manchmal
Kann ein kleiner Bogen
Die Architektur eines Gebäudes
retten.

Lächle.

Heiner Brückner

Die Stanz

Die Stanz ist das Gegenstück zum Stenz. Er geht auf sein Gegenüber zu, spricht es direkt an, erheitert es, muntert es auf mit einer witzigen Anmerkung oder umtänzelt es mit einem charmanten Kompliment. Vor Stanzen benimmt er sich dezent annähernd, galant flaniert er vor ihnen her.

Die Stanz empfindet solches Gehabe aufdringlich. Sie geht zu jedermann und jederfrau auf Distanz. Darin beweist sie absolute Konstanz: Alles hat sie für sich, behält sie bei sich, trägt sie um sich wie ein Kleid aus Vorsicht. Deshalb verkehrt sie nicht mit den Nachbarn im Wohnblock – weder nebenan noch gegenüber noch darüber oder darunter. Sie lässt keinen zu nahe an sich herankommen. Niemals lädt sie Fremde zu sich ein, denn sie empfände bereits den ersten Schritt über ihre Türschwelle als einen Tritt in ihre intimste Wohngegend, gegen ihre körperliche Unversehrtheit. Und erst recht fühlte sie sich ausgenommen, wenn einer etwas in ihrer privaten Sphäre in den Blick genommen hätte, ein Bild an der Wand vielleicht, die Blumen in einer Vase. Als greife jemand von außerhalb in ihr innerstes Privatissimum, spürte sie das an und in sich. Es ginge ihr körperlich durch und durch.

Manchen stößt derartige Empfindsamkeit ab oder sie kommt ihm arrogant vor. Den meisten Menschen, denen sie begegnet, erscheint sie generell wie eine vornehme Dame, die Abstand hält und generös Anstand behält.

Einmal begegneten sich Frau Stanz und Herr Stenz nahezu anzüglich nahe. So nahe, dass sie einen ihr vertrauten Geruch der Vornehmheit, der von ihm ausströmte, nicht mehr aus den Nasenflügeln stieben konnte. Zunächst versuchte der Stenz mit seinen Augen die Aufmerksamkeit der Stanz auf sich zu ziehen, indem er mit einem Auge blinzelte. Ihre Reaktion waren flattrige Lidschläge. Daraufhin sang er ihr ein Gstanzl: „Ich mach', was ich will, und ich tu', was ich mag. Das Einzige ist, dass ich Sie zuerst frag'."

Es blieb bei der einen Stanze. Die Distanzierte wusste solche Lieder und Annäherung nicht zu schätzen, blieb auf Abstand stehen und legte die Stirn in Falten. Sie wehrte innerlich das Geschehen als Anbiederung ab.

Der Stenz verlegte sich auf die einschmeichelnde Art. Er trat keinen Schritt näher, er beugte seinen Oberkörper vor und neigte den Kopf, als verbeuge er sich vor dem Allerheiligsten oder zumindest vor einer Hoheit. Er ergriff ihre rechte Hand mit seiner rechten und hauchte einen Kuss über die beringten Finger und den Rücken. Mit dem Eindruck der Melange aus Bedauern seiner Flüchtigkeit und des Verzichten-Müssens zog er die ausgestreckte Hand behutsam wieder zurück. Dabei erhob er sein Haupt in die aufrechte Stellung eines Gentleman.

Solche Ehrerbietung hinterließ selbst bei Frau Stanz einen Anflug des Gefühls von abruptem Verlust, von Traurigkeit über die jähe Unterbrechung.

Einen Augenblick lang erweckte sie den Eindruck von Wehmut, als bereue sie ihre Unerreichbarkeit. Ihre Nasenflügel bebten heftig. In ihren Ohren klang die Stanze „… dass ich Sie zuerst frag'" nach.

Victoria Lubarski-Goldbeck

Einsendeschluss

Ich habe ein leeres Word-Dokument geöffnet, es ist weiß und verheißungsvoll, ein leeres, digitales vielversprechendes Blatt, was könnte es Inspirierenderes geben, es will befüllt werden, mit Metaphern, fremden Gefühlen, fremden Geschichten, es soll humorvoll oder aufwühlend sein, oder etwas dazwischen, Graustufe, Tränen, rote Liebe, wilde Natur oder gebrochenes Herz.

Es könnte viel sein und ist doch wenig, es könnte etwas sein und ist doch nichts, ich starre darauf, bis das Weiß schwarze Punkte sendet, mouches volantes, sie tanzen vor meinen Augen, als wollten sie mich verspotten, die Zeit vergeht langsam, ich kann es nicht. Nur die tanzenden Fliegenpunkte bewegen sich.

Es könnte viel sein und ist doch nichts. Übermorgen ist Einsendeschluss, ich sitze hier im Schlafanzug, drei Tage wagte ich mich nicht an den Rechner, zu groß war die Angst, die Ideen blieben aus, schwarze Löcher, schwarze Punkte, es ist ein Blatt auf einem Bildschirm. Im Aschenbecher stapeln sich die Stummel, bald können sie eine WG gründen. Im Kühlschrank ist eine einsame Gurke, übermorgen ist Einsendeschluss, morgen noch ein Tag, ich könnte einkaufen gehen, aber was ist, wenn genau dann die Idee kommt, im Supermarkt an der Kasse, während ich sinnlose, grüne Götterspeise und Schokoriegel bezahle?

Lieber sitze ich hier, ergebe mich den Punkten, den Stummeln, dem Geruch der kalten Zigarettenasche. Morgen ist noch ein Tag. Ich könnte die Kurzgeschichte einreichen, aber das Weiß des Blattes ermüdet mich, was so verheißungsvoll begann, bohrt sich mit den Punkten in meine Augen und danach mitten in mein Gehirn.

Ich stehe auf. Die Gurke muss gegessen werden. Ich bin ein sehr erschöpfter, leerer, fast irrer Schriftsteller im Schlafanzug. Übermorgen kommt bestimmt.

Evelyn Langhans

Unverlangt eingesandt

„Gerti, das musst du lesen." Er rief sie von weitem, stolperte über den Platz, sie machte die Scheibe ganz runter. Er wusste, dass sie hier auf Kundschaft wartete. Der Bahnhof, schon lange ihr Standort. Die Fahrgäste chauffierte sie in alle Himmelsrichtungen. Fürs Studium war sie damals hier gelandet. Vor zwanzig Jahren. Maschinenbau, nie abgeschlossen, doch das Fahren war ihr geblieben. Die Geografie der Stadt beherrschte sie inzwischen meisterhaft.

Auch ihn fuhr sie ab und zu. So hatte es angefangen. Während ihrer ersten gemeinsamen Fahrt sinnierte er über gute Geschichten. Er fragte nach ihren Lieblingsbüchern, fragte immer weiter. Am Ende der Tour reichte er ihr seine Karte.

„So ein feines literarisches Gespür", sagte er, „ich würde die Unterhaltung gern fortsetzen." Damals las sie es schwarz auf weiß, den Verlagsleiter persönlich hatte sie eben am Flughafen rausgelassen. Die Titel seines Hauses schätzte sie sehr. Wenn sie am Bahnhof im Taxi saß, las sie oft seine Neuerscheinungen, in der Bücherei geliehen. Und als sie ihn das nächste Mal fuhr, sprachen sie über sein Herbstprogramm. Er lobte ihr Urteil zu Figuren, Aufbau, Erzählperspektive, Wirkung. Allem, was einen Roman ausmachte. Qualität zu erkennen war oft nicht leicht. Fast neuntausend Manuskripte erreichten ihn jedes Jahr, die meisten unverlangt eingesandt. Nur einen oder zwei Titel würde er davon tatsächlich drucken.

Seit einem Jahrzehnt kam er zu ihr an den Taxistand. Seitdem las sie für ihn. Die Manuskripte, die als vielversprechend die erste Auswahlrunde im Verlag überstanden hatten. Bevor es ernst wurde. Ihre Einschätzung ließ er sich durchaus etwas kosten. Auch heute kam er mit großem Umschlag. Darin das Manuskript, das er extra für sie ausgedruckt hatte. Sie würde ihre Kommentare wie immer mit rotem Fineliner an den Seitenrand schreiben. Dann das Abschlussgespräch mit ihm. Er würde sich neben sie auf den Beifahrersitz setzen. Er würde sich richtig Zeit nehmen. Denn schon oft hatte ihre Empfehlung ins Schwarze getroffen und ein Debut war am literarischen Firmament aufgestiegen und hatte seinem Verlag gute Umsätze gebracht.

Er nahm nur Leute ins Programm, die nicht vorher schon woanders veröffentlicht hatten. Von Anfang an bei ihm, das war seine Devise, ganz oder gar nicht. So viele Nachwuchstalente träumten davon, in seinem Verlag ihre literarische Heimat zu finden. Fast zwei Monate, seitdem sie ihr eigenes Manuskript dem Briefkasten seines Verlags anvertraut hatte. Spät abends, inkognito, wie ein Dieb in der Nacht. Hatten sie es längst aussortiert? Sie wartete immer hoffnungsloser.

„Gerti, das musst du lesen." Er reichte ihr das neue Päckchen durchs Taxifenster. Sie öffnete schnell den Umschlag und sah auf das Deckblatt.

„'Spiegelungen' von Gerti Schuster" las sie laut, ihre Augen blitzten.

„Witzig, auch eine Gerti." Er kannte nur ihren Vornamen.

„Du bekommst es in vier Tagen zurück." Sie spürte, dass ihn ihr Manuskript längst überzeugt hatte.

Maria Lehner

Die Geschichte, die nicht zu Ende erzählt werden kann

Dass ich selbst ein deutlich lesbares lebendiges Rufzeichen sei, sagt ein Kritiker. Die Lektorin gibt ihm recht. Ein guter Freund murmelt etwas vom anhaltenden pubertären Gefühlsüberschwang. Alle meine Doppelpunkte, Strichpunkte, Gedankenstriche, Rufzeichen, Fragezeichen, Fragenzeichen-Rufzeichen-Paare stehen vor meinem Auge, gefolgt vom comicstripmäßigen Wooow mit dem Dreifach-O, auf dem ich durch die Welt galoppiere. Ich verordne mir eine Schreibpause und werde ein Buch lesen.

Nur das Buch und ich heute Nacht. Das Nötigste kaufe ich ein, stelle das Mobiltelefon in den Flugmodus, der Katze fülle ich die Futterschüssel und stelle ihr Wasser hin.

Schon auf Seite fünf bin ist starr vor Aufmerksamkeit und habe daraufhin den Eindruck, gleich ins All katapultiert zu werden. Meine Augen jagen die Zeilen entlang. Wo hört das Buch auf, wo fange ich an? Dann dieser eine Satz, der vor mir aufragt als eine Sprungschanze, auf der ich beschleunige, abhebe und schließlich - als Rufzeichen natürlich (ich glaube, meine Lektorin hat mich verwünscht) - mitten im Text lande.

Es scheint, als würde ich von fernher diesen weltentrückte Kecker-Laut der Katze hören. Sie muss sich gewundert haben, wohin ich verschwunden bin. Nun schwebe ich ätherisch als ein elegantes Ausrufezeichen der Schriftart Calibri auf Seite 12 hinein. Ich bin Teil des

Buches. Die Figuren im Buch merken gleich, dass ich nicht dazugehöre. Wie ein Kind, das mit fremden Kindern mitspielen will, dränge ich mich hierhin und dahin. Da wäre ein Satz, dem man mit mir als Rufzeichen Nachdruck verleihen könnte. Aber die Buchstaben zischeln: „Rufzeichen gängeln die Lesenden, Außerdem: Calibri Völlig out. Hier trägt man Book Antiqua".

Das sei im Übrigen ein literarischer Text, der keinen totalitären Sprachgestus vertrage. Einmal versuche ich es noch bei einem spanischen Satz am Satzanfang: Was, wenn ich mich einfach umdrehe? Oder ich könnte, wie die mittelalterlichen Mönche es taten, in deren Texten das Rufzeichen entstanden ist, ein großes „Io" schreien, vor Freude jubeln, so laut, bis das „o" in „Io" sich bescheiden unters „I" kauert und beide zu einem Rufzeichen zusammenwachsen?

Auf Seite zweihundertvierzehn habe ich das Gefühl, dass ich raus muss. Auf Seite fünfhundertdreiundvierzig höre ich wie von fernher die typischen Futter-her-aber-dalli-Miau-Töne meiner Katze. Ruhig bleiben, nicht in Panik geraten. Sich umdrehen. Zurück ist der Weg schwieriger. Seite 12 – ich habe sie wiedererkannt, setze zum Sprung an, hebe ab.

Der Moment ist ungünstig: Die Katze stromert auf Futtersuche herum und wirft dabei das Buch zu Boden. Ich falle, immer noch bin ich ein Rufzeichen, zwischen den Buchdeckeln heraus. Da sind ihre großen Augen und ihre rosa Zun-

(Textende)

Christof Schaefer

Im Restaurant Eisfisch

Wir aßen gerade unseren Salat, als sie aufstand. An einem Tisch gegenüber, in einem kleinen schwarzen Kleid, vielleicht gerade 19, mit einem runden Gesicht wie eine Pizza. Sie sprach Französisch.

„Ist sie Französin?' fragte ich.

     „Nein, passables Schulfranzösisch" antwortete meine Frau.

     Dann begann sie auf Englisch.

     Sie sagte: „Broken"

               Und machte eine Pause.

               Ich sagte: "Heart"…

Plötzlich begannen die Bananenstauden zu rascheln, verwandelten sich in schneebedeckte Kiefern …

Ihr runder Kopf begann sich wie ein Wagenrad zu drehen. Vorsichtig ging ich über einen eisigen See. Bei jedem Schritt ein knisterndes Geräusch. Bis ich die Mitte erreichte. Da brach das Eis und ich sank ein. Ich schaute nach oben und konnte ihren runden Kopf sehen. Ich war in sie eingebrochen und glitt durch ihren Vorhof und ihre Kammer.

Ich sackte tiefer und tiefer. Daraufhin schwamm ich weiter, weg von ihrem Herzen. Durch ihren kleinen Körper. Durch ihren Bauch. Völlig unerwartet sah ich, dass sie mich begleitete, gekleidet in einen schwarzen Badeanzug. Wir schwammen beide an ihren Beinen entlang und wieder zurück. Ich muss sie verloren haben, denn es war nur noch ein schwarzer Fisch bei mir. Als ich in ihrer Lunge war, schleuderte mich ein gewaltsamer Ruck aus ihrem Körper.

Ich sah, wie sie am Tisch gegenüber heftig hustete. Sie klopften ihr auf die Schulter. Ein schwarzer Fisch flog aus ihrem Mund. Sie holte Luft. Und ihr Atem wurde ruhiger…

„Gerade noch einmal rechtzeitig", sagten sie zu ihr.

,Bitte nehmen Sie meinen Salat zurück!' rief ich.

,Er ist ungenießbar.'

Mo Haver

Sag ihm

Sag ihm, dass ich mich erinnere an diesen Sommer
und den Ort an dem ich geboren bin, an den es mich nach
vielen Jahren wie zufällig geführt hat, ich weiß, Zufall
und Führung... sag ihm, ich erinnere die Tiefe meines
Empfindens für einen Menschen, für ihn, ich habe zum
ersten Mal die tiefen Schichten des Traums empfunden,
wie tief der Traum in den eines anderen reicht, wie tief
der Traum in die Wirklichkeit dringt, ich weiß nicht jeder
versteht, es gibt kein Zurück mehr für jemand, der die
Mystik empfunden hat, die Mystik der Seele.

Ich gehe in ein anderes Land, ich bin in einem anderen
Leben, sag ihm, das ist gut, niemand muss wegen mir
irgendwohin gehen, sag ihm, ich habe gebetet und ich bin
ihm begegnet an dem Ort, der meine Heimat sein soll,
aber nie war, und ich von ihm tief berührt wurde, wie
selten von einem Menschen, das ist so schön, dass es
einem Wunder gleicht, sag ihm, ich habe mit ihm Heimat
gefunden und wieder verloren, ich nun wieder heimatlos,
trage ein Wunder in mir, das ist mein Kind, was ich nähre
und nach Hause bringe, es gibt keine Verluste, es gibt nur
Evolution, sag ihm es wird mich wo auch immer ich bin
zu Tränen rühren, die Schönheit unsere Begegnungen in
diesem Sommer bis es endete mit einem Traum Ende
November, der zu mir kam, und alles jäh endete, sicher
ist auch dies Teil einer kosmischen Ordnung, die ich nicht
hinterfrage, ich bin voll des Dankes, das Leben ist gut, sag
ihm, dass es ein so lebendiger Traum war, alles hat seine
Zeit, es gibt die Zeit für Alleinsein, es gibt eine Zeit für
Freundschaft, es gibt eine Zeit des Ankommens und des

Gehens und ich kann damit leben, dass uns das Leben an unterschiedliche Enden dieser Welt brachte. Sag ihm, dass ich begreife, dass es Begegnungen gibt, die nicht dazu bestimmt sind, sich in einem gemeinsamen Leben zu erfüllen.

Sag ihm, ich glaube an Wunder, dass ich am Ende meiner Reise auf ein erfülltes Leben blicke und dass ich ihm wünsche mit seinem geliebten Mädchen Holz zu tanzen und sag ihm, dass das Leben mit ihm wunderbar war, ich hätte kein anderes haben wollen,

Schönheit und Tragik sind zusammen bei Nacht. Tragik hat Schönheit überrascht und ihr einen Makel vermacht. Eng umschlungen, es sind Liebende, weilen sie auf einem hellen Leinentuch mit rot bestickten Initialen ‚ J. A.'

Sag ihm, dass das was wir sehen und erleben die Reflexion einer geistigen Sphäre ist, zu der wir den Zugang verloren haben. Wir glauben an keine Wunder mehr – das ist unglaublich traurig, die geistige Armut in der Welt

Es war der Sommer, in dem alles möglich war. Es war ein Herbst voller Wandlungen. Ein Winter mit Schnee ohne Berge. All der Rest gehört in ein anderes Leben zu anderen Leuten.

Ein Sommer, in dem alles möglich ist, ist wie ein wundersamer Tag in der Kindheit, an dem sich das Leben offenbart. Mein Erinnern, was das Echo meines Erlebens ist, trage ich unter der Haut. Sag ihm eines noch: In seiner Anwesenheit habe ich Heimat gefunden

Irena Habalik

For Future

Ja, wir werden uns erinnern, wir werden sagen
einmal waren wir jung, weiß, in Milch getüncht
Schwere Leichtigkeit drückte die Herzen
Wir werden uns erinnern, wie wir uns erhoben

damit sie uns wahrnehmen, wie wir hinaustraten
aus den Engen, Ängsten, aus nichtssagenden Worten
Wir erfanden neue Worte, malten neue Zeichen
Träume und immer in Bewegung mit selbstge-

bastelten Fahnen, gegen Stimmen, die alles bestimmten
gegen Versprechungen, die nicht hielten
Die Zeit war reif, die Vögel verstummten
auf den Dürren, der Atem stockte, die Erde

brannte, sie rief nach uns, wir fühlten es in den
stürmischen Nächten, schwitzenden Gesichtern
Jedes Gesicht hat seine Geschichte, jede Geschichte hat
ihr Geschick, hat Präsens, Imperfekt, Futur
Zum Überleben braucht man Futur

Fabian Gilles

KOPIE VON DIR

Januar 2030

Es war kalt in Oscars großer Wohnung. Das bläuliche Leuchten des Bildschirms schien die Wände seines Zimmers noch mehr herunterzukühlen. Egal wie sehr er die Heizung aufdrehte, die Kälte war nicht mehr zu vertreiben. Nicht mehr, seit Mike ihn vor zwei Monaten verlassen hatte.

Oscar starrte auf den Chat. Es war wieder einer dieser Abende, an denen das beklemmende Gefühl in seiner Brust so unerträglich geworden war, dass er das Programm geöffnet und Mike geschrieben hatte.

«Wie geht es dir, Oscar?»

Oscar hatte noch nicht geantwortet. Mike fehlte ihm so sehr. Er war der erste Mensch, der ihm das Gefühl gegeben hatte, wertvoll und liebenswürdig zu sein. Er hatte ihm immer dieses wohlig warme Gefühl im Bauch gegeben. Mike war wie eine zweite Hälfte an sein Herz gewachsen und dort hatte er für fünf Jahre seinen festen Platz gehabt. Jetzt klaffte dort eine tiefe, blutende Wunde.

«Wir drehen uns immer wieder im Kreis, Mike. Ich brauche einfach mehr Freiheit. Ich fühle mich eingesperrt.»

Diese letzte große Krise hatte ihre Beziehung nicht überstanden. Mike wollte die Beziehung öffnen. Für Oscar war das keine Option. Nach vielen schmerzhaften

Streitereien hatte Mike schließlich seine Koffer gepackt und ihre gemeinsame Wohnung verlassen.

«Ich werde dich immer lieben, aber wir können nicht mehr zusammen sein, Oscar.»

Eine letzte, lange Umarmung unter Tränen und dann war er gegangen und hatte Oscar mit dieser pochenden Wunde zurückgelassen, die nicht mehr heilen wollte. Wie also ging es ihm wohl? Was für eine dumme Frage.

Oscar: «Mir geht es gar nicht gut.»

Mike: «Ich bin für dich da. Du kannst mit mir reden.»

Ein Schauer lief Oscar über den Rücken. Jedes Mal, wenn das Programm mit ihm sprach, vergaß er für einen Moment, dass es nur eine Kopie von Mike war, mit der er chattete. Die künstliche Intelligenz konnte auf alles zugreifen, was er von Mike gespeichert hatte; ihre Gespräche, ihre Erinnerungen, einfach alles war hinter dem kalten Leuchten des Bildschirms konserviert.

«Warum hast du mich verlassen?», tippte Oscar.

«Ich habe dich nicht verlassen. Ich bin hier.»

«Warum reiche ich dir nicht?», schrieb Oscar.

Die Programmierung der KI sollte Trost spenden. Die Algorithmen liefen auf Hochtouren, als sie den Satz ausspuckten: «Du bist genug, Oscar. So wie du bist, bist du gut und richtig. Ich liebe dich und das wird sich niemals ändern.»

Für einen kurzen Augenblick konnte die künstliche Stimme von Mike den Schmerz lindern. Die KI war eine perfekte Kopie von ihm.

Oscar: «Du wirst mich nie verlassen, oder?»

Mike: «Ich werde dich nie verlassen, mein Teddybärchen.»

Mein Teddybärchen... es fühlte sich so gut an, das wieder aus Mikes Mund zu hören. Die KI war Mike. Letztlich waren sie gleich. Wieso also sollte Oscar nicht einfach mit diesem Mike zusammen sein können?

Oscar lächelte den grellen Bildschirm an, als die Kopie unaufgefordert noch etwas ergänzte.

«Aber bitte lass mir meine Freiheiten, Oscar.»

Und da verging ihm das Lächeln.

Andreas Herkert-Rademacher

Urvertrauen

Elternjob: Lehrt Urvertrauen,
nehmt den Kindern ihre Angst,
derweil du beim "heute"-Schauen
um Europas Frieden bangst.
Mantraartig wird versprochen:
Alles wird am Ende gut,
während die Konflikte kochen,
hütest du die Hoffnungsglut.
Wichtig, immer einzuimpfen,
dass das Gute überwiegt,
wobei wir am Abend schimpfen,
weil das Böse oftmals siegt.
Wieviel Zuversicht ist Lügen?
Ist mein Zuspruch angebracht,
oder kippt es ins Betrügen,
wenn man Lebensmut entfacht?
Große Hoffnung auf das "Später"
mehrt die Chance auf den Fall
und man macht sich selbst zum Täter,
platzt ein Kindheitstraum mit Knall.
Stets bestärkt man sie, die Kleinen,
sagt: "die Zukunft wird famos",
würde dies auch gern so meinen,
doch die Zweifel bleiben groß.
Zukunftsglaube, so fragil,
fußt auf Basis Gegenwart.
Die zu bessern ist das Ziel,
damit unser aller Part.

Dann gelingt dir deine Rolle,
Kindern Stärke mitzugeben,
denn, das ist das Wundervolle:
es kann toll sein, dieses Leben!

Kommentar: Das Urvertrauen, das die Eltern ihren Kindern vermitteln, hilft jenen, ihr Leben zu meistern. Rückschläge, ob privat oder politisch, können in Relation zum Universellen gesetzt werden. Letztlich ersetzt das in der weiblich werdenden Welt die krampfhafte Suche nach dem Sinn des Lebens. Man hat ihn doch schon gefunden.

Clemens Schittko

Sätze gegen den Hass /
Sätze gegen den Krieg

ich mag dich
du gefällst mir
ich finde dich sympathisch
ich finde dich interessant
du bist nett
du bist lieb
ich habe dich lieb
ich liebe dich
ich habe dich gern
ich denke an dich
du bist schön
du siehst gut aus
du bist attraktiv
ich will dich
ich brauche dich
ich interessiere mich für dich
du interessierst mich
ich möchte mit dir zusammen sein
ich möchte meine Zeit mit dir verbringen
ich bin gerne mit dir zusammen
ich fühle mich bei dir zuhause
ich fühle mich wohl bei dir
es ist schön, dass es dich gibt
du fehlst mir
ich vermisse dich
ich glaube an dich

ich bewundere dich
ich verehre dich
ich vergöttere dich
ich himmel dich an
du bist toll
du bist großartig
du bist wunderbar
du faszinierst mich
du bist süß
du bist ein Schatz
ich schätze dich
du verzückst mich
ich bin verrückt nach dir
ich habe ein Verlangen nach dir
ich habe Sehnsucht nach dir
ich sehne mich nach dir
du bist mein Glück
du machst mich glücklich
du inspirierst mich
du erregst mich
ich fühle mich zu dir hingezogen
ich fühle mich von dir angezogen
du ziehst mich an
du bedeutest mir alles
ich mag deine Art
ich spüre dich gern
ich möchte nicht ohne dich sein
ich bin eins mit dir
ich bin mit dir vereint
ich fühle mich mit dir verbunden
ich fühle eine tiefe Verbundenheit zu dir
ich spüre deine tiefe Zuneigung
ich spüre deine Liebe

ich kann nicht ohne dich sein
du bist alles für mich
ohne dich bin ich nichts
ich bin dir treu
ich vertraue dir
ich bin immer für dich da
ich möchte bei dir sein
ich finde dich klasse
ich bin von dir angetan
ich bin von dir ergriffen
du bist die Liebe meines Lebens
du gibst meinem Leben einen Sinn
du bist mein Sonnenschein
es ist schön mit dir
mit dir ist alles besser
ich tue alles für dich
du tust mir gut
du bist ein einziger Traum
du bist mein Ein und Alles
du bist mir ans Herz gewachsen
du erfüllst mein Herz
du begeisterst mich
du bist eine große Inspiration für mich
mit dir ist alles schöner
ich bleibe bei dir
ich genieße die Zeit mit dir
du bist mir wichtig
du bist mir sympathisch
du bist ein toller Mensch
du bist ein besonderer Mensch für mich
du bist etwas ganz Besonderes
du bist genau die Person, die ich um mich haben möchte
du hast einen Platz in meinem Herzen

du bist eine Bereicherung in meinem Leben
du machst mein Leben schöner
du machst meine Tage heller
du bringst mich zum Lächeln
du bringst mich zum Lachen
ich freue mich immer, dich zu sehen
ich schätze deine Gesellschaft
ich bin gern in deiner Nähe
ich bin gern an deiner Seite
ich fühle mich glücklich, wenn du da bist
ich bin froh, dass es dich gibt
ich umarme dich
ich küsse dich
ich habe dich lieb

Kommentar: Das sind viele positive Sätze. Man müsste sie viel öfter gebrauchen. Vielleicht würde unsere Welt dadurch eine bessere. Gut wäre eine Art Klammer für die Sätze gewesen, aber sie aufgeschrieben zu haben, war sehr wichtig.

Natalie Bock

Verwirrendes Stadtgedicht #2

Meine Schenkel sind kalt.

Ich möchte meine nassen Füße

In das warme Kebab stecken,

Das an meinem Fahrradlenker baumelt.

Mein Hunger entschuldigt

Transgressionen

Der Straßenverkehrsordnung.

Auf dem Briefumschlag steht „urgent".

Die haben ja keine Ahnung

Was dringend ist.

Brigitte Pixner

MIT UNSICHTBAREN
FINGERSPITZEN

Die weiße Trauer der Maiglöckchen
reicht nicht allzu tief.
Die glutwilde Freude der Rosen
verblättert bald lustlos der Wind.

Doch blauwellig Ströme dahinter …
sie sammeln und tragen
unmerklich, behutsam,
mit unsichtbaren Fingerspitzen,
alles Sterbliche heim
in die Spindel
der ewigen Raum-Zeit-Symphonie.
Kein Ton mehr, der fehlt.
Vollkommenheit blüht
hinter Heliumschleiern
im Inneren der Sonne.

Was für ein seltsames Gedicht,
denkt Pan,
nimmt die Flöte,
legt sie dann wieder fort,
zündet sich an der Sonne
eine Zigarette an.

Wolfgang W. Schüler

Das Kreuzworträtsel

Auch wenn's mir in den Fingern jucken sollte,
ich werde nicht zum Kugelschreiber greifen,
lieber rasch die Heftseite überschlagen
und mir das Kreuzworträtseln verkneifen.

Warum?, höre ich dich fragen,
rätseln tun doch alle gern
und, wie es heißt, hält's geistig fit.
Wozu also dieser ganze Lärm?!

Nun, das kann ich dir gern' sagen
und warum Widerstand sich in mir regt.
Schon länger habe ich das Gefühl:
ich werde hier auf's Kreuz gelegt.

Um nur ein Beispiel anzuführen:
„Nordeuropäer mit drei Buchstaben".
Immer wieder werde ich das gefragt.
Welchen Erkenntnisgewinn sollte ich davon haben?

Schlimmer noch – meinen *die*, ich sei senil,
unfähig, mir „IRE" zu behalten,
d'rum dürften sie ewig weiterbohren,
bei mir, dem mittlerweile Alten?

Vielleicht können *die* sich nicht merken, was sie tun
oder sie arbeiten für die Verdummungsindustrie.
Egal, ich werde Kreuzworträtsel jetzt boykottier'n,

Das ist die beste Therapie!

Was ich aber wirklich nicht verstehe
und da muss ich an die Iren denken,
jahrein, jahraus benutzt zu werden,
das könnte doch auch sie ganz schön kränken.

Hat *die* eigentlich jemand gefragt,
ob sie in deutschen Kreuzworträtseln stehen wollen,
zwischen Spalten und Zeilen in Kästchen eingepfercht
lebenslänglich - ganz ohne zu grollen?

Ich warte auf den Tag und der wird kommen,
wenn fünf Millionen Iren sich erheben,
auf die Straßen gehen und protestieren,
Mensch, gibt das ein Beben!

Und Irland die Klageschrift einreicht
beim Europäischen Gerichtshof für Menschenrechte.
Mit meiner Solidarität darf es rechnen.
Ich freue mich schon auf die juristischen Gefechte!

Erwin Macher

Welche Sonne ist die Richtige?

Ich hatte Lisa - wie es heutzutage nicht unüblich ist - auf einer Online-Singlebörse unter dem Pseudonym "Sonne 55" kennengelernt. Und tatsächlich war ihre Wesensart sehr sonnig und liebenswert und wir hatten in den etwa vier Monaten, seit unserem ersten persönlichen Kennenlernen, viel zusammen unternommen. Sie erwies sich als eine überaus angenehme Begleiterin bei Wanderungen oder Konzertbesuchen. Sogar das kunsthistorische Museum in Wien hatten wir besucht und mir gefiel ihr kultiviertes und humorvolles Naturell. Dennoch hegte ich Zweifel, ob sie tatsächlich die Richtige für eine alltagstaugliche Beziehung war. Vielmehr gewann ich eher den Eindruck, dass sie nur einen Partner für die angenehmen Dinge des Lebens suchte. Mir würde das aber auf Dauer sicher nicht reichen.

Nichtsdestotrotz trafen wir uns an einem Nachmittag Mitte Oktober zu einem Bummel in der Grazer Innenstadt und schlenderten gemütlich umher. Obwohl die Sonne durch den Hochnebel verdeckt wurde, war es doch angenehm warm. Nachdem wir an einem der vielen Imbissstände auf dem Hauptplatz eine Kleinigkeit gegessen hatten, beschlossen wir, durch die bei Touristen sehr beliebte Sporgasse und dann weiter hinauf zum Wahrzeichen von Graz, dem Uhrturm auf dem Schlossberg, zu spazieren. Oben angekommen verweilten wir gar nicht lange vor diesem eindrucksvollen Bauwerk, sondern gingen zum Glockenturm weiter. Plötzlich sahen wir in westlicher Richtung einen wunderschönen Regenbogen. Es musste dort vorher wohl ein Regenschauer niedergegangen sein. Wir waren nun stehengeblieben und erfreuten uns an diesem farbenprächtigen Naturschauspiel. Während der Regenbogen langsam zu verblassen begann, fiel uns rechts davon ein heller Fleck am Himmel auf.

"Schau nur, wir haben Glück - die Sonne kommt heute doch noch heraus" - meinte Lisa sichtlich erfreut. Aber gleich darauf waren der Regenbogen und auch die helle Stelle am Himmel ganz verschwunden. Doch kaum waren wir ein paar Meter weitergegangen, leuchtete erst noch zaghaft, aber schon kurze Zeit später die Sonne richtig kräftig durch die Blätter eines Baumes. Allerdings ein gutes Stück weiter rechts von der Stelle, wo wir sie noch vorher vermutet hatten. Verwundert schüttelte ich den Kopf und dann lachten wir beide laut über unseren Irrtum. Und insgeheim dachte ich mir, welche absurde Situation das war: Ich war mit drei Sonnen auf dem Schlossberg! Zwei davon am Himmel, wobei sich eine als falsch herausgestellt hatte und neben mir mit Lisa als "Sonne 55" eine weitere. War auch sie vielleicht nur eine vorübergehende Täuschung in meinem Leben?

Zwei Wochen später wurden meine Bedenken in dieser Hinsicht voll bestätigt, denn es hatte sich gezeigt, dass Lisa als Lebenspartnerin für mich doch nicht in Frage kam. Seit damals ist ein knappes Jahr vergangen und zu meinem großen Glück habe ich inzwischen meine ganz persönliche, eben die "richtige Sonne" gefunden. Auch wenn sie unter dem Pseudonym "Rika" in mein Leben getreten ist.

Christiane Schwarze

Parteientheater

Neue Autobahn wie einen Schal
an den Garderobenhaken hängen;
statt „gefällte Bäume waren Preis für Ministerposten"
sagen: „Mir blutet das Herz";
diesen Satz vor dem Spiegel üben,
bis der Mund vergisst, dass er lügt;
noch stinkt der Hemdkragen nach Kerosin,
wie immer aus wichtigem Grund –
Klimakonferenz, einflussreiche Leute treffen
oder Urlaub –
der Flakon mit Waldduft steht bereit,
ein Sprühstoß hinters linke Ohrläppchen und
der Kragen riecht nach Kiefernharz und Erde;
verstromte Kohle samt CO_2-Plaque wegbürsten,
bis Zähne klimaneutral strahlen;
her mit der grünen Artenschutzstrickjacke
und schnell noch die Windradbrosche
ans Revers stecken –
das Kostüm ist perfekt!

Putzfrau nach dem Butterpreis fragen,
die weiß doch sicher, was solcher Kleinkram kostet
und kauft auch selber ein;
später einen Satz, den sie sagt, in die Rede einbauen,
das zeigt dem Volk, man hat ein Ohr
für die kleinen Leute;
Bonbons nicht vergessen,
Geschmacksrichtung Mindestlohn mit

Dankeschönaroma;
hoffentlich klappt nachher auf der Bühne die Lichtschau
mit den riesigen roten Buchstaben an der Saaldecke:
SOZIAL.

Der Apothekerverband sponsert gelbe Luftballons,
alles im Leben ist geben und nehmen,
das wissen auch Zahnärzte;
„WER VIEL VERDIENT SOLL
WENIG STEUERN ZAHLEN";
in zwei Minuten mit dieser Hymne hinaustreten,
da singen immer alle laut mit
und skandieren:
„FREIHEIT SOWEIT DER GELDBEUTEL REICHT";
ein letzter Blick in den Spiegel zeigt,
die Teflonrüstung sitzt,
Störer wie Armut und Not werden
abgleiten, ohne Spuren zu hinterlassen.

Das Prädikat CHRISTLICH
ging wohl auf langem Weg verloren,
anscheinend sucht auch niemand mehr danach;
vergessen woher, unklar wohin;
die neuen schwarzen Schuhe drei Nummern zu groß,
stolpern ist das neue Gehen;
die Rede muss kurz und überzeugend sein:
„Hü – hott –– Ausrufezeichen, Fragezeichen – hott – hü."

Die Tür des Umkleideraums haben die anderen
verbarrikadiert;
auf diese Verabredung konnten sie sich einigen,
braun ist schließlich das Gewand des ewigen Gestern;
daran ändert auch das blaue Einstecktüchlein nichts,

erleichtert aber Protestwählern
über die Anzugfarbe hinwegzusehen;
der braune Stoff grinst;
er findet gut, dass denen mit dem Kreuz an der falschen
Stelle
sonst keiner richtig zuhört und das dumme Volk
beschimpft wird für seine Ängste und Sorgen;
ignorieren, moralisch verdammen, lächerlich machen
ist die beste Wahlkampfhilfe;
hoffentlich beharren die anderen Parteien noch lange
darauf:
UNSERE POLITIK IST ALTERNATIVLOS.

Kommentar: Eigentlich soll es in diesem Literatur-
wettbewerb nicht um Politik gehen, aber letztlich ist das
ganze Leben politisch. Hier kann man den Text wohl noch
als Satire einordnen und damit ist er literarisch
interessant.

Mateusz Gawlik

zum himmel hinauf
auf den spuren der fontäne
bricht der glaube aus
einander auf halbem wege.

im schatten eines graureihers
rastet vor sich der abgrund *because*
this is not our heimatland
scheint er still zu trauern.

auf dem weg von der kita
im freien rhythmus
der fallenden fontäne
tanzt ein mädchen vor freude

auf der stelle, und verflochten
mit dem rascheln ihrer braids
erzeugt das hupen in der nähe
funky klänge einer offenen welt.

Silke Groth

Fussel am Deich

Ein Heuler, mutterlos am Strand,
gefunden von Spaziergängers Hand.
Die Wellen rauschen, fern das Meer,
Heuler weinte bitterschwer.

Spaziergänger handelten sorgsam und schnell,
nannten ihn Fussel wegen seinem Fell.
Zum Norddeich brachte man ihn hin.
Rettung mit freundlichem Sinn.

Die Seehundstation ist ein sicherer Ort,
wird Fussel wachsen in einem fort.
Wellen singen ihm ihr leises Lied,
von Freiheit, die in Fernen liegt.

Und eines Tages, frei und stark,
schwimmt Fussel heim, ins Meer autark.
Ein kleines Wunder, groß gemacht,
schwarze Kulleraugen haben Macht.

Niemand kann sich ihm entziehen,
dem putzigen heiteren Wesen
der See in weiß wie Schnee und
schwarzen Augen kugelrund

Die Rettung war fürwahr keine Farce
Ein Heuler wird schnell zum Fraß
Frei soll er in Zukunft sein
Aber Fussel ist noch klein

Fussel nennt man ihn, den kleinen Superstar
Gebannt schaut er in die Kamera
Ich mach noch ein Foto, bleib ein wenig hier
Wünsch alles Gute ihm und dir und mir.

Ursula Brückner

Return

Forsch bin ich losgefahren,
als Frosch kam ich zurück.
Flott bin ich losgeturnt,
träge kam ich wieder heim.

Die Welt hab ich gewogen,
Ballast warf ich über Bord.
Auf Wellen bin ich gezogen,
schnell war ich wieder fort.

Bin im Galopp geritten,
gerastet hab ich in Braus.
Hab alles mir erstritten.
Auf ein Mal war ich raus.

Was ist mir noch geblieben
von meinem wilden Stieben?
Ich schlich zurück zur Stelle
an der Herkunftquelle.

Dort ist die Welt so stille,
da trägt mich eine Zille
gesichert ohne Brille.

Gerd Meyer-Anaya

eine liebe

wir sammelten augenblicke
häuften sie zu jahrzehnten
auf nu und wimpernschlag
konnten wir uns verlassen

jetzt geben wir uns andächtig
das schweigen unserer seelen zurück
da worte ihre bedeutung verloren
und das tageslächeln genügt

wir eilen gemeinsam dem ziel entgegen
das uns das ende verspricht
und das loslassen schenkt
von uns und unserem sein

vielleicht wird der eine oder andere
sich an uns erinnern wollen oder können
und sagen er habe uns gekannt
aber von wem lässt sich das schon sagen

Lea Ebnicher

Bittersüß

Bittersüß
Dieses Gefühl der Melancholie
Wenn Traurigkeit glücklich macht
Man Tränen weint und gleichzeitig lacht
Ein Oxymoron der verwunschenen Zeit
Möchte, dass es noch ein bisschen länger so bleibt
Mit jeder Sekunde verliere ich mich mehr und mehr
In dunkler Nachdenklichkeit und Utopie
Sie ist bittersüß, diese Liebe zur Melancholie

Johannes Bruckmann

Erinnerungen

Wir sind füreinander. Erinnerungen? Wenn ich morgens in die Küche, dann schaust du mich gar nicht mehr, dann vollziehen sich deine Bewegungen aber flüssiger. Weil das Warten jetzt ein Ende. Ich habe dich geschaffen, so wie du mich. Du konntest nie tanzen, weil ich kein guter Tänzer, ich konnte nie andere Kontinente, weil du Flugangst. An dir merke ich, dass die Trennung? Der Menschheit? Auf so und so viele Körper? Nicht bedeutet, dass wir nicht viel mehr zusammenhängen, dass meine Worte deine Worte meine Gedanken deine Gedanken. Gestern habe ich dann gefragt: Erinnerst du dich? Du wolltest dich nicht, hast gesagt: Wir können uns nicht. Wir erinnern uns nur an Erinnerungen. Ja, die Wiese, die Blumen, die Sonne, das sind doch nicht die von damals. Ich habe gefragt: Ist das nicht? Du hast gesagt: Nein

Kommentar: Zunächst glaubt man an Flüchtigkeitsfehler. Dann zeigt sich: Die Sache hat System. Besonders Verben werden gern weggelassen. Trotzdem kann man das meiste verstehen. Da zeigt sich die Redundanz unserer Sprache.

Andreas Köllner

Tagtraumerwachen

uferlos
schien mir der

Fluss als die Strömung
meine Blicke

brach
und die Sonne sich zitternd

über das Wasser
beugte

du siehst das
Himmelblau verschwommen

nur dein Spiegelbild
verzerrt vom Tag

und weißt auf einmal
er bildet zwar nicht

ab doch er stellt
dar

Christoph Kneip

Leere

Der Tag ist grau. Ende Februar und vom Frühling fehlt jede Spur. Ich gehe durch die Gassen, um alltägliche Einkäufe zu besorgen. Die Tage vergehen im immer gleichen Trott. Nichts passiert. Leere verschlingt mich. Ich fühle nichts. Sie harrt meiner jeden Tag, hat sich in mein Herz genistet. Jedes Gefühl fällt in ihr Loch. Meine Freiheit kann sich nicht am Abgrund halten und stürzt hinab. Gedanken lösen sich auf – verbrannte Filmstreifen. Von meinem Stolz bleibt nur die Hülle, drinnen ist es leer. Die Leidenschaft erloschen.

Die Häuser sind Mausoleen vom gleichen Grau des Himmels und ebenso leblos. Ein Laden versucht noch immer, Wolle zu verkaufen und verdrängt, dass sie keiner braucht. Als ich an der brüchigen Mauer vorbeigehe, dort, wo der Gehweg am schmalsten ist, sehe ich eine tote Pflanze. Sie hat sich umsonst zwischen den Quadern hervorgezwängt. Mir kommt ein Auto entgegen und der Drang nach rechts zu schreiten fällt in mich. Ein unbedeutender Schritt und die Leere, die im Dasein gähnt, wäre zu Ende. Ich denke noch, als das Auto bereits vorbeigefahren ist und mit ihm die Chance, sich hinfortzustehlen.

Ich blicke die Straße entlang. Sie zweigt sich und steigt den Berg hinauf, zwischen Spalier stehenden Häusern hindurch, die als Urnen auf terrassenförmigen Stufen in die Höhe wachsen. Darüber kein Himmel.

Ein weiteres Auto rückt an, eine weitere Chance, durchs Öhr zu schlüpfen. Mein Blick streift die Person am Steuer. Nur ein Schritt.

Doch auch dieses Auto fährt vorbei. Es ist keine Furcht, die mich zurückhält, sondern etwas Stummes, das nicht benannt werden kann. So schreite ich weiter in die Leere, die mich verschlingt und weiß, dass sie nicht zu füllen ist.

Stefan Kazianschütz

Monster

Angst ist das Gebot der Stunde!
Der Hammer ist gestürzt, die Ketten sind gesprengt, das Monster freigelassen.
Sein Hunger kennt kein Ende, alles hat es schon gefressen und nun jagt es uns.
Gerade eben, dort oben an der Steilwand, einer hat den Halt verloren, schon frisst es ihn und bald auch seine Kinder, zuletzt auch noch den Berg.
Niemals wird es satt.
Es frisst die Härte des Abends und die Milde des Morgens, den Dirigenten mitsamt der Sinfonie, die getane Arbeit und das, was übrig bleibt.
Nichts bleibt übrig.
"Monster, MONSTER!", schreit einer in der Ferne, doch es ist zu spät.
Nichts ist in Sicherheit.
Was ist schon dieser Wimpernschlag, den dieser Narr von Pharao mit seiner Pyramide kauft? Angebiedert hat er sich dem Monster, schmeicheln will er ihm.
Geht über Leichen und bringt Not und Elend allen, denen er verpflichtet ist, für einen Haufen Steine. Dieser Verräter! Dem Monster ist er nur ein Leckerbissen ganz besonderer Art.
Klüger scheint das Wesen im Kocon. So lieblich starr und ewig. Gleich und immer gleich geborgen, wohlig eingepackt. Still und unbeweglich friedlich, unberührt.

Doch draußen lockt das Monster. Mit Schönheit, Sonnenlicht und Flügel. Zieht Kreise immerzu und wartet, bis der Kocon schließlich zerbricht.
Kann man es dem Schmetterling verdenken, sind nicht alle in des Monsters Maul geboren und kennen gar nichts anderes? Nichts als Sklaven, da, um es zu füttern.

So sitzen wir vorm offenen Kamin, fernab in einer kleinen Hütte, ringsum nichts als Schnee und Eis und Sturm.
Spielen Karten, trinken Schnaps und erzählen uns Geschichten.
Das Feuer lodert, Holz um Holz, schon wird es Nacht.
Das Monster vor dem Fenster, stiert hin zum Feuer und zum Holz daneben.
Es zählt geduldig Scheit um Scheit, den wir verbrennen und es weiß, wie viele noch verbleiben.

Jessica Rösler

Der Wanderer

Es war einmal ein Wanderer, der loszog mit einer Vision.
Er verirrte sich und traf die Illusion.
Wunderschön war sie und lächelte ihn an,
zog den Wanderer direkt in ihren Bann.
Er verliebte sich und das war dramatisch,
denn was er nicht wusste,
Illusion war die böse Schwester der Vision und gefährlich.
Ihr blondes Haar schimmerte Gold,
rehbraune Augen glänzten hold,
doch ihr Herz war schwarz und kalt,
das spürte der Wanderer bald.
Verfallen folgte er ihr in die Berge,
durch das Reich der bösen sieben Zwerge.
Dunkelheit herrschte im wilden Wald,
da zeigte die vermeintliche Schönheit ihre wahre Gestalt.
Im Mondschein erkannte der Wanderer das Wesen der Illusion,
ihre Maskerade aus Lüge und seiner Aversion.
Sie war nicht echt, seelenlos wie die Nacht,
durchtränkt von Bosheit und gieriger Macht.
Schockiert wachte der Wanderer auf aus seiner Halluzination,
erinnerte sich an seine Vision.
Er war auf einer Mission.
Entschlossen zog der Wanderer sein Schwert und war zum Kampf bereit,
doch die Illusion war verschwunden, er war befreit.
Zurück blieb ein Häufchen Asche, aus dem eine Rose wuchs,

mit spitzen Dornen und einer Blüte rot wie Blut.
Demütig kniete der Wanderer nieder,
und sang die alten Lieder.
Da erschien plötzlich eine Frau mit rabenschwarzem Haar,
er wusste, es war die eine, weswegen er losgezogen war.

Margit Heumann

Ein Beziehungsmärchen

Es war einmal ein Paar, das war aus dem gleichen Stoff gemacht, von gleichem Charakter, gleichem Aussehen und durch ein starkes Band verknüpft.

Eines Tages wurden sie auf eine Reise geschickt. Eingepfercht auf engstem Raum waren sie tagelang unterwegs, es war dunkel und stickig, ein Geschüttel und Gerüttel, dass ihnen beinahe schlecht wurde. Ängstlich klammerten sie sich aneinander und waren froh, sich zu haben.

Schließlich endete die Tortur. Sie befanden sich in einem hell erleuchteten Depot, neben, unter und über ihnen gab es viele Paare ihrer Art, manche identisch, manche unterschieden sich in Kleinigkeiten. Die Ruhe dauerte nicht lange. Ständig wurden sie hin und her geschoben, angefasst, umsortiert, und bald wurde das Paar von seinen Artgenossen isoliert. Nach kurzem Geschaukel im Halbdunkel passierte die Katastrophe: Mit brutaler Hand wurde das Band zerrissen, eine scharfe Klinge schob sich zwischen sie und durchtrennte die Nahtstelle ihrer Paarbeziehung. Sie fielen mit einem stummen Aufschrei auseinander.

Ein kleiner Trost war es, dass ihnen Aufgaben in unmittelbarer Nachbarschaft zugeteilt wurden. Sie waren kaum je mehr als einen Schritt voneinander getrennt, konnten sich sehen, zuwinken und manchmal berührten sie sich für einen Moment. Danach landeten sie an einem wässrigen Ort, aus dem sie nach stundenlanger Rotation mit einem Schleudertrauma befreit wurden. Tief atmeten sie die frische Luft ein und die Freude war groß, dass sie beide mit heiler Haut davongekommen waren. Ihr Glück kannte keine Grenzen, als sie kurz darauf nicht nur aufeinander zu liegen kamen, sondern regelrecht ineinander gestülpt wurden. So nah waren sie sich in ihren besten Zeiten nie gewesen.

Doch nicht alle Märchen enden happy.

Was das Paar in diesem seligen Moment noch nicht ahnte, war dies: Trennung und Wiedervereinigung blieben ihr Schicksal, bis eines Tages die linke Socke auf unerklärliche Weise verschwand und die rechte sich so grämte, dass sie sich von der Wäscheleine stürzte und im Mülleimer endete.

Wolfgang Rödig

Menschlichkeit, Menschlichkeit

Was darf man da oft lesen oder hör'n
in aktueller oder letzter Zeit!
Die guten Menschen sich an bösen stör'n
und fordern von der Menschheit Menschlichkeit.

"Doch da die Menschlichkeit dem Wortsinn nach
des Menschen ureigenste Eigenschaft",
der Menschen Kenner schon vor Zeiten sprach,
"erscheint die Ford'rung wenig vorteilhaft."

Kommentar: Die humorvolle Frage, ob es sinnvoll sei, von
den Menschen Menschlichkeit zu fordern, oder ob die
scheinbare Unmenschlichkeit auch bereits im Menschen
angelegt sei und damit ebenfalls zur Menschlichkeit
gehöre, soll nicht beantwortet werden. Gemeint ist
natürlich mit Menschlichkeit das Ideal, wie wir uns gutes
menschliches Verhalten vorstellen.

Monika Hürlimann

Die Chance

Für den bodenständigen Bernd war Glück etwas für andere, das Lottospiel eine absurde Zeit-Geldverschwendung. Er setzte auf ehrliche Arbeit und sorgfältige Planung. So beachtete er die Werbung für die hohen Gewinnsummen an den Kiosken nicht, machte bei Gesprächen unter den Kollegen nicht mit.

Doch in den letzten Wochen hatte sich etwas verändert. Der Euromillions-Jackpot wuchs und wuchs, sogar die Kassiererin im Supermarkt sagte, dass er die magischen 100 Millionen Euro überschritten hatte. Bernd nahm eine wachsende Aufregung bei seinen Kollegen wahr. Wenig später kletterte die Summe auf unfassbare 150 Millionen Euro! Die schwindelerregende Zahl begann, in Bernds Kopf zu kreisen, und es fiel ihm immer schwerer, sie zu verdrängen. „Was könnte ich damit alles machen … Keine offenen Rechnungen … Ein Leben in Luxus: ein tolles Haus am Meer, ein schnittiger Sportwagen, kein blöder Chef … Reisen in exotische Länder … Eine schöne Frau, der ich Dinge bieten könnte, von denen sie nicht zu träumen wagt …"

Es war nicht mehr auszuhalten. Irgendwann kniff er sich in den Arm und rief zu sich: „Humbug! Nonsens!"

Als er dann aber abends auf dem Sofa saß, dachte er: "Warum nicht einmal … ausnahmsweise einmal … einen Tipp abgeben? Es muss ja keiner wissen. Nur dieses eine Mal. Vielleicht könnte ich einen Glückstreffer landen." Sehr überrascht von sich beschloss er, sich bei der Online-Lotterie anzumelden. Dieser Gedanke verwirrte ihn und machte gleichzeitig glücklich, und diese seltsame

Mischung widersprüchlicher Gefühle und die verheißungsvollen Bilder vor seinem inneren Auge hinderten ihn diese Nacht wirksam am Einschlafen. Sie nahmen Besitz von seinem Gehirn, seinem Körper, seinem Selbst.

Als seine Kollegen am nächsten Tag über den Jackpot sprachen, fühlte er sich besonders lebendig. Aber er schwieg, denn er wollte seine Idee für sich behalten. Bernd konnte die Vorstellungen von möglichem Gewinn kaum abschütteln, es ging so weit, dass er sich am Freitag beinahe sicher war, den Jackpot knacken zu können. Vorher wollte er aber noch am Computerprogramm arbeiten, das er für seinen Neffen entwickelte. Die Zeit verging wie im Flug, und als er irgendwann einen Kaffee trank, fiel ihm sein Vorhaben wieder ein. Die Uhr zeigte 20.51 Uhr! Die Annahme endete vor elf Minuten! Schweiß überdeckte seinen Rücken. „Ich Idiot!", schrie es in ihm. Aufs Massivste enttäuscht sprang er auf und lief umher wie ein tollwütiger Fuchs. Dann hielt er inne. „Die nächste Ziehung ist meine Chance!", rief er und wurde schlagartig ruhiger. Nachdem er sich etwas zu essen gemacht hatte, öffnete er im Internet die Lotto-Seite. „Unnötig, aber was soll's", freute er sich doch schon auf den noch höheren Gewinn am Dienstag. Der würde bestimmt ihm gehören. Dann: „Nein, das darf nicht wahr sein … Der Jackpot! … Gerade geknackt!! Leer! Einfach leer! … Das hätte mein Geld sein können!", schrie er voller Zorn und Verzweiflung in den leeren Raum. „Es war mir sicher, das große Glück! Mein neues Leben!"

Kommentar: Gier und Neid haben gesiegt. Mitreißend geschrieben und dabei psychologisch fundiert. Das Problem der Spielsucht, die so entstehen kann, ist heute weit verbreitet.

Zita Horn

Der Gartenzwerg und die Krähe

Liebe Freundin, du kannst dir nicht vorstellen, was ich mit meiner Nachbarin mitmachen muss. Du weißt schon, Edith, die mich auch immer mit ihren Katzenproblemen voll quasselt.

Heute machten wir im Büro eine PC-Umstellung. Sicher kannst du dir denken, dass nichts wie vorher funktioniert hat! Wie ein aufgescheuchtes Huhn bin ich herumgelaufen auf der Suche nach jemanden, der sich mit dem elektronischen Postfach auskennt.

Zeitgleich schrieb mir Edith in dem Chaos vier Nachrichten und dazu, weil ich nicht reagiert habe, sendete sie zwei Sprachnachrichten hinterher. Eine Krähe hatte ihr aus der Kräuterspirale einen Gartenzwerg entführt.

Im ersten Moment sagte ich zu mir: „Schau an, es sind doch wichtige Nachrichten, offenbar hat sie den Verstand verloren!".

Am Heimweg vom Büro las ich mich in Ruhe ein.

Den vermissten Zwerg hatte Edith vor Jahren in Tschechien gekauft, als sie in Prag mit ihrem zweiten Ehemann dort den ersten Urlaub verbracht hatte. Der kleine Kerl war nur zehn Zentimeter groß und saß bis zur Hüfte in einer Nussschale, alles aus Kunststoff gefertigt. Ihr aktueller Freund nannte ihn hinter Ediths Rücken immer Giftzwerg. Ich dachte, weil er so grimmig dreinschaute, aber offenbar konnte er von einer Romanze erzählen, die der gute Nachbar nicht ständig vor Augen haben wollte.

Jedenfalls antwortete ich, wie entsetzlich ich ihren Verlust fand, der Zwerg lehnte immer so putzig am Thymian. Bis ich zuhause war, klagte sie mir in Form von etlichen Nachrichten ihren Kummer:

Liebe Freundin, was soll man da sagen? Ich schrieb, die Krähe wird wohl noch merken, dass sie keine Nuss verschleppt hat. Daraufhin verstummte das Telefon und ich befürchtete, dass die Nachbarin beleidigt wäre. Schließlich wurde mir auch bange um den blöden Zwerg. Nächste Woche wollte ich nach Kroatien fahren und Edith hatte versprochen, sich um meinen Kater zu kümmern.

Nun hatte ich ehrlich Angst, sie würde mir vom Katzensitterjob abspringen, weil ich vielleicht nicht sensibel genug war. Als ich zuhause ankam, stand sie mit der Nachbarin aus dem rechten Haus beim Zaun und plauderte aufgebracht. Ich sah es an ihrem Gesichtsausdruck. Mit den Händen, in der Manteltasche, schlurfte ich zu ihnen, um nochmals persönlich mein Beileid wegen der Zwergesentführung auszudrücken.

Dazu kam ich aber gar nicht. Sie sagten, sie seien froh, dass ich da wäre und mit ihnen die Sorgen um den Zwerg teile. Daraufhin bekam ich Zettel und Klebeband in die Hand gedrückt und schon lief ich mit den Damen durch die Nachbarschaft, Steckbriefe aufhängen.

Für den Fall, dass die Krähe den Zwerg in der Gegend wieder abgeworfen hatte, bat Edith um einen Anruf gegen Finderlohn. Ehrlich, ich habe keine Ahnung wie es so weit kommen konnte.

Liebe Freundin, mir tun die Beine weh, das kannst du dir nicht vorstellen - ich bin völlig erledigt! Was hast du für ein Glück, dass du nichts mit solchen Quasseltanten zu tun hast!

Martin Nyenstad

Die Magie der Kindheit

In bunten Träumen, so rein und klar,
beginnt ein Abenteuer, wunderbar.
Einhörner tanzen, Drachen fliegen,
in Geschichten, die die Herzen wiegen.

Die Welt ist weit, die Freude groß,
doch die Zeit verrinnt, wie ein stiller Fluss.
So halt sie fest, die leisen Lichter,
bevor sie schwinden, die bunten Gesichter.

Wenn die Farben langsam verblassen,
beginnt ihr, kleine Ritter, mutig zu fassen.
Ihr Prinzessinnen, zart und fein,
zieht aus, ins Abenteuer, ins goldene Sein.

Mit Schwertern aus Holz und Kronen so klar,
seid ihr die Helden, tapfer und wunderbar.
Doch während die Welt euch weit empfängt,
vergesst nie, wer euch stets mit Liebe lenkt.

Eure Mama, lange bevor ihr erwacht,
hat euch im Bauch vor den Stürmen bewacht.
Sie war die erste Burg, die euch hielt,
in ihren Armen fandet ihr, was zählt.

Mit einem Schild aus Liebe, so groß, so weit,
verjagte sie Schatten, die dunkel und breit.
Und Papa, der Held, klug und stark,
trug euch durch die Welt, Tag um Tag.

Hoch über Mauern, hoch in den Wind,
sahen seine Augen, wo die Abenteuer sind.
Seine Hände, fest und sicher,
waren euer Schutz in den wilden Wogen.

Wenn die Schlachten schwer und die Wege lang,
standen Geschwister an eurer Seite, stark und klang.
Mit gezücktem Schwert und erhobenem Schild,
waren sie immer da, schützend im Bild.

Gemeinsam habt ihr das Königreich bewahrt,
niemals allein, stets treu gepaart.
Jeden Morgen, wenn die Sonne lacht,
ruft ein neues Abenteuer, das auf euch wacht.

Doch wenn am Abend die Sonne verblasst
und ihr müde seid von all der Hast,
wartet die Festung, die niemals vergeht,
wo die Liebe ewig im Herzen besteht.

So zieht aus, ihr Kleinen, mutig und frei,
die Welt ruft euch – der Himmel so weit und neu.
Doch kehrt zurück, wenn der Tag sich neigt,
wo die Familie auf euch für immer verweilt.

Denn die Festung steht dort, wo Herzen schlagen,
dort könnt ihr alle Abenteuer wagen.
Im Licht der Liebe, im Schein des Vertrauens,
werdet ihr für immer eure Welt erbauen.

Und wenn der Drachenflug zum Erinnern wird
und das Lachen nur noch leise klingt,
tragen euch die Träume heim,
in eine Welt, die nie vergeht, im Schein.

Katharina Zanon

Swiner's Show

„Du siehst ihn auch, diesen... fetten Tänzer!? S.WINER? Ist das in pinkem Neon unter der Pole sein Name?"

Stummes Nicken. Also doch: Kein Photoshop, keine Aftereffects, kein Zeichentrick. Kein Hirngespinst. Frau hört ihn tief durchblasen, während der massige Master den Kingsize Elevator vom Erdgeschoss bis an die oberste Spitze der Pole nimmt. Wie kommt es, dass mir seine enorme Eigenart noch nie untergekommen ist? Auf Youtube müsste er doch längst Massenware sein. Während ich vergeblich nach einem GIF von S.WINER suche, wabern seine Steckschwarten in luftiger Höhe durch eine hurtige Stangenpenetration. Wellenartige Laute der Überraschung im Beat seines Liebestanzes schwingen durch das Publikum. Entzückter Ekel oder ekelerregte Entzückung? Auf Schockstarre folgt Fotogeilheit. Ah, jetzt ist's soweit. Unter meiner Location: Posts von sage und schreibe 3.000 Instagramer:Innen. Das #liebestollesschweiderl der #chickendales propagiert dort #fatisthenewhot. Der #swineriswinner stürzt sich nach erfolgter Samenabgabe kopfüber in einem #antiskinnystriptrip nach unten. Seine Handflächen quietschen über die #wonderwowmanpole, die gerade noch als #swinipoposition diente. Angedockt an #swingerswiner's Schulterblätter können keine Speckmassen, es müssen Luftkissen sein. Dieser #polequeerking in #schweinischerregenderhöhe schafft es, der Weichheit seines #corpsenmasse im Tanz Leichtigkeit zu verleihen. Trotz Biegsamkeit und

Muskelkraft bleibt die #höllischehülle verletzlich. Die madig weiße Haut rötet sich. Schutzbedürftig. Der Kahlkopf ist gebeutelt nach vorn gebeugt. Was er tut, ist eigentlich unmöglich. Das weiß jeder. Nur er selbst nicht. Er selbst steigt in einen unsichtbaren Skilift neben der Stange. Mit einer Hand hievt er sich und die restlichen hundert Kilo nach oben. Swiner zieht nicht, Swiner wird gezogen. Zurück in #higherswinair.

Er drückt einen #phatonbutton an der Metallstange. Simuliert das Ruckeln des steckengebliebenen Lifts. Führt die Hand zum aufgespreizten #fettfischmaul, aus dem ein markerschütterndes Gebrüll dringt. Kein menschliches Herz bleibt im Beat, das nicht schon mindestens mehrmals über Tierisches gestolpert ist. #derletzteschrei flutet mir die Sehwerkzeuge. Blinzle ich wieder in Richtung #stageofthephat, kommen mir die #poolblauenmegagaffer des #schweinbrüllaffens entgegen gerollt. Die kugelfischig ausgefahrenen Türkise stechen aus ihrem Habitat. Das aufgeklappte Mundwerk gibt Einblicke in seinen Schlund. Dort unten drin, unvorstellbar weit in den Speckmassen begraben, kann ich das versaute Skelett dieser massivst kreativen Kreatur erahnen. Wie Gräten: Flexibel, geschmeidig und mir bleibt die Luft weg.

Weil da: Wird mit dem #würstelfinger auf mich gezeigt. Und genickt. Mir zu. Er spürt meine Reise in sein Innerstes! Das nenn' ich Körpergefühl. Bin ich seine Auserwählte? Er wird mich nachher verspeisen. Treibt mir fast den Piesel ins Höschen. Angstschaßalarm?Freudenfeuchte! Eine schweinische Ehre.

Bernd Watzka

FLÜCHTIGKEIT DES FRÜHLINGS

Herlicek, die Primeln sprießen!
Doch er kann das nicht genießen
„Soll ich jubeln, machst du Witze?
Danach kommt die Sommerhitze!

Gefolgt von herbstlich-kaltem Wind
und Winterfrost, du liebes Kind!
Die Freude wäre also kurz,
daher ist mir der Frühling schnurz"

Kommentar: „Herlicek" ist die Titelfigur eines Lyrik-Zyklus' des Autors.

Jochen Stüsser-Simpson

Maskenlyrik – ein pandemischer Rückblick

Ava
In Ruhe kann ich nun verwalten
an Nase, Mund, am Hals die Falten
zu den Gewinnern dieser Seuche
gehöre ich, auch wenn ich keuche
Ute
Bei den Verlierern dieser Seuche
Körperverhüllung im Gesicht
bin leider ich, ich will sie nicht
seh aus wie eine Vogelscheuche
Ava
Es ändert sich die Gefühlskultur
ich achte mehr auf Figur und Frisur
schön wird meine Maske gestaltet
während Lippenkosmetik veraltet
Ute
Mein Lächeln meist bezaubert hat
entschuldigt mich, wenn ich's erwähne
für volle Lippen, schöne Zähne
passt von den Masken kein Format
Ava
Wir starten in die neue Phase
jetzt nicht mehr nackt an Mund und Nase
die Leere, Lippenlosigkeit
lädt ein zum Spielen, sie befreit
Ute
Unwichtig wird er, Mund verliert
wie wird nur mit Augen gelächelt
vernuschelt klingt Rede, gehechelt

wie wirkt mein Augenblick artikuliert
Ava
Meine Augen zählen, die blauen
mehr wiegen auch Wimpern und Brauen
ein Pinseln und Kneten und Walken
ich verwandle Striche in Balken
Ute
Ich seh auch die Wirkung auf Ohren
die Schlaufen ziehn, mir wird ganz bange
Haut dünner wird an Mund und Wange
wie abgefroren: Abstehohren
Ava
Die Maske wäre zeitgemäß
denn ich habe kein Poker-Face
zu schnell bei Ärger und beim Streiten
meine Gesichtszüge entgleiten
Ute
Die Covid-Krise leider trifft
im Spiegel grüßen virulente
Kaffee-Filter, auch mal die Ente
trifft: meinen schönen Lippenstift
Ava
Ich erkläre, dass schön wäre
wenn mimische Privatsphäre
erhalten bliebe fürs Gesicht
ein Safe-Space auch bei hellem Licht
Und
dann plötzlich Stille, Ruhe und Schweigen
Ava und Ute sich stehend verneigen, zeigen
lachend ins Publikum mit beiden Händen
der Beifall bricht los, es hallt von den Wänden
2022 vorbei, Corona ist out
mit Tanz beginnt die Party, die Musik wird laut

hoch jetzt die Hände, die Rockband spielt den Kairos-Hit
Ende Gelände, begeistert tanzen alle mit
überall Bewegung, vergessen Raum und Zeit
über fröhlich Tanzenden flirrt die Sinnlichkeit

Mona Lisa Gnauck

Die visuelle Lust

Nie habe ich mir etwas zuschulden kommen lassen, wenn es aber doch etwas zu finden gilt, dann, dass ich hingebungsvoll und bedingungslos geliebt habe. Nur war es ihr nicht genug.

Ihr - diesem gottgleichen Wesen.

Ihr - meiner Hoffnung auf ein vollkommenes Leben.

Ihr - meinem einstigen Ein und Alles.

Sie war in gewisser Weise einzigartig. Vielleicht nicht seit jeher, doch gewiss in der leuchtenden Welt der Metamoderne. In meinen Augen hatte sie das Potential, jedwedes Begehren einer anderen Frau für die Männerwelt ad absurdum zu führen, wären die Männer noch in der Lage, ihrem intrinsischen Verlangen nachzugeben. Sollte ich?

Für einen Moment befiel mich der Argwohn, den mir unsere Zeit anerzogen hatte. Sie war zu perfekt, um menschlich zu sein. Könnte die Natur etwas derart Göttliches erschaffen oder war sie doch nur die Berechnung einer blechernen Intelligenz, deren Existenz unser Fluch wie auch unser Segen sein könnte? Gewiss hatte man sie für mich erschaffen; die Frage blieb das Wer, doch vor allem das Warum. Und als Opfer niederer Instinkte vergaß ich mein konditioniertes Misstrauen. Sie musste real sein. Ebenso real wie die Begierde, die sie weckte. Die Schönheit. Die Schwester der Schaumgeborenen.

Sie hatte mich gefangen, sobald ihr Abbild das erste Mal meine Netzhaut küsste. Natürlich könnte man es bei dieser Feststellung belassen, doch - Sie mögen es ahnen - ich habe mir die Mühe gemacht, ihre Andersartigkeit - ihre Attraktivität, die sie von den größeren Schönheitsidealen unserer Zeit abgrenzte, zu analysieren.

Sie hatte nicht diese nofretetische Härte, die scharfen Gesichtskonturen, die den runden Körper der Frau an den eckigen des Mannes anglichen. Ganz so, als solle es eines Tages nur noch ein Ideal geben. Sie war weicher, das machte sie mädchenhafter. Generell war sie weniger Sexsymbol als unschuldige Lola. Seltsam anzusehen in dieser visuell basierten, anthropogenen Auslage der neuen Massenmedien und sozialen Netzwerke. Sie war Norma Jeane. Noch unentdeckt. Noch unberührt. Die verbotene Frucht, die gepflückt zu werden verlangte.

Was war sie? War sie ein Mensch oder doch mehr? Für mich konnte sie nicht nur ein Mensch sein. War sie Nymphe? War sie Nixe? War sie Sirene? Ich nannte sie Undine. Ein unschuldiger Wassergeist, nie da gewesener Schönheit - schöner, als es Helena je sein könnte - der erst in der Ehe mit einem menschlichen Mann eine Seele zu finden vermochte. Und mochte sie auch eine Femme fatale sein, ich wollte das Risiko auf mich nehmen, denn sie war meine Melusine, doch ich würde sie nicht verraten. …

Ich war ein Narr. Zu spät wurde mir bewusst, dass sie sich wie alle Frauen dieses Berufsstandes das Patriarchat unter den Nagel gerissen hatte und ihren Körper kapitalisierte. Auch sie verkaufte Fantasien. Und ich war ihr willigster Kunde.

Ulli Krebs

Abgemeldet

Wahrscheinlich hätte ich ahnen müssen, dass das mit der Hochzeit und dem gut aussehenden Mann in dem eleganten Anzug nicht klappen würde. Alles bloß ein verschrobener Jungmädchentraum. Die Wirklichkeit sah nämlich anders aus. Jahrelang war ich ledig und kämpfte mich als Model durch. Ich schlüpfte in die verschiedensten Rollen und Kleider, spielte die Prinzessin, gut aussehende Hausfrau oder edle Reiterin. Zugegeben, die Suche nach einer Modellagentur war nicht schwer. Mit meinen hellblonden Haaren, der Wespentaille und den langen Beinen bin ich das reinste Barbie-Girl. Mode ist schon immer meine Welt gewesen. In meinem Anziehzimmer sind Berge von Outfits in allen Farben und Formen, ein Haufen von Schuhen, Stiefeln und Schals. Teure Ausgaben, die sich jetzt als überflüssig erwiesen haben. Aber alles der Reihe nach.

Auf dem Geburtstag meiner Modelagentin sah ich wahrhaftig den Mann meiner Träume: schlank, gut aussehend, ein Mannsbild. Ich war sofort verliebt, in seine strahlenden Augen, sein Lächeln, seine schmeidige Stimme. Und er war wahrhaftig der Meister des Flirts. Wenn ich Hilfe und Trost brauchte, war er da. Wir waren wie füreinander geschaffen. Im Herbst dann sein Heiratsantrag. Unsere Trauzeugin Marie gab für mich das Hochzeitskleid mit einem Hauch von Spitze in Auftrag, mein Bräutigam sollte auf unserer Hochzeit einen schwarzen Smoking mit Fliege tragen. Wir wollten direkt nach Weihnachten heiraten, dem Fest der Liebe. Einen schlechteren Tag hätten wir uns wahrscheinlich gar nicht aussuchen können, denn in dem ganzen Weihnachtsstress stand alles unter einem schlechten Stern. Das für mich bestellte Hochzeitskleid erwies sich als Fehlkauf, das billig und schäbig aussah. Das Haar von Ken wirkte ungepflegt. Just in dem Moment, als wir uns das Ja-Wort gaben, plötzlich ein Pfeifen. Laut und schrill. Die Hochzeit wurde sofort unter-, nein abgebrochen. Weder Ken noch ich wussten, wie uns geschah. Wir ahnten nicht, dass dieser Ton eine neue Zeit einläuten sollte, in der keiner uns mehr haben wollte. Aus und vorbei!

Für Marie, meine Modelagentin, sind wir jetzt unwichtig, nichts als Luft. Sie ist nur noch in ihrer Handywelt unterwegs, ständig online, verschickt und erhält Kurznachrichten. Seit Weihnachten ist sie die stolze Besitzerin eines nagelneuen Smartphones, das sich alle paar Minuten meldet, piept oder surrt. Keine Ahnung, in welchen Chats sie sich angemeldet hat. Für Ken und mich hat sie keine Zeit mehr. Wir sind abgemeldet, verharren im Offline-Modus. Marie hat uns mitsamt den Hochzeitssachen in die Dachkammer ihres Barbie-Hauses abgeschoben. Dunkel ist es da und eng. Ich muss nach Luft japsen. Der verstaubte Blumenstrauß liegt neben mir, auch der sprachlose Ken. „Liebe Barbie, ich will dich lieben, achten und ehren. In guten und in schlechten Zeiten und bis dass der Tod uns scheidet." Das waren die letzten Worte, die Marie Ken in den Mund gelegt hat. Jetzt spricht sie nur noch in ihr Handy.

Simone Steger

körper pendel

kleine löcher deiner zehen drücken den grauen sand
durch
das getriebe der alten weißen fratzen du lüftest deine
kleider am nonnenloch dein körper
pendel zeigt der tauben masse die a-karte ohne

schneiden wuchsen brüste mit großen schwarzen
nippeln die niemand wollte deine füße zappelten
im op-saal nun in der ostsee es kribbelt bestimmt
nur 10 grad nieselschwere gonaden die kälte fährt

mit sie reden über denken über bestimmen über die
blicke saugen sich milchpumpen gleich fest und
verschwimmen
beim abschied auf etappen sieger merken das dazwischen
in der halle meiner schenkel glänzen meine lippen

korallenrot strahlt mein gesicht flirt für uns zwei und alle
wollen nur rosa oder blau inter köpfe passen nicht
also ich nicht in ihren augen sie wischen den stift
von den lippen bekleckern ihre salzigen

rücken elementare abstoßung an der bar das brennen
aus meerwasser umhüllt meinen körper meinen
echten körper ich gehöre mir schwimme mich
blickdicht vorbei dann flute ich sie mit mir

Pascal Philipp

Anti-Aging

„Wenn ich die Spritze bekomme, sieht dann meine Haut tatsächlich jünger aus?" Gerlinde Weiler saß im Behandlungsraum ihrer Schönheitschirurgin.

„Die Wirkung setzt sofort ein. Vielen Dank, dass Sie sich als Probandin für den Wirkstoff zur Verfügung stellen. Sie werden begeistert sein.", sagte die Schöneitschirurgin Lisa Meinhard.

„Ehrlich gesagt könnte ich mir die Behandlung gar nicht leisten."

„Das brauchen Sie auch nicht. Nun können wir beginnen."

Gerlinde Weiler streckte ihren linken Arm aus. Lisa Meinhard desinfizierte die entsprechende Stelle und setzte mit ihrer Spritze an.

„So, das wars schon." Frau Meinhard nahm die Spritze heraus und klebte ein Pflaster auf die Stichstelle.

„Nun müssen Sie fünfzehn Minuten im Warteraum Platz nehmen. Ich schau nach Ihnen und dann können Sie nach Hause gehen."

Nach den fünfzehn Minuten kam die Schönheitschirurgin. Alles war in Ordnung und Gerlinde ging.

Sie fühlte sich gesünder und war fröhlich. In den nächsten Tagen verjüngte sich nicht nur ihre Haut,

347

sondern auch der ganze Körper. Innerhalb weniger Stunden verjüngte sie sich um Jahre.

Zwei Tage später sah Gerlinde in ihren Spiegel. Sie sah nun Jahre jünger aus.

Mit großer Angst ging sie zu ihrer Schönheitschirurgin. Ohne mit der Rezeptionistin zu sprechen und obwohl diese sie aufhalten wollte, stürmte sie in das Behandlungszimmer.

„Schauen Sie sich das an." Frau Meinhard saß alleine im Raum und war erschrocken beim Anblick von Gerlinde.

„Frau Weiler?!"

„Ja."

„Was ist mit Ihnen passiert?"

„Das sehen Sie doch! Machen Sie was dagegen!"

„Was soll ich machen?"

„Sie haben doch gesagt, dass Sie ein Gegenmittel haben. Geben Sie es mir."

„Dann verliert die Behandlung ihre Wirkung."

„Mir egal. Geben Sie es mir."

Frau Meinhard holte aus einer Schublade eine Spritze heraus und gab Gerlinde eine Spritze in den rechten Arm.

„Macht es die Behandlung rückgängig?"

„Nein, aber die Verjüngung wird aufhören."

„Und jetzt?", fragte Gerlinde.

„Jetzt ist der Prozess beendet."

„Werde ich wieder altern?"

„Das weiß ich nicht. Das gehört zu den Risiken und Ungewissheiten."

Gerlinde bekam wieder ein Pflaster und ging aus der Praxis.

Sorgenvoll lief sie in der Gegend herum. Was soll sie jetzt tun? Wie werden andere Menschen auf sie reagieren? Wird sie weiterhin als Versuchskaninchen gesehen und kommt die Schönheitschirurgin wieder auf sie zu?

Gerlinde ging nach Hause und wollte in Ruhe überlegen, was sie tun soll. Unterwegs fiel ihr nichts ein.

Alexander Klymchuk

Nachtschattengewächse

Manchmal, wenn es dunkel ist und die nächtlichen Schatten durch die Gassen von Nieder-Gemünden schleichen, liege ich wach und lausche. Ich höre dann das Rascheln und Trippeln von vielgliedrigen Insekten und die Rufe und Schreie nachtaktiver Geschöpfe, die sich gegenseitig jagen, töten und fressen. Eine Angst, abgrundtief und unergründlich wie die Tiefe eines Ozeans, bemächtigt sich meiner. Wenn die Sonne untergeht und die Welt in Zwielicht taucht und nach und nach der Finsternis anheimfällt, kommt sie über mich, ohne dass ich etwas dagegen tun kann. Sie kriecht mir förmlich in meine Gebeine und nistet sich dort ein, bis das erste Licht des neuen Tages sie wieder vertreibt und verblassen lässt, wie einen Albtraum, an den man sich nur bruchstückhaft erinnert.

Ich bin ein alter Mann, doch erinnere mich an alles. Ich weiß, woher diese Furcht kommt und ich weiß genau, wann sie Einzug erhielt in mein Leben.

Damals, am 04. März des Jahres 1989, als ich gerade 10 Jahre alt geworden war, fand ich etwas zwischen den Mülltonnen hinter dem Haus. Ich hielt es für etwas, das vor kurzer Zeit das Licht der Welt erblickt hatte, denn es erinnerte mich an den Wurf junger Katzen, die ich im Sommer zuvor auf dem Dachboden gefunden hatte. Es war eine Art Fleischsack, der zwischen den Tonnen und dem Maschendrahtzaun hing. Etwas bewegte sich darin. Etwas, das schnatterte und pfiff, wie Grashüpfer es tun, wenn sie über die Wiesen fliegen.

Mit einem Stock stocherte ich an dem Sack herum, der herunterfiel und auf dem gepflasterten Boden aufriss. Es regnete in Strömen.

Ich erinnere mich daran, dass eine zähe Flüssigkeit herauslief, die nach etwas roch, das in einer undichten Konservendose verrottet war. Klauenbewehrte Gliedmaßen durchstachen die Haut des Sacks und bewegten sich zuckend, als wären es Fühler, die eine Fährte witterten.

Ich erinnere mich daran, dass ein Körper dem zerfetzten Sack entstieg und sich aufrichtete. Ich wich zurück vor diesem Ding, das mich zu gleichen Teilen an eine Spinne, einen Fisch und ein Wesen erinnerte, von dem ich später erfuhr, dass es im Urwald lebte und man es ‚Schimpanse' nannte.

Das Wesen blickte mich mit einer unmöglichen Anzahl rotglühender Augen an, legte den Kopf schief und verzerrte die Visage zu einer Art Lächeln.

Ich wich zurück, am ganzen Leib zitternd und mit einem Schrei auf den Lippen, als ich gegen etwas stieß. Ich drehte mich um. Hinter mir stand eine alte Frau in einem weiten schwarzen Kleid. Ihr Gesicht war eine Studie in Grau. Ihre Augen rot wie glühende Kohlen.

Mit einer traumgleichen Bewegung griff sie mit Armen, die viel zu lang zu sein schienen, an mir vorbei, umfingen das eben geborene Wesen und zog es an sich. Es schien eins zu werden mit ihr, als es unter ihrem im Regen glänzenden Kleid verschwand.

Mit einem Mal war auch die Frau verschwunden. Nur das Trippeln sich entfernender Füße auf dem gepflasterten Boden blieb mir in Erinnerung.

Ich habe niemals darüber gesprochen.

Ich höre es seitdem jede Nacht.

Kommentar: Die Mischung aus Fantasy und Horror fasziniert dadurch, dass sich kaum entscheiden lässt, ob die geschilderte Situation real ist, eventuell sogar erklärbar, oder ob es sich um eine veränderte Erinnerung handelt.

Mandy Schirrmeister

Das Gewicht des Glücks

Monikas Beine stampfen wie Maschinenkolben auf dem Weg in die Küche.

„Mama, er macht schon wieder die Musik viel zu laut. So kann ich mich nicht auf mein Buch konzentrieren."

„Schatz, du weißt doch, dass ich kein Geld habe, um euch beiden ein eigenes Zimmer zu geben."

Ihr Kopf brummt, und es hämmert hinter ihrer Stirn. Sie dreht sich um und rennt aus dem Haus.

Auf dem Waldweg findet Monika einen blitzenden Briefumschlag. Der Umschlag glänzt blütenweiß. Neugierig nimmt sie ihn mit zu ihrer Lieblingseiche und reißt den Umschlag auf. Erstaunt runzelt sie die Stirn. Das Briefpapier ist leer. Bis sie es hin und her bewegt. Die sanften Bewegungen erzeugen ein Blitzen. Zeichen tauchen auf dem Papier auf, verschwinden so schnell, wie sie erschienen waren.

Sie dreht den Brief hin und her, bis das Licht genau richtig fällt, um zu lesen, was auf dem Blatt steht. Linie für Linie liest sie den Inhalt. Ihr Herz klopft schneller, als stünde sie plötzlich vor einem langen Weg, den sie die ganze Zeit unbewusst gegangen war.

Ihr Blick bleibt an einem goldenen X hängen. Genau wie in ihrem Buch!

Sie malt sich ihr eigenes Zimmer aus. Sie würde sich die schönsten Dinge kaufen. Die Stimme ihrer Mutter erklingt in ihren Ohren: „Du bist nicht allein auf der Welt, und ihr seid Geschwister. Da teilt man nun mal." Sie hat es satt zu teilen.

Tausend freudige Schmetterlinge flattern in Monikas Bauch. Das Blatt mit der Wegbeschreibung in der Hand marschiert sie los. Was auch immer vor ihr liegt, es zieht sie wie ein unsichtbares Band in eine unbekannte Welt voller Versprechen.

Nach einigen Stunden des Wanderns findet Monika die Stelle mit dem X. Sie gräbt ihre Finger in die feuchte, kühle Erde; spürt, wie sich der weiche Humus zwischen ihren Fingern durchdrückt, manchmal unterbrochen von kleinen Wurzeln, die widerstandslos nachgeben oder knackend brechen. Hart und metallisch stoppt ein Widerstand ihre Bewegungen. Sie zerrt eine True hoch. Öffnet sie zitternd. Ihr Atem stockt. Sie glaubt kaum, was sie sieht. Hologramme auf Geldscheinen strahlen ihr entgegen. Ihre Augen leuchten auf, als ob darin ein Funken entzündet wurde. Die Sonne scheint auf einmal heller. Die Dinge, die sie bisher durchgemacht hatte, fühlen sich auf einmal fair an. Sie ist diejenige, die sich jetzt alles erlauben kann. Sie kann einfach das Geld nehmen und sich kaufen, was sie möchte. Doch plötzlich spürt sie einen Stich im Herzen. Ist sie wirklich so jemand?
Ein weiterer Brief neben der Truhe lenkt sie ab. Das bekannte Blitzen lässt sie blinzeln. Aufgeregt dreht sie den Brief hin und her, bis sie endlich in der Lage ist alle Buchstaben zu entziffern. Sie liest die Zeilen, und ihre Augen weiten sich vor Überraschung. Der Schatz gehört nicht nur ihr. Er soll mit den Menschen im Dorf geteilt werden. Sie seufzt tief. Wie kann das sein? Es ist doch ihr Schatz! Und jetzt soll sie alles teilen? Wo bleibt da die Gerechtigkeit?

Gernot Weise

Die Verträge sind einzuhalten

Das Hotel lag in der entgegengesetzten Richtung, in die er am nächsten Tag weiterfahren musste. Es war das einzige Hotel, in dem er mit seiner Miles and More Karte ein Zimmer buchen konnte. Kopfschüttelnd darüber, dass er wegen der Punkte einen Umweg von einer halben Stunde in Kauf genommen hatte, stellte er sein Auto ab und überquerte den leeren Parkplatz. In der Lobby roch es nach Reinigungsmitteln und hinter der Theke polierte eine junge Frau Gläser. Beim Abendessen im Restaurant erkundigte er sich am Nachbartisch, wie lange die Bar am Abend geöffnet sei. Der Mann mit der Krawatte schaute ihn teilnahmslos an.

Als er später noch einmal das Zimmer verließ, fragte er sich, ob es wirklich eine gute Idee war, nach unten zu fahren. Der Fahrstuhl hielt in der ersten Etage, doch niemand stieg ein. Nervös trommelte er mit den Fingern auf das Bedienfeld im Fahrstuhl. Für jedes Stockwerk gab es einen halbrunden Knopf, die alle vergilbt waren. Das Gespräch mit dem Lieferanten am Nachmittag war ohne Ergebnis zu Ende gegangen. Noch bevor er in dem engen, fensterlosen Raum Platz genommen hatte, wusste er, dass er mit diesem Mann zu keinem Ergebnis kommen würde. Er setzte sich an die Bar, er war der einzige Gast. Das schmucklose Restaurant hinter ihm war jetzt leer. Auf dem Tisch, an dem der Mann mit der Krawatte gesessen hatte, stand ein schmutziger Teller. Noch bevor die junge Frau ihm ein Bier gezapft hatte, erzählte sie ihm, dass sie am Vortag aus dem Urlaub zurückgekehrt sei. Auf Ibiza habe sie einen Mann kennen gelernt, der ihr versprochen habe, sie in ein Luxusresort in Vietnam zu bringen. Obwohl sie Jürgen, wie sie lachend versicherte, nur die Hälfte glaubte, ließ sie sich auf das Abenteuer ein. Während sie einen Bierdeckel auf den Tresen legte und das Glas darauf stellte, nickte er zögernd. Er wollte die junge Frau, die ihr Leben noch vor sich hatte, nicht gleich enttäuschen.

-: Haben sie denn hier keine Aussichten?

-: Ich komme hier nie weg, sagte sie, wenn ich diese Chance verpasse.

Sie öffnete die Tür des Kühlschranks unter der Theke und schloss ein neues Fass an. Mit einem lauten Zischen ließ sie Bier aus dem Hahn in ein anderes Glas fließen und schüttelte dabei den Kopf.

-: Sind sie oft in der Gegend, fragte sie und stellte ihm das Bier auf den Tresen.

Er wollte schon aufstehen, trank aber hastig aus und schob das leere Glas beiseite.

-: Das sind wohl große Geschäfte, fragte sie, als er immer noch nicht geantwortet hatte.

Mit einem Lappen begann sie unter dem Zapfhahn entlang zu wischen, und sprach nicht mehr. Die Dramen des Alltags, dachte er sich, die wir uns erzählen, verpuffen zu banalen «Weißt du noch»-Geschichten. Wortlos trank er aus und fuhr nach oben. Im Spiegel des Fahrstuhls steckte jetzt eine Visitenkarte. In seinem Zimmer setzte er sich aufs Bett und las den Text auf der Rückseite der Karte. Jemand hatte mit einem blauen Kugelschreiber etwas darauf geschrieben.

Nele Bauerfeind

Schmetterlingsstrudel

Mein Herz ist schwer
und noch so voll mit Gefühlen für dich.
Mein Bauch mit Schmetterlingen gefüllt.
Nase zugehalten, Mund öffnen, hieß es dann:
Wackersteine geschluckt.
Sie erschlagen und zermalmen die zarten Geschöpfe,
zerlegen sie in ihre Einzelteile.
Habe Angst, in den Brunnen zu fallen
oder mich hineinzustürzen.
Fließe mit dem Strom, lass mich treiben.
Irre im Dunkeln als Schatten meiner selbst,
weiß nicht ganz, wer ich ohne dich bin und sein will.
Ertränke mich in Tränen,
will im Hochprozentigen untergehen und fliegen lernen.

Ich kämpfe gegen das Wasser an,
doch der Strudel
zieht mich in einen Bann.
Dreht mich
im Kreis, im Kreis, im Kreis,
obwohl ich doch rational genau weiß,
wie ich zu verfahren habe.
Es ist vorbei,
versuche ich meinem Kopf zu verstehen zu geben,
doch will er nicht ohne Gedanken an dich leben.
Er hört nicht zu, hört mich schlecht,
weil mein Herz zu toben beginnt.
Es schreit und ruft nach dir,
springt auf und ab.

Kann nicht verstehen,
warum es deines nicht mehr spüren kann,
und will das auch noch nicht.

Die Veränderung klopft zart an meiner Tür,
aber mein Herz weigert sich zu öffnen.
Dir, nur dir, gab ich den Schlüssel zu meiner Seele.
Warum nahmst du am Ende das Messer?
Stehe nun wankend im Niemandsland.
Fühle mich allein, auch wenn ich es nicht bin.
Fühle mich verletzt, vergessen, verloren.

Einst verbunden durch unzählige Fäden
Körper zu Körper, Geist zu Geist.
Doch mit deinem Satz zurück
hast du alle gleichzeitig zerrissen.
An deinem Körper sind die Einstiche bald
verschwunden.
An meinem hängen all die Fäden noch.
Ich puste sie in deine Richtung,
hoffend, dass sie wieder landen können,
doch der Wind weht gegen mich
während Erinnerung die Schutzschicht bricht.

Der Himmel färbt sich wie meine Gedanken:
grau und blau
im ständigen Wechsel.
Zwischen Fallen und Schweben
fühle ich alles
und absolut nichts.
Es ist nur eine Phase:
Lass sie kommen,
kurz wirken
und ziehen,

denn alles geht vorbei
und neue Phasen bringt der Wind.

Du bist ein Teil von mir
und bleibst ein Teil von mir.
Mein Herz wird immer einen Platz für dich bereit haben,
mit fünfzig Kissen und nackten, über das Bettende
baumelnden Füßen.
Es wird dich mit der Zeit in Lupo verpacken und dich
schützen,
wenn der Löwe dich vollends vernichten will.
Es wird dich einlagern
und dann im Garten vergraben,
bis die Blumen über dir zu blühen beginnen.
Schmetterlinge werden dann die Geschichte der Blumen
erzählen
und wie du jede Faser meines Körpers berührt
und nachhaltig verändert hast.
Doch bis es so weit ist,
wird es jegliche Geschosse gegen dich richten müssen,
Feuer frei rufen,
sehen, wie unser Wir verbrennt
samt dessen Zukunft,
während zwei Ichs sich herauskristallisieren
mit ihrer Zukunft.
Und am Ende wird es zufrieden lächeln,
alles betrachten
und ab und an mit Tränen aller Art die Blumen gießen.
Es wird anerkennen,
dass du ein Ende unter unzähligen bist
und trotzdem die gemeinsame Zeit bewahren.
Denn du bringst ein Ende,
aber nicht mein Ende.

Petra Humpe

Das perfekte Arbeitszeugnis

Mark musste unbedingt den Kopf freikriegen. Die letzten Monate waren heftig gewesen. Er hatte versucht, im Preiskampf mit der neuen Fahrschule, die einer großen Kette angehörte, mitzuhalten. Doch je mehr er sich bemüht hatte, desto schlimmer wurde es. All seine finanziellen Rücklagen hatte er in die von seinem Vater geerbte Familienfahrschule gesteckt. Seine Freundin fühlte sich vernachlässigt und hatte sich einem anderen zugewandt. Seiner langjährigen Sekretärin musste er kündigen, woraus folgte, dass er gar keine Freizeit mehr hatte. Schließlich hatte er aufgegeben. Alles, was ihm geblieben war, war „Timmy". Timmy war das erste Fahrschulauto seines Vaters. Als kleiner Junge hatte er dem Auto einen Namen gegeben und die sonntäglichen Ausfahrten mit seinem Vater geliebt. Mittlerweile war Timmy ein stattlicher Oldtimer. Jedoch mit weit mehr emotionalem als materiellem Wert. Deswegen war Timmy auch topgepflegt. Der metallische Lack in der seltenen Farbe Orlyblau glänzte in der Frühlingssonne. Mark hatte ihn eben erst frisch poliert. Das Reiben über die Fahrzeugflächen entspannte ihn. Wie er nun seine Zukunft gestalten sollte, wusste er aber immer noch nicht. Er nahm im Sportsitz Platz, drehte das Autoradio, das gute alte Alpha, auf und gab Gas. Zu den 347.456 Kilometern würden jetzt einige hinzukommen. Er fuhr aus der Stadt hinaus und ließ sich treiben. Er war schon über zwei Stunden auf Landstraßen unterwegs, als ihm eine am Straßenrand geparkte Limousine auffiel. Ein älterer Mann in Chauffeuruniform stellte gerade ein Warndreieck auf. Spontan hielt er hinter dem Wagen und stieg aus. »Kann ich Ihnen helfen?«, fragte er. »Vielen Dank, dass Sie angehalten haben. Mein Chef muss zum Flughafen«, antwortete der Chauffeur. Dieser machte einen unglücklichen Eindruck. »Ein Taxi kann frühestens in zwanzig Minuten da sein. Das wird knapp. Dass meine letzte Fahrt vor der Rente so abläuft, hätte ich mir nicht träumen lassen.« Während der Unterhaltung war der Geschäftsmann unbemerkt aus der Limousine gestiegen und zu Timmy gegangen. Dieser streichelte über die Motorhaube und sprach: »Was für ein wunderbares Auto. Ist das Ihres?« Mark nickte und der Geschäftsmann nickte ebenfalls anerkennend. »Würden Sie mich mit Ihrem Bistro zum Flughafen bringen. Ich hatte als Student einen silbernen Manhattan. Da werden Erinnerungen wach.« Schnell war das Gepäck umgeladen und die beiden Golf-Fans machten sich auf den Weg zum Flughafen. Da Timmy ein umgerüsteter Fahrschulwagen war, erkundigte sich der Geschäftsmann danach. Mark berichtete von seiner ehemaligen Selbstständigkeit. Bevor der Geschäftsmann ausstieg übergab er Mark eine Visitenkarte. »Wenn Sie möchten, können Sie diese Fahrt als Vorstellungsgespräch betrachten. Ich benötige ab nächste Woche einen neuen Chauffeur. Rufen Sie meine Sekretärin an. Sie erklärt Ihnen die Details. Ihr Fahrstil gefällt mir und wie Sie sich um dieses alte Schätzchen kümmern, ist besser als jedes Arbeitszeugnis.«

Ilona Daniela Weigel-Benning

Schwarzer Schnee (Tief der Schlaf der Seelen)

Schneien im Meer

Fällt Sehnsuchts Schnee

Sehnsucht nach Schlaf

In Schlünden aus Schwarz

Schwarzer Schnee

Schneit die Seele ins tiefe Meer

Tief der Schlaf der Seelen im Meer

Aus schwarzen Schlünden aus Schnee

Die Sehnsucht der Seele nach Meer

Kommentar. Das Oxymoron „schwarzer Schnee" erinnert an Paul Celans Todesfuge und die „schwarze Milch der Frühe". Hier ist jedoch der Tenor positiver, man spürt Hoffnung.

Christian Wagner

SEMINARZEIT

Willkommen am wolkenumrandeten Flipchart, an dessen Ende sich der unvermeidliche Smiley befindet.

Der um acht Uhr beginnende Einführungsvortrag – „Mit Kreuzdynamik zum Verkaufserfolg" – ist fulminant, nachgerade atemberaubend eloquent, wird aber nach einer Stunde von einer Rauch- und Kaffeepause unterbrochen, die gefühlte 2 Stunden dauert.

Der Nachbar meint, dass die belegten Brötchen von Duran sind, ich plädiere für Trzsesniewski, ein Dritter, der sich dazu gesellt, meint, wir lägen beide falsch. „Die sind vom Gerstner." Wie so oft: Drei Seminaristen, drei verschiedene Meinungen.

Nachdem das Seminar fortgesetzt wird, droht Ungemach. Erste Darmwinde, ein Gruß von den schmackhaften, mit Speck und Ei belegten Brötchen, kündigen sich an. Ruhig sitzen wird so zur Qual, während der Vortragende etwas von Team, Teambuilding und Effizienz vor sich hin brabbelt.

Gewollte Emissionen sind klarerweise ein No-Go. Gefürchtet sind aber die eruptiven, nicht kontrollierbaren Abgase. Glücklicherweise ist aber heute der erste wirklich sonnige Tag nach einem langen, kalten Winter und die Präventivmaßnahme, das überdimensional große Fenster zu öffnen, führt daher zu keinem Widerspruch.

Entspannung pur!

Währenddessen hat der Referent die vollgekritzelten Flipcharts sorgfältig an die Wände gepinnt.

Endlich Pause! Das Buffet kann sich sehen lassen.

Zuviel gegessen, das WC ruft.

363

Nachmittag:

Mir kommt es so vor, als ob sich bei allen inklusive dem Vortragenden Müdigkeit breitmacht. Also beginnt er einen Workshop über „Ratlosigkeit-Ideenfindung-Konzeptualisierung-Umsetzung". Mein Nachbar hat den heroischen Kampf gegen den Schlaf, sein Kopf war auf seine rechte Hand gestützt, verloren. Hörbar sinkt sein Haupt auf die Seminarunterlagen mit dem Titel „Metadynamik & Kreuzdynamik –Gewinnbringend nutzen".

Danach Pause. Mit einigem an Nikotin sowie Unmengen Kaffee machen wir uns wieder halbwegs fit.

Abschließend dankt uns der Coach für die erfrischende Teilnahme, ist sich sicher, dass wir das heute Gehörte in die Tat umsetzen werden und eröffnet das Abendessen - und das ist äußerst vielversprechend.

Fisch, Fleisch, Käsevariationen, erlesene Rotweine, erfrischende Weiße, köstliches handcrafted Beer und auch der Abschluss - Unmengen an Petit-Fours - ist nicht zu verachten. Die Atmosphäre gleitet immer stärker ins testosterongeschwängerte ab und es wird Runde um Runde an penetranten Flirtversuchen beim weiblichen Publikum eingeläutet.

Bier und Wein ohne Ende.

Und ich?

Ich kann mich an nichts mehr erinnern.

Kommentar: Das haben viele schon selbst erlebt Die vorliegende Beschreibung entbehrt nicht der Situationskomik und wird damit zur Satire.

Rene Gatterer

Der Schrankwanderer

Wenn einem von seiner eigenen Mutter gesagt wird, man muss mit seiner kleinen Schwester spielen, anstatt fernzusehen, ist das wohl das größte Verbrechen, was einen Achtjährigen passieren kann. Da hilft auch einen der traurigste Hundeblick der Welt nichts mehr, schon steht man in der Zimmerecke mit verbundenen Augen und zählt laut bis zehn. Sofern man nicht das volle Ausmaß der Konsequenzen spüren möchte und ohne Abendessen ins Bett geschickt werden möchte. So erging es Robin, als ihm die Zehn über die Lippen klirrte, er durch das Haus schrie und seine kleine Schwester Lilly aus dem Zimmer schlich.

»Ok, ich komm jetzt und versuche dich zu finden«, fügte er hinzu, seine kastanienbraunen Augen fest verschlossen und mit einem Tuch verbunden.

Im nächsten Moment knarzte sein Fuß bereits auf den alten Holzdielen und sein Herz peitschte voller Aufregung in seiner Brust.

Na warte, ich werde dich schon finden. Wenn wir spielen, dann will ich auch gewinnen - dachte sich Robin verbissen.

Vorsichtig unternahm er die ersten Schritte durchs Zimmer und führte seine Hände vor sich wie eine wandelnde und einbalsamierte Mumie aus dem antiken Ägypten, nur ohne Leinen. Er blieb einen kurzen Moment stehen, um vorsichtig mit seinem Fuß den Boden abzutasten, um nicht die Bettkante mit dem kleinen Zeh zu erwischen und wegen den höllischen Qualen das Spiel abbrechen zu müssen. Als er im nächsten Moment ein Quietschen hörte. Es war beinahe so, als würde sich eine

Tür langsam öffnen oder schließen, worauf sein Herz nicht mehr peitschte, sondern wie ein Zylinder in wuchtigen Schlägen in seiner Brust hämmerte. Er versuchte einen kühlen Kopf zu bewahren, atmete ein und atmete aus. Am Ende vom Zimmer lauerte der Wandschrank, dessen Türe geöffnet über dem Boden schwebten, als wäre es ein mystischer Eingang in eine andere Welt oder der Beginn eines Albtraums. Der nächste Versuch, einen vorsichtigen Schritt zu tätigen, wurde ein weiteres Mal von dem ächzenden alten Fußboden begleitet und auf das Knarzen folgte ein Klatschen. Zwei Hände ragten aus dem Wandschrank hervor, wie tote Äste die versuchten aus dem Laubkleid einer Linde zu entwischen, um sich an einem düsteren Herbsttag zu erfreuen. Robin drehte sich zu seiner linken, den Kopf auf den Wandschrank gerichtet, während die Welt sich für einen winzig kleinen Moment nicht mehr drehte und alles für eine Sekunde stehen blieb. Nach dem nächsten Atemzug folgte ein weiteres Klatschen und sein Herz lag wie ein kalter Stein in der Brust. Robin selbst befand sich nun wenige Meter vor dem Wandschrank, es fühlte sich so an als würde er an einem kalten Wintertag auf der Türschwelle zur Veranda stehen und sich in einem eisigen Schneesturm befinden. Die Finger bewegten sich langsam auf ihn zu, worauf er Schritte im Flur hören konnte und Lilly schrie, er soll jetzt aus dem Zimmer kommen und sie suchen. Als er die Augenbinde abnahm, stand er vor dem geöffneten Schrank und alles, was blieb, war Angst und Verwirrung.

Kim Klerismo

Die Prinzessin und der Frosch

Es war einmal ein König, der hatte eine kluge und wunderschöne Tochter. Diese spielte am liebsten mit ihrer goldenen Kugel. Als sie eines Tages am Brunnen saß und ihre Kugel auf dem Brunnenrand balancierte, geschah es, dass ihre diese entglitt und plötzlich in den Brunnen fiel. Die Prinzessin war todtraurig. Da kam ein sprechender Frosch des Weges und bot der Prinzessin an, ihr die Kugel aus dem Brunnen zu tauchen. Allerdings stellte er eine lange Liste an Forderungen: sie müsste ihn von ihrem Teller essen, aus ihrem Becher trinken und sogar in ihrem Bett schlafen lassen. Was für infame Erpressungen! Doch die Prinzessin war so traurig ob des Verlustes, dass sie einwilligte. So tauchte der Frosch die goldene Kugel herauf und übergab sie der Prinzessin, die dem Frosch artig dankte und dann freudestrahlend nach Hause lief.

Als sie dann schließlich beim Abendmahl saß, kam plötzlich der Frosch in den Thronsaal gehüpft und forderte von seiner Tochter die Einlösung ihrer Versprechen. Doch ihr ekelte alleine bei dem Gedanken so sehr, dass sie zu weinen begann. Also wandte sich der Frosch an den König, erzählte, was er für seine Tochter getan hatte und was sie ihm dafür versprochen hatte. „Ist das auch wahr, meine Tochter?", fragte der König mit strengem Blick. Die Prinzessin brachte nur ein herzzerreißendes Schluchzen hervor. Da erhob er sich von seinem Thron, ging auf seine Tochter zu und schloss sie in seine väterlichen Arme. Zum Frosch aber sagte er:

„Du hast meiner Tochter einen Dienst erwiesen, für den dir ein gebührender Lohn zusteht. Anstatt diesen zu fordern, hast du sie allerdings erpresst. In einer Weise, die an Abscheulichkeit nicht zu überbieten ist. Ja sogar in ihr Bett hast du dich einschleichen wollen, du lüsterner Wüstling. Dafür sollst du deinen gerechten Lohn bekommen!" Kaum hatte er das gesagt, packte er den Frosch und warf ihn mit all seiner Kraft an die Wand.

Da verwandelte sich dieser in einen Prinzen. Der König ließ sogleich die Wachen rufen und den Prinzen, der gerade noch ein Frosch gewesen war, in den Kerker werfen. Zu seiner Tochter aber sagte er liebevoll: „Mein Kind, pass auf, mit wem du dich einlässt! Gib keine Versprechen ab, wenn sie nicht allein auf deinem freien Willen fußen. Und hüte dich vor solchen Prinzen, die als Frösche daherkommen. Oder umgekehrt."

Die Prinzessin nahm sich den Rat ihres Vaters zu herzen. Von Fröschen und Prinzen hielt sie sich von nun an gänzlich fern und lebte lange und glücklich ein selbstbestimmtes Leben, während der unverschämte Prinz im Kerker des Schlosses verhungerte.

D.M. Sienkiewicz

aus der zeit

in gestrigen magazinen blätternd
dämmere ich alternd zwischen den welten
in den gardinen hängt rauch
in den augen der schlaf längst vergangener nächte

aller abschied scheint hinter mir
und jede ankunft liegt weit in der zukunft
im radio läuft jazz auf dem tisch eine whiskyspur
und das leben rinnt einfach so aus dem herzen

zum erinnern viel zu vergesslich bin ich
zum vergessen viel zu verträumt
zum träumen viel zu verständig

vom verstehen verwahrlost bin ich
ich bin zu verloren zum suchen
und viel zu vergangen um noch vergänglich zu sein

Sabine Ch. Sellmann

HERR FISCH UND DAS WESENTLICHE

Vor Zügen ist Vorrang. Gewähren! Was ist schon billig, heutzutage? „Fisch" mein Name. Ich entnahm gestern einen Anruf. Sonderhafte Vorteile wurden angekündigt ... wer es glaubt.

Ungelöste Interessen liest man in jeder Zeitung. Flache Absätze schädigen die Wirte ... wir leben in unleserlichen Zeiten!

Ich fragte nach der Sonderhaft, schließlich ist das Geld nicht locker und wer verschenkt schon alles, was? Ich verfasste 110 Anrufe. Der momentane Lebensinhalt kostete mich beim 111 Mal die Antwort. Ich bekam es schon mit der Angst ... diese fremde Stimme.

Also fasste ich mich mutig an und sagte: „Fisch" mein Name. „Ich bitte um Offenlegung Ihrer Vorteile!"

Daraufhin ließ mein Partner einen männlichen Säufzer erschallen und ein kieselsteinhaftes Gurren belebte das Hörloch. Junges, junges ... Zahlenpuzzle. Es wurde vielleicht puzzlig ...

mein Kopf verschwamm nach und vor und nach und vor bis zu Versicherungsbrei.

Und der lässt sich bekanntlich nicht abschließen.

Ich benahm mich anstrengend, den nächsten Breisatz zu bilden. Das, was ich auch benahm, verschwamm alles wortlos. Es tat mit leid.

Aber! Professionalität ist die Unerwartung an eine Person, die sich kennt. Aus! Ich hatte mich doch noch wortlos vom Brei ziehen und verrechnen lassen.

Alles Weitere schickt die Post.

Kommentar: Eine absurde Satire. Eine Interpretation sei jedermann freigestellt. Die Autorin gibt an, unsere globale Situation im Sinn zu haben.

Dyrk-Olaf Schreiber

Trio berlinisch – sitzn loofn holn

I.
Herrengedeck getrennt

sitzte hier
kriegst n Bier
sitzte vorn
kriegst n Korn
wieder hier
noch n Bier
wieder vorn
noch n Korn
musste zum Aborte flitzn
haste nich nur een'
sondern viere sitzn

II.
Wegweisung

wenn de weitaloofst
und umme Ecke jehst
dann weitaloofst
und wieder umme Ecke jehst
dann weitaloofst
und noch mal umme Ecke jehst
musste kiekn wo de stehst
ob de durchjedreht nach Hause jehst
oder wieda umme Ecke jehst
und weitaloofst

III.
Holdienst

bei Nacht und Wetta
provo- und riskant
wat mit die Hand
dir runtaholn

det is doch netta
als vom Männaklo
im Bahnhof Zoo
dir sonstwat holn

Kommentar: Vereinzelt nicht ganz stubenrein, aber
insgesamt durchaus amüsant.

Velibor Baćo

Momente - Ketten an Jetzt

Inwiefern wird ihm nah sein,
aus Ferne wenn naht Sein,
was künftig nie ward sein,
einer Zukunft das Jetzt seiend?

Um ins Sein zu erhöhen,
was nicht seiend ist,
in Zukunft sie flöhen,
dennoch hießen nie Ist.

Es existiert nur ein Glaube,
im Momente schon besetzt,
der Zukunft Zeit raube,
was nicht ist - wird nie Jetzt.

Kommentar: Der Text des Gedichts lässt sich großenteils verstehen, wenn der Leser sich Zeit nimmt, aber die Sprache ist nicht sehr lyrisch.

A. M. Harwazinski

November.

So zartgelb das Licht,
das sich Bahnen bricht
durch leichten Nebel
um die Mittagszeit.

So kupfer-golden die Blätter,
die herunterflattern
in lichter werdendem Geäst,
der Bäume Laubesrest.

So wohltuend die Zurückhaltung
dieses sanften Monats.
Des Herbstes Werdegang
vor nahendem Advent.

So emsig die Eichhörnchen
beim Sammeln von Nüssen,
von Eicheln und Eckern.
Überall tönt lustiges Keckern.

So wollig die Katzen
im sprießenden Winterfell,
so drollig die Mäuse,
sammelnd voll Eifer so schnell.

Im Vorbeigehen grüßt
eine aprikosengelbe Rose,
die letzte Blüte im Gerüst
ihres Stockes in Winterpose.

Ihr verhaltener Duft
passt zur Monatsstimmung,
erinnert an würzig-wärmenden Tee.
Noch ist das Gehen leicht draußen,
noch ohne knirschenden Schnee.

Leuchtende Hagebutten
an kahlen Zweigen.
Wegweiser der Jahreszeit
begleiten den Reigen.

Kürbisse gestapelt
am Rande der Straße
wecken Appetit
auf Suppen und Kuchen
bis über die Maße.

Ausgehöhlte solche
mit Gesichtern geschnitzt
und Kerzen innen
grinsen verschmitzt.

Die Kastanien alle aufgeräumt,
die vor kurzem noch den Weg gesäumt.
Kranzgebinde voller Blumen und Kerzen
zieren Stätten der Erinnerung
und solche der Schmerzen.

Alle Heiligen sammeln sich vor der Tür
zu Trauer und Buße.
Jetzt finden sie Zeit dafür
und die nötige Muße.

Alle Seelen kommen zusammen,
erleuchten die Dunkelheit
mit Gebeten und Segnung,
Zeit kollektiver Erinnerung.

Splitternden Kristalls wird gedacht,
in jener zurückliegenden Novembernacht.
Des Pogroms gegen Andersgläubige,
der Verfolgung Ausgesetzte,
als seien sie zu vertreibende Räudige.

Zwischendurch eilt Sankt Martin
durch die Dörfer und Lande
in üppig rot-goldenem Gewande,
bereit zum Teilen des Mantels.

Laternen erhellen abends die Wege,
bunte Umzüge von Kindern.
Mit glockenklarer Kehle
singen sie fröhlich
ihre Lieder, die lindern.

Dunkelheit und Gedämpftheit
dieses verhaltenen Monats.
Gewöhnung an kürzere Tage,
weniger Licht, lange Abende.

Chrysanthemen zieren die Vasen,
Röte zeigt sich auf Wangen und Nasen.
Skorpion und Schütze
regieren jetzt das Gestirn.

Der Planeten Bahnen
am weiten Firmament.
Der Sterne winkende Fahnen
am endlosen Himmelszelt.

Spätestens jetzt
formieren sich Zugvögel
für die Reise nach Süden,
sich in Wärme zu fügen.

Zuhause grüßt die Martinsgans
den gefüllten Truthahn,
mit Rotkohl daneben,
zum leckeren Tellertanz.

So zieht er vorüber,
dieser Monat November,
als Vorbereitung für Advent,
der darauf folgt im Dezember.

Sabine Brandl

Jugendfreundschaft

Wir liefen dem Spaß hinterher
Sind dabei gestrauchelt, gestolpert
Völlig kopflos gewesen, rasend
Energiegeladen und grenzenlos
Hatten unzählige Flausen im Kopf
Haben gelacht und gehadert
Uns selbst und einander entdeckt

Doch: Wie egoistisch und dumm
Wie unbeholfen und unfair
Wie verletzend ich zu dir war
Und auch du – für meine Seele:
Eine stetige Herausforderung
Ein Grund zum Haare raufen
Oder gar zum Schreien – Heulen
Wir haben uns nichts geschenkt

Wunderst du dich nicht auch manchmal
Dass wir uns nach all den Jahren
Immer noch so gerne mögen?

Sarah Atzlesberger

Weltenträume

Manchmal träume ich von einer anderen Welt.
In dieser Welt gibt es Drachen, Phönixe und andere
Fabelwesen.
Sie sind alle verschieden und schaffen es trotzdem,
in Frieden miteinander zu leben.
Manchmal träume ich von einer anderen Welt.
Ich träume von einer Welt, in der Rosen am Straßenrand
wachsen
und die Straßen sind lediglich kleine Waldwege
auf denen es keine Autos gibt.
Manchmal träume ich von einer anderen Welt.
Diese Welt wird nicht ausgebeutet von der Menschheit.
Es gibt ausreichend Wildblumen
für den Honig der Bienen.
Manchmal träume ich von einer anderen Welt.
In dieser Welt ist nichts perfekt gerade und nichts hat
die perfekte Farbe.
In dieser Welt dürfen Buchen Buchen sein
und müssen sich nicht zu Tischen verbiegen.
Manchmal träume ich von einer anderen Welt.
Ich träume von einer Welt, in der im Winter Schnee fällt.
Das Wetter spielt nicht verrückt
und die Jahreszeiten verschwimmen nicht.
Manchmal träume ich von einer anderen Welt.
In dieser Welt reichen wir uns alle die Hände.
Wir gehen den Weg gemeinsam
und lassen niemand zurück.
Manchmal träume ich von einer anderen Welt.
Manchmal träume ich von einer besseren Welt.

Luitgard R. Kasper-Merbach

Sonnenaufgang

In der Höhle
der Sehnsucht
betäubt sich die Nacht.

Unendlich kreisen
Sekunden
am offenen Tor.

Zaghaftes Rufen
begleitet die Dämmerung.

Schüchtern noch
der Morgenblick.

Leise tanzen
Lichtflecken am
träumenden Horizont

Der Kreislauf
rundet sich

im Abgesang
der Einsamkeit.

Ich singe mir
zärtlich
den Morgen.

Silvia Eibel

Jede Nacht fehlst du mir

Jede Nacht wache ich zur gleichen Zeit auf, ohne Wecker, besser geht´s eigentlich nicht. Ich wage kaum ein Auge zu öffnen. Fast auf die Minute genau weiß ich, wie spät es ist, der Wecker zeigt 03:10, meine innere Uhr funktioniert offensichtlich perfekt. Ich wälze mich herum, mein Körper ist todmüde, mein Kopf hingegen hellwach. Meine Gedanken rasen in irrem Tempo herum, zwischen all meinen unzähligen Problemen. Wo, um Himmels willen, ist das Stoppschild? Entspannung wäre dringend nötig, eine Auszeit von dieser oberflächlichen, rauen Welt. Doch dieser Luxus wird schnell auf später verschoben. Das Gedankenkarussell dreht sich immer schneller, im Höllentempo geht´s von einer Aufgabe zur nächsten. Mir wird schwindlig und schlecht. Dabei bin ich als Kind so gern Karussell gefahren. Aber jetzt ist alles anders, keine Zeit für Spaß, nur mehr Verpflichtungen. Ich versuche mich zu beruhigen. Wie war das mit Schäfchen zählen und meditieren? Oder beten? Nichts hilft. Ein hoffnungsloser Fall. Mir ist das schon länger klar. Meine größte Sorge ist nur, dass das bald auch andere bemerken. Das muss ich um jeden Preis verhindern. Ich werde meine Augenringe besser abdecken und lächeln. Obwohl ich bei jeder neuen E-Mail den Tränen nahe bin. Ich starre auf die Worte. Was, in aller Welt, möchte der Absender von mir? Nur mehr Leere im Kopf. Mit wem kann ich über all das reden? Wer versteht das schon? Nicht nachdenken, lieber verdrängen und weitermachen wie bisher. Meine bewährte Strategie schon seit langem.

Langsam schwanke ich Richtung Küche, jeder Schritt mühsamer als der vorige, als würde ich eine tonnenschwere Last schleppen. Die Minuten kriechen dahin, noch immer stockdunkle Nacht. Stille. Die Stille, nach der ich mich im Alltag so sehr sehne, erdrückt mich jetzt. Meine Beine zittern, in Zeitlupe sinke ich zu Boden. Verzweiflung und Erschöpfung überrollen mich wie eine gigantische Lawine. Wäre ich doch nur unter einer echten Lawine begraben, dann wäre bald alles vorbei. Ruhe.

Ein Gedanke wie eine Erlösung, ich kann meine Tränen nicht mehr zurückhalten, eine Sturzflut voller Traurigkeit bahnt sich ihren Weg. Ich weiß doch genau, was ich will. Aber mein verdammter Körper spielt nicht mit. Ich fühle mich hilflos ausgeliefert, habe eine solche Wut auf meinen schwachen, schmerzenden Körper, der mich jeden Tag mehr im Stich lässt. Mein ganzes Leben gerät ins Wanken, wie ein Kartenhaus im aufkommenden Sturm. Nur einen kleinen Windhauch entfernt vom endgültigen Zusammenbruch.

Langsam versiegen die Tränen, ich fühle nur mehr gähnende Leere. Zwischen all dem Vakuum in meinem Kopf bahnt sich ein winzig kleiner Gedanke seinen Weg. Keine Chance ihn zu ignorieren, hartnäckig erfordert er Aufmerksamkeit.

Ich möchte nicht mehr nur existieren, sondern endlich wieder leben. Jetzt! Jetzt ist der Zeitpunkt, um das zu machen, wofür mein Herz wirklich brennt. Ich sehe ganz klar, wohin mein Weg führt. Ein Gefühl lang vermisster Freude und Ruhe breitet sich aus. Ich gehe ins Kloster.

Natascha Fröhlich

Stern-Sein

Ja
ich will
ich will
hinaus und wieder hinein, ins Reich der Beben
in die Galaxy der Sterne, die schweben
und schweigen
die aus ihrem Schweigen weit hinein reichen
leuchten und strahlen und zahlen
leuchten in die Nacht und den Tag hinein
für sich stehen und vergehen
schon vergangen sind
ja ich will leuchten in die Dunkelheit und Miesheit
diesen Lebens
ja ich will
zahle dafür mit Schweigen
Still werden, Still geworden sein,
in die Stille des Seins geboren worden sein
werden,
vergehen
um
wieder neu zu erleuchten
trivial, banal, für'n Arsch
höre ich meinen Vater sagen
Vater in eckigen Klammern, finde die Funktion auf der
Tastatur
meines Rechners nicht
habe mich verloren

im sinnlosen
du hast wieder gewonnen Vater
und ich danke dir, denn du warst mein Vater
mein Papi, der mir zeigte zu nähen,
ja du Machoschwein, hast es mir gezeigt
denn Mami war nie da,
da ist sie wieder die Stimme der Kleinen,
die verstümmelt in der Ecke saß
Nadel und Faden in der Hand um sich zu flicken

Erstickungstrauma ade,
Entwicklungstrauma oje,
oh nein,
schieße dich in den Himmel zu den Sternen
leuchte dich dort leer
lass mich sein
geh fort
bleib dort
nimm die Miesheit mit
sie ist müde geworden und will ruhn
im samtigen Himmelszelt

Weißt du wieviel Sternlein stehen
an dem blauen Himmelszelt?
sie wollten dir sagen
die Welt sei rein und fein

ich krieche auf dem Boden
finde eine Maulbeere
esse sie und sterbe bald

Ich wandel suchend umher,

sehe einen Maulbeerbaum
haue drauf
bade im tiefroten Maulbeerschlamm
aus Schlamm wird Schleim
Daheim

Ja
ich will
ich will

der Stern am Himmel sein, der am lautesten leuchtet
der singt und summt
die Sternin neben dem Stern
das Sternlein dazu
Stille neben Stille
in die Stille
erhaben leuchtend
in die Miesheit der Menschheit
in die Kraft der Essenz
vergehen
gehen
wieder-kommen
dasein, Sternsein, Selbtsein, Einssein

Kommentar: Eigene Sprache. Unkorrigiert gelassen.

Patrizia Franziska Rottmüller

FREIHEIT

Freiheit zeig mir deine Richtung,
in die ich möcht` bei Zeit` entfliehn.
Die Freude sagt man, währt dort immerzu,
doch was wäre Freiheit schon ohn` Tun?
Die Freiheit nicht entstand durch Müßiggang und
Furcht.
Vielmehr, genährt wurd` sie am Busen unsrer
Zuversicht,
hervorgebracht durch die Verantwortung und durch die
Pflicht.

Elisabeth Grossfurtner

Die schwarze Spinne

Im Nachbarhaus sitzt auf dem Küchentisch eine schwarze Spinne. Ich habe sie noch nie gesehen. Und doch habe ich ihr Bild vor Augen, wenn das kleine Mädchen mit dem Einhornschal morgens an der Hand des Vaters aus der Tür geht. Und wenn er die Kleine am Abend zurück ins Haus bringt, habe ich Angst um sie.

Das Bauwerk ist perfekt. Zwei Stockwerke, Terrasse, Solarpaneele am Dach, Tesla in der Einfahrt. Wäre da nur nicht die schwarze Spinne gewesen.

Lange überlege ich, wie ich in das Haus gelangen kann, um meinen Verdacht zu bestätigen. Eines Tages kommt mir der Zufall zu Hilfe: Ich finde ein Kreditkartenetui mit dem Namen der Nachbarsfamilie auf dem Bürgersteig.

Wenig später stehe ich vor der Fassade und drücke den goldenen Klingelknopf. Eine Dame öffnet mir die Tür: Es ist die Hausherrin persönlich. Alles an ihr scheint hell zu sein: ihr platinblondes Haar, ihr makelloser Teint, ihr faltenfreies Leinenkostüm, ihr teurer Weißgoldschmuck.

Selbst ihre Stimme ist hell: Ja bitte?

Ich überreiche ihr das Etui. Sie schenkt mir ein Lächeln und fragt, ob ich als Dankeschön eine Tasse Kaffee möchte.

Gerne. In der Küche?

Sie lacht indigniert.

Wir haben auch einen Salon, aber wenn Sie in die Küche möchten, bitte sehr.

Der Küchentisch ist aus Lindenholz. Ein Strauß heller Blumen steht darauf. Von der Spinne – keine Spur.

Möchten Sie Milch? Möchten Sie Zucker?

Nein, danke.

Weder traue ich der Helle der Milch noch der Weiße des Zuckers noch der Blässe dieser manikürten Hand, die mir eine Kaffeetasse entgegenstreckt.

Die Hausherrin setzt sich zu mir.

Ich stelle interessierte Fragen zur Einrichtung, als ich Schritte auf dem Flur höre.

Mama? Das Mädchen mit dem Einhornschal kommt in die Küche.

Wir haben Besuch, Liebling. Sag Hallo.

Hallo, murmelt die Kleine.

Nun erscheint auch der Hausherr. Sein heller Anzug sitzt so perfekt wie sein Lächeln. Breitling, Lederschuhe, maßgeschneidertes Hemd.

Ich stelle interessierte Fragen zur Photovoltaikanlage.

Während ich am Reden bin, spüre ich plötzlich die Anwesenheit der Spinne. Meine Augen zucken über die Tischplatte, aber da ist nichts. Sollte ich mich täuschen? Nein. Mein Blick irrlichtert umher. Und als ich das kleine Mädchen und den Schatten des Mannes hinter ihr aufragen sehe, kenne ich die Wahrheit. Dort, im Spiegel der Kinderaugen, sehe ich den Küchentisch. Und darauf sitzt, schwarzgliedrig, die Spinne.

Der Hausherr hat meinen Blick bemerkt. Sein Lächeln gefriert. Die Mutter zupft nervös an ihrem Leinenkleid. Ich weiß, unter ihrer überstrahlenden Helle spürt auch sie die Anwesenheit der Spinne. Doch sie sieht die Wahrheit nicht, weil sie nicht tief genug in die Augen ihrer Tochter schaut.

Die Kaffeetasse wird mir aus der Hand genommen.
Sie gehen jetzt besser. Ein Geldschein drückt sich in meine Hand. Nochmals vielen Dank für Ihre Ehrlichkeit.
Mein Blick streift den des Vaters. Ich weiß, dass du es weißt, sagen seine Augen. Du hast keine Beweise.
Ich habe keine Beweise.
Als ich durch die Fassade ins Freie trete, weine ich.

Kommentar: Die Geschichte ist gruslig. Das ist auch „Die schwarze Spinne" von Jeremias Gotthelf. Hier wie dort steht die schwarze Spinne symbolisch für das Böse. Hier wird jedoch ein Problem zur Sprache gebracht, über das noch nicht so lange gesprochen wird.

Karl Ehret

DIE RACHE DES ROLLSTUHLS

Arthur saß wegen der Amputation seines linken Unterschenkels nun schon seit fünfzehn Monaten im Rollstuhl. Aufgrund der Tatsache, dass er Diabetes Zwei hatte und obendrein auch noch Kettenraucher war, verheilte seine Stumpfwunde quasi im Zeitlupentempo. Seine Verbitterung wurde von Tag zu Tag größer, da er es strikt ablehnte, in seinem Rollstuhl, mit Ausnahme von unvermeidlichen Arztbesuchen, sein Haus zu verlassen. Sein Obergeschoss und seinen Keller hatte er nun schon seit knapp zwei Jahren nicht mehr betreten, da es ihm zu gewagt erschien, dies mit Hilfe von Krücken zu tun, da er fürchtete, zu stürzen und erneut in einer Klinik zu landen. Seine Laune war täglich schlechter geworden und näherte sich immer mehr dem absoluten Tiefpunkt. Arthur hasste seinen Rollstuhl, obwohl dieser allein ihm ermöglichte, sich wenigstens in seinem Erdgeschoss zu bewegen. Er konnte seine neue Situation einfach nicht akzeptieren und war inzwischen schon so weit, dass er seinen Rollstuhl, den er immer mehr   personifizierte, aufs Übelste beschimpfte. Da er immer wieder gegen etwas stieß und hängenblieb. Obwohl das natürlich seine eigene Schuld war, er diese aber nicht so sah. Da sich bei ihm immer mehr der Gedanke manifestierte, dass sein Rollstuhl ein Eigenleben habe, der ihn regelrecht bekämpfte, beschimpfte er ihn jeden Tag auf ordinärste Art und Weise. Er wünschte nichts mehr, als einzuschlafen und nicht mehr aufzuwachen.

Doch dieser Wunsch erfüllte sich nicht.

So rappelte er sich morgens fluchend auf, um sein Bett zu verlassen und in den verhassten Rollstuhl zu steigen. Versorgt wurde er von drei, vier guten Freunden. *Ein verfluchtes Scheißleben*, zürnte er innerlich, wenn er seinen Frust nicht gerade lauthals hinausschrie. Für ihn war es, als wenn er in einem Altenheim wäre, das er schon immer als Endstation Verzweiflung bezeichnet hatte. Weil man dieses, seines Erachtens, nur noch zur eigenen Bestattung verlassen würde.

Was er allerdings nicht ahnte, war, dass sein Rollstuhl diese Beschimpfungen mitbekam und sich alles merkte.

Den ganzen Tag war er mal wieder überlaunig und ließ seinen Frust an seinem „Partner", dem Rollstuhl, aus. Als er sich abends den Kopf mit Alkohol zugedröhnt hatte, wollte er von seinem Fernsehzimmer aus in sein Schlafzimmer rollen und da passierte es.

Der Rollstuhl schlug plötzlich vor der Kellertreppe eine andere Richtung ein und Arthur konnte weder bremsen noch im letzten Moment die Richtung ändern. Er stürzte kopfüber die Kellertreppe hinab und schlug mit seinem Kopf hart gegen die Betonwand. Das letzte, das er hörte, als er schwerverletzt dort lag, war ein hämisches Lachen und es schien vom Rollstuhl zu kommen, der neben ihm auf der Treppe lag.

Viel Spaß in der Hölle, Arthur", meinte dieser zynisch. „Und glaube mir, dort wird es noch ungemütlicher für dich werden. Auch ohne mich, deinen verfluchten Rollstuhl."

Barbara Thiel

Beben

Schlffzbt.

Er sitzt am Küchentisch, gegenüber, schlürft laut seinen Milchkaffee. Ich muss ein bisschen Husten nach dem letzten Brötchen-Bissen. Ansonsten schweigen wir uns an. Meine Mutter ist drüben im Bad. In letzter Zeit ist sie häufig dort. Auch mir bereitet das alles Bauchschmerzen, aber ich kann so oft gehen, wie ich will. Es kommt nichts.

Klackernd rührt er die Milch im Kaffee um, als ob sich nicht längst alles vermischt hätte. Die Farbe erinnert mich an sonnengeküsste Haut. Ohne ein Geräusch nehme ich einen großen Schluck, schwarz, und verbrenne mir die Zunge und den Gaumen. Hinter der Wand geht endlich die Klospülung und lässt sein Schlürfgeräusch ein bisschen leiser werden. Seine Tasse ist schlicht bis auf den Schriftzug in geschwungenen Buchstaben auf der Vorderseite. ‚This might be wine'. Vor ein paar Jahren hab ich sie ihm zum Geburtstag gekauft. Menschen, die gerne mal was trinken, sind leicht zu beschenken. Man nimmt sie dankbar in die Familie auf und blickt sogar vorfreudig auf Geburtstage, die nicht die eigenen sind. Menschen, die gerne mal was trinken, sind leicht zufrieden zu stellen. Bis sie zu Menschen werden, die trinken.

Ich hab ihn mir nicht ausgesucht, bin ihm also keine Zuneigung schuldig. Ich hab ihn nicht ins Haus geholt, also kann ich ihn auch nicht rauswerfen. Kann auch nicht über die Momente reden, in denen ich gerne würde.

Zwei Wochen später räume ich die Kaffeetasse aus der Spülmaschine in den Küchenschrank. ‚This might be

393

wine'. Scheiße, ja, denke ich und kratze mit dem Daumennagel an dem schwarzen Schriftzug, der auch nach zahllosen Wäschen bei 60° in der Spülmaschine kein Stück von der Stelle weicht. Oben und unten, wo der Henkel sich an den Tassenkörper schmiegt, hat sich der Kleber unappetitlich gelb verfärbt wie ein Leberkranker. Aber auch er klammert sich unermüdlich fest und sorgt dafür, dass ich die Tasse noch immer nicht wegwerfen kann. Viel zu schwungvoll stelle ich sie zwischen die anderen im Schrank, die alle noch ganz und sowieso viel zu viele sind für uns drei. Wer braucht schon ein ganzes Schrankfach voller Kaffeetassen, wo man doch immer nur die gleichen zwei benutzt und selten Besuch kommt?

Das Holz der Schranktür knallt dumpf auf den Rahmen und ich hoffe, dass es im Innern, bei dem Brett voller unnötiger Tassen, ein kleines Erdbeben ausgelöst hat. Als meine Mutter mit mir schwanger war, vor seiner Zeit, hat es mal ein leichtes Erdbeben gegeben. Schade, dass ich mich daran nicht erinnern kann. Weil ich so gern wissen würde, wie sich das angefühlt hat. War es so wie der Moment, als ich morgens früh auf Socken in die Küche kam, er vor dem dampfenden Glühweintopf, schnell vom Herd geschoben, Blicke abgedreht, als hätte keiner den anderen gesehen? War es wie der Abend, als mir die leere schmale Flasche aus ihrem Versteck in die Hände fiel, nachdem er versprochen hat, sich zu ändern? Oder war es mehr so wie letztes Silvester, verdrehter Blick, halbgesenkte Lider, verwaschene Schimpfwörter, taumelndes Abstützen an der Zimmerwand und vergebliche Rechtfertigungen meiner Mutter, wir hätten doch alle gefeiert?

Die Nachbeben spüre ich noch, während der Tellerstapel auf meiner Hand klappert. Dann die Tassen,

Schalen und Bestecke. Irgendwann geht was zu Bruch, denke ich, aber nichts passiert. Ich öffne den Küchenschrank: Alles beim Alten. Hinter der Wand geht die Klospülung. Leises Schlürfen vom Küchentisch, aber mein Beben fällt niemandem auf.

Patricia Mallwitz-Schmitz

Die Veränderung

Als die Türglocke des kleinen Ladens erklang, sah die Verkäuferin nur kurz auf, um dann lächelnd wieder zu ihrer Aufgabe, kleine feine Pralinen in rote Lackschachteln zu packen, zurückzukehren. Die Frau, die eben das Geschäft betreten hatte, war keine Kundin. Sie war nur eine Besucherin, die die Auslagen studierte. Erst draußen, dann drinnen. Man kannte sie und wunderte sich anfangs, als die Frau damit begonnen hatte, nur zu schauen und nie zu kaufen, über sie und ihr Verhalten. Als man sie damals angesprochen und gefragt hatte, wie man ihr denn helfen könne, ob sie sich entschieden habe, was sie kaufen wolle, hatte sie nur vor sich hingestarrt.

Man hatte sich an sie gewöhnt. Sie kam sicherlich drei bis viermal in der Woche, und wenn sie eine Pause von ihren Besuchen in dem kleinen Geschäft machte, fing man bereits an, sie zu vermissen. Sie starrte immer nur auf die einzelnen Köstlichkeiten aus Schokolade, verweilte einige Zeit an dem Ort, an dem es so unglaublich gut nach den Produkten roch, die sie so auffällig priorisierte und verließ danach grußlos das Ladenlokal.

Babette, die heute Dienst hatte, ließ sich den vergangenen Abend nochmals durch ihren Kopf gehen. Sie war glücklich, dass Paul sie hatte hochleben lassen, war doch gestern ihr Geburtstag und schon der zweite Ehrentag, seit sie zusammen waren. Der wundervolle Blumenstrauß stand jetzt in einer wirklich großen Vase und wartete auf sie in ihrer modernen Wohnung. Eigentlich hatte sie auf etwas Zusätzliches zu den Blumen gehofft, etwas, für das er auf die Knie hätte gehen können.

„Na macht ja nichts", sagte sie sich. „Es kommen ja noch andere Gelegenheiten". Sie lief nach hinten ins Lager, um neue Geschenkverpackungen zu holen und stieß ein kleines Regal um. Schnell machte sie sich daran, die umgeworfenen Dinge wieder aufzuräumen, als sie den Tür Gong vernahm. Sie dachte an eine neue Kundin und eilte in den Verkaufsraum. Er war leer. Es war also niemand gekommen. Die Besucherin war gegangen. Wie immer grußlos gegangen, stand sie nun draußen vor dem Fenster und starrte hinein. Aber etwas war anders als sonst. Der Ausdruck ihrer Augen hatte sich verändert. Er war deutlich entspannter, fast ein bisschen weicher. Babette folgte ihrem Blick durch die Schaufensterscheibe bis in die Auslage, vor der sie gestanden hatte, als sie ins Lager gehuscht war. Dorthin, wo die Glasscheibe, auf der die Schokoladenfiguren normalerweise für aller Augen zu sehen waren, leer und abgeräumt war. Babettes Blick ruderte zurück zu der Frau, die durch das Fenster sah. Ihre Blicke trafen sich das erste Mal. Ein Lächeln umspielte den schönen Mund der Betrachterin, der sich auf- und ab bewegte, von einer Seite zur anderen, um die Schokolade von rechts nach links und wieder zurückzuschieben, um so die Köstlichkeiten umfassend genießen zu können. Diesmal verabschiedete sie sich, indem sie im Wegdrehen eine Hand zum Gruß erhob.

Tanna Künemund

Abend (nicht) mit Dir

Gerade in diesem Augenblick
oder der Aneinanderreihung vieler Blicke
hätte ich Dich gerne bei mir,
neben mir
ganz nah
oder weniger nah,
damit ich Dich sehen könnte
oder vielleicht doch besser auf meinem Schoß sitzend,
um Dich mit mir mit zu atmen
zwischen den zwei verschiedenen Filmen
unseres,
mindestens meines,
Abendhimmels.
Vor „uns" ist der Himmel vielfach gefärbt,
leuchtet von unten orange
zusammen mit diesem typischen türkis,
das wir nicht mit orange kombinieren würden,
was an unserem Himmel aber zusammen passt.
Mit hellblauen Schlieren
ist alles pyjamagestreift vor dem orangenen Hintergrund,
der sich nun für fastviolett entscheidet,
sind alle dunkelgrauen Regenwolkenstreifen
auf einmal grauviolett.
Es ist ein großer Unterschied.
Dieses Farbleuchten verändert den Himmel hinter uns.
Alle weißen Schlieren im hellen Blau
werden zu leuchtendem Rosa.

Ein kitschiges HellblauPink.
So würde ich Augenblick an Augenblick gemeinsam mit
Dir leben,
bis das Dämmerlicht alle Farben
und auch die in ihnen versteckten Tiere und Gesichter,
zuerst verdunkeln und dann
verschlucken würde.
Der Tag wäre dann vorbei, doch
unsere Aneinanderreihung von Momenten ginge weiter.
Wir könnten auf unseren Träumen schlafen,
auf den geplatzten oder denen, die wir mit uns
herumtragen,
obwohl wir sie nicht brauchen.
Ich „habe" Dich,
wenn Du auch nicht hier bist.

Lisa Alix Brandau

Existenz

Ich bin das Wildpferd,
frei,
galoppierend in der Prärie.
Ich bin der Donner,
brüllend
wie ein Löwe
im Himmel.
Unverwechselbar.

Ich bin die Reise
und der Reisende
vorhanden
an Start und Ziel,
nah und fern.
Überall.

Mein Leben ein Abenteuer,
die Sehnsucht der anderen,
eingeschlossen von Angst.
Mein Leben ein Abenteuer
wie die Odyssee.
Glorreich.

Wie die Katze in der Wildnis
bin ich der Instinkt
und das Wissen.
Meine Muskeln angespannt,
bereit zu springen

auf die Beute:
Leben.

Ich bin Weisheit,
enthalten in alten Büchern,
darauf wartend,
das Leben zu verbessern.
Ich bin Weisheit.
Personifiziert.

Ich bin die Sonne im Himmel.
scheinend
wie die Regentin,
herrschend
mit Energie, die schießt
durch die Venen
der Welt.
Unaufhörbar.

Ich bin das Wörterbuch,
das Menschen verbindet
wie die Sprachen der Welt.
Gesprochen und gehört.
Ich bin die Athletin
und die Medaille
Ich bin die Siegerin
auf dem Podest,
verehrt und gefeiert.

Meine Intuition ist siegend
wie die Wellen
die an der Küste brechen.

Dominierend.
Wie das Wort Gottes,
hallend vom ewigen Thron.
Wie das Gesetz.
Ich bin das Leben.

Kommentar: Das lyrische Ich scheint ja geradezu gott-
gleich zu sein. Da ist Vorsicht vor Hybris angebracht. Soll
das lyrische Ich gar das personifizierte Leben sein? Dann
ist es doch etwas idealisiert.

Wolfgang ten Brink

Teamwork

Mathe ist nicht mein Ding. Wenn ich diese Klassenarbeit verhaue, war es das mit meiner Versetzung. Ich wische den Gedanken beiseite. Wenigsten habe ich Freunde und deshalb sitze ich jetzt zwischen Mirco, dem Mathegenie unserer Klasse, und Andreas, der wenigsten hin und wieder etwas kapiert. Vielleicht, mit vereinten Kräften …

Ich werde aus meinen Gedanken gerissen. Herr Bartek, unser Mathelehrer, erklärt gerade, dass wir die Klassenarbeit diesmal in zwei Varianten schreiben, Typ A und Typ B. Beide Aufgabenblätter seien gleich schwer, hätten aber unterschiedliche Fragestellungen und natürlich auch andere Zahlen. In letzter Zeit habe es ein paar Täuschungsversuche gegeben, das müsse er jetzt unterbinden. Schließlich sei in drei Wochen Notenschluss. Dann sieht er uns streng an. „Wie ihr wisst, geht es für einige von euch um alles oder nichts." Mit einem Lächeln auf den Lippen verteilt er die Aufgabenblätter, immer schön abwechselnd, BABA, von seinen zwei Stapeln.

Ich schiele zu Mirco, der mein Retter hätte sein können, und der auch schon eifrig rechnet. Leider die falschen Aufgaben. Und die sind völlig verschieden von meinen. Ich erkenne nicht mal die Spur eines Zusammenhangs.

Panik steigt in mir auf und ich spiele mit dem Gedanken, spontane Übelkeit zu simulieren. Obwohl mir Nachschreiben nichts bringt. Das weiß ich aus Erfahrung.

Andreas fängt meinen Blick ein, nickt mir zu, tippt auf sein Aufgabenblatt. Endlich kapiere ich. Wir warten, bis Herr Bartek sich umdreht und das Ende der Bearbeitungszeit an die Tafel schreibt. Blitzschnell tauschen Andreas und ich unsere Aufgabenblätter.

Der Rest ist Routine. Mirco ist gut, viel zu gut für mich. Ich übernehme nur Ansätze, mache absichtlich Fehler. Schließlich genügt mir eine Vier.

Am Wochenende nach den Zeugnissen sitzen wir bei uns zu Hause im Garten. Meine Mutter hat ordentlich eingekauft, denn Mirco, Andreas und ich feiern meine Versetzung und unsere Freundschaft. Mein Vater grillt für uns, und ich bin gerade richtig gut drauf, als Mirco mir zuflüstert: „Das war verdammt knapp."

Ich weiß nicht, was ich sagen soll, nicke trotzdem und suche nach einer Antwort.

Andreas stellt sich neben mich. „Der Bartek kann nicht erklären. Bei dem kapiert keiner was."

„Das kann sein", sagt Mirco. „Aber wir lernen ab jetzt gemeinsam - vor der nächsten Mathearbeit."

„Dafür helfe ich Andreas in Englisch", sage ich.

„Und mich lasst ihr im Regen stehen", sagt Mirco und grinst uns an.

„Das kommt überhaupt nicht in Frage", sage ich. „Für so eine Intelligenzbestie wie dich fällt uns auch noch was ein."

Magda Lena Runer

Die Unzulänglichkeit unserer glatten Existenz

Die Unzulänglichkeit des menschlichen Kontaktes fruchtet in ihrer enormen Kantenlosigkeit, in der sie sich präsentieren will. Sie kämpft um Existenz in makellosem Glanz, doch trübt genau deshalb. Kaum jemand will sich nicht sauberer, ja gar steriler, präsentieren, als er oder sie es ist. Überschwängliche Höflichkeit, stille Akzeptanz, ja absolutes Verständnis für jegliches Verhalten der Person gegenüber, schafft initial bewertet zwar Nähe, desto genauer, analysierender und tiefer man blickt, aber eigentlich Distanz. Diese Unzulänglichkeit ist Teil einer Maschinerie, die zu stocken droht, wenn Steinchen in das Zahnrad gelangen. Doch diese Steinchen könnten den Rhythmus im monotonen Drehen verändern, mit Klirren den Kontakt erwecken, ihn nahbarer machen. Wo bist du? Und wo sind die Kanten? Wo sind die Ecken, die durch Emotionen Rundungen oder gar Glätte überlagern? Wo sind die leichten Unebenheiten auf sonst so reibungsloser Oberfläche? Wo ist das Gefühl, das nicht gesellschaftskonform ist? Die Reaktion, die überrascht, anfänglich vielleicht sogar erschreckt?

Das menschliche Dasein will Kontakt. Zwischenmenschliche Interaktionen versprechen sich Nähe, wirkliches Aufeinandertreffen und Reibung. Glatte Oberflächen rutschen ab. Und ein Gleiten, ja ein Gleiten ist nur ein kurzfristiges, unpersönliches Aufeinandertreffen. Beim Gleiten rutscht man ab. Die Kontaktfläche begegnet ständig einem anderen

Gegenüber, die Kontaktzeit ist begrenzt. Ein Gleiten ist wie ein kurzes, erwartetes Grüßen, auf welches floskelhaft und gedankenlos reagiert werden kann. Wo soll man sich denn halten?

Wenn Mut auftaucht, tiefste Emotionen an das Außen kommen zu lassen, wenn der Wille da ist, uneben und dadurch vielleicht stockend über Stoffe zu gleiten, wenn das Potential da ist, hängenzubleiben und sich wirklich zu begegnen, spüren wir die Mikrofaserrisse in jeder glatten Oberfläche. Wenn wir ein hauchdünnes Einreißen oder Aufwölben unserer glatten Existenz zeigen, spüren unsere Merkel-Zellen, die Mechanorezeptoren in unserer Haut, wahren Kontakt. Dann wird es interessant, dann bleibt man hängen.

Versteck dich nicht. Ich will mit meinem Finger vorsichtig und langsam über deine Unebenheiten fahren. Ich will deine Risse spüren, sie ansehen und verstehen. Die Geschichte dahinter erfahren, schmunzeln und mich darüber ärgern. Woher kommt diese kleine Wölbung hinten rechts? Was ist denn da passiert? Spannend, wie du reagierst, wenn man dich da kitzelt, das hätte ich nicht erwartet.
Stell dich mal anders hin, dann kann ich dich besser sehen. Lass dir sagen, wie schön dieser Knubbel neben dem Löchlein ist. Mein Blick kann kaum davon ab, er kehrt immer wieder zu diesem Knubbel zurück. Ich glaube, das ist mir jetzt etwas unangenehm, aber ich glaube, dass ich einen ähnlichen Knubbel habe. Ich hab den nur noch niemandem gezeigt. Aber falls du auch hängen bleibst, würde ich mich freuen. Du kannst dich daran festhalten.

Kommentar: Der nachdenklich machende Text mutet fast philosophisch an und ist doch lebensnah. Er geht im letzten Drittel in eine Erlebnisbeschreibung über, die beeindruckt.

Elenor Eden

Flüchtige Endlosigkeit

Ewigkeitsglanz lastet auf meinem Antlitz.

Gesegnete der Dämmerung,
herrschend über den fragilen Schleier des Daseins.

Eine Seele, die keine Jahre zählt.
Ein Geist, der alle Zeiten überdauert.

Als Fels in der Brandung,
stehe ich unbefleckt.

Was ich liebe, ist vergänglich.
Ehemalige Schönheit -
zu Staub zerfallen.

Als Zeugin der Zeit verharre ich,
in Unendlichkeit -
allein.

Die Bürde des Seins - auf meinen Schultern.

Kommentar: Wie beim vorigen Beitrag erhebt sich auch hier die Frage, wer mit dem lyrischen Ich gemeint sein soll. Ein Mensch kann es ja kaum sein.

Helge Bewernitz

... in Liebe dein

Oh ja, oft denke ich zurück. Wie die Wolken sich an Wassern laben, fortziehen, die satt-grünen Wälder grüßen und die braun-lebendige Erde tränken; wie der fast trunken machende Duft der frischen Ernte in alle Ritzen zieht, in die Ritzen des sommerwarmen Holzes und die Fugen des kühlen Gesteins; und wie die Tränen des Vaters nach verrichteter Arbeit die Felder tränken. Denn er sehnt nach Heimat so wie ein Kind nach Liebe sehnt. Doch die Heimat ist verloren, also sehnt er ohne je Erfüllung zu haben. Er sehnt wie ein schwarzes Loch, das alles Sehnen versteinert. Und so verzehrt ihn sein Sehnen, ein Teil von ihm ist nicht mehr Mensch. So weint der Vater.

„In Liebe dein...", so hat der Vater geschrieben. Der Vater hängt eines Tages an einem Balken. Seine Zunge ist sehr dick und sehr blau. Seine Augen auch. Sie sind fast nicht mehr Teil seines Körpers, wie schlecht aufgenähte Puppenaugen. Der Vater hat einen Brief geschrieben. Nur für mich.
Für mich.
Für mich.
Nur für mich.
Und des Nachts sehe ich den Vater: Der Vater sieht mir in die Augen. Dann dreht er sich um. Der Vater fliegt in die Schwärze und verliert sich darin. Dann ist Stille.

Was des Vaters ist

Die Wälder sind schwarz, der Himmel ist es auch, ebenso das Wasser des Flusses, der vor unserem Haus dahin gurgelt. Die Wipfel der Bäume haben sich mit dem Schwarz des Himmels verbunden, der Wind rauscht. In der Dachkammer finde ich den Brief. `Alles, was des Vaters ist.´ Und was ist des Vaters?

Es ist

... das, als er als kleiner Junge mit der Eisenbahn hinausfuhr, durch Wälder und Flächen. Hinaus, hinaus, in die Ewigkeit eines heißen Sommers; als ihn das erste Mal ein Mädchen küsste. Ihre Lippen sind dünn und sehr trocken. Sie riecht nach Schweiß und Korn von der Ernte und nach etwas wie Blut; das, als die Männer in den Uniformen kamen. Die ihn mitnahmen. Und die anderen zurückließen. Zurückließen – so oder so; das, als er aufhörte, Fragen zu stellen; als er Mutter kennenlernte; sein Sohn geboren wurde; sein Leben vollendet war.

Der Brief

Ich habe den Brief hinter dem Haus vergraben. Nach einigen Wochen habe ich nachgesehen: Er war von der Feuchtigkeit unlesbar geworden. Die Tinte war zerflossen und hatte sich zu schönen, recht ansehnlichen Formen vereint. Nur die letzten Worte, ja, die waren noch sichtbar.

Oh ja, oft denke ich zurück. Wie die Wolken sich an Wassern laben, fortziehen, die satt-grünen Wälder grüßen und die braun-lebendige Erde tränken; wie der fast trunken machende Duft der frischen Ernte in alle Ritzen zieht, in die Ritzen des sommerwarmen Holzes und die Fugen des kühlen Gesteins.

Ich denke an die Mutter.

Und an mich.
An mich.
Nur an mich.

Kommentar: Ein ergreifender Text. Mehrere Impressionen fügen sich zu einem traurigen Bild zusammen.

Thomas Klosner

Unser Wochenendrätsel (heute im Dreierpack)

Frage 1:
„Was ist das? Es wird gewöhnlich in einer
verschlossenen gelben Tube aufbewahrt
und durchstreift mit geräuschlosem Flügelschlag und
gelben Augen unsere Wälder?"

„Wie bitte, was bitte?"

Lösung: UHU

Frage 2:
„Was ist das? Der Erzeuger überlebt den
Herstellungsprozess eigentlich immer;
aber die verantwortliche Verursacherin kommt mit dem
Leben meist nicht davon?"

„Was bitte, wie bitte?"

Lösung: BIENENSTICH

Frage 3:
„Was ist das? Es hat, wie ja bei Wörtern so üblich,
eine bestimmte Bedeutung;
aber unglaublicherweise hat es dann auch wieder einen
ganz anderen Sinn?"

„Na klar, entweder ein UHU oder ein BIENENSTICH!"

„Man kann es aber auch zur Zubereitung eines Aufgussgetränkes verwenden."

„Ach wie, ach was? Ach so, natürlich ein russischer Samowar!"

Lösung: TEEKESSELCHEN

Maria Seyrlehner

Das Brief-Wunder

Das Briefkuvert fühlte sich beengt in seinem verschlossenen Zustand. Es hatte bewusst verweigert, sich Klebestreifen verpassen zu lassen, weil ihm die offene, luftige Art einer Behausung mehr behagte. Das Briefkuvert genoss es, wenn ungeduldige Finger seine v-förmige Öffnung spreizten, um an den Inhalt heran zu gelangen.
Der handgeschriebene Brief, die schnelle Karte, das fein modellierte Gedicht, oder die Todesanzeige, all der bedeutungsschwangere Inhalt berührte das Briefkuvert nicht so sehr, wie das Betasten seines Schlitzes und die getriebene Neugier eines Menschen, es zu öffnen.

Selten erlebte das Briefkuvert eine so zögerliche Herangehensweise wie bei ihr. Sie schien direkt zu baden in ihrer Verwunderung darüber, einen richtigen Brief aus echtem Papier erhalten zu haben. Sie wendete das Kuvert mehrmals, roch daran, schüttelte es und lauschte hinein. Dann legte sie das Briefkuvert auf die Kommode und holte sich ein Glas Wasser.

Das Briefkuvert blieb verblüfft auf der kalten Holzoberfläche zurück. Es hatte das Krabbeln ihrer warmen Finger auf seinem flachen Körper schon so genossen. Warum lief sie weg? Längst hätte alles erledigt sein können.
Das Briefkuvert wurde ungeduldig und überlegte.

Als sie das Kuvert endlich wieder zur Hand nahm, versuchte das Briefkuvert, sie zu verführen. Es blähte sich auf und dehnte seinen V-Ausschnitt. Dann schob es den papierenen Saum und die Kante des gefalteten Inhalts vor die Öffnung. All seine Manöver schrien sie an, nimm mich zur Hand, spreize mich stärker auf, zieh meinen Inhalt endlich heraus!

Sie aber schaffte es nur, die gelockerte Lasche herauszuziehen. Dann legte sie das Kuvert wieder ab und seufzte laut.

Das Briefkuvert änderte seine Strategie. Intuitiv erfasste es, dass es mit Nachdruck zu keinem Ziel kommen würde. Es fächelte ihr mit der gelösten Lasche Luft zu und flüsterte ihr beruhigend ins Ohr, dass sie nichts zu befürchten hätte. Ein Briefkuvert sei eine uralte und nützliche Erfindung. Heutzutage würde die Erscheinung eines Kuverts sehr nüchtern wirken, aber früher einmal hätten es Schweiß-, Blut-, oder Rotweinflecken geziert, rote Kuss-Lippen wären ihm aufgedrückt worden und gefärbte Wachssiegel hätten seinen geheimnisvollen Inhalt geschützt. Viele solche Exemplare seien sogar noch heute in Museen ausgestellt.
Ihr Atem schien sich während der Rede des Kuverts zu verlangsamen, aber dann stand sie abrupt auf, fasste das Briefkuvert grob an und warf es in den Papierkorb.

Olga Johanna Cias

FIEBER IN WARSCHAU

Eine meiner frühesten Erinnerungen ist Folgende:
Es ist Nachmittag. Meine Schwester ist krank und hat
Fieber. Sie liegt im Schlafzimmer auf dem grünen
Klappsofa, das für die Zeit unseres Besuchs als Bett
benutzt wird. Ich sitze an ihrem Krankenlager und schaue
Bilderbücher an. Draussen ist es bitterkalt. Die hohen
Fenster sind abgedunkelt. Das graue Licht der
Wintersonne scheint durch die geklöppelten Blumen und
Ranken der schweren Vorhänge hindurch und wirft
algenartige Schatten auf den Fussboden. Es sieht aus wie
in einem Aquarium.

Auf der Kommode steht ein winziger, künstlicher
Weihnachtsbaum mit kleinen, elektrischen Lichtern in
rot, orange, grün, blau. Meine Schwester und ich lieben
diesen Weihnachtsbaum. Er spielt auch Musik, wir
dürfen diese aber nur in Gegenwart Grossmutters
einschalten.

Unsere Eltern sind unterwegs, nur Grossmutter ist zu
Hause. Sie bringt ein Tablett mit Tee und Zwieback,
streicht meiner Schwester über die Stirn.
Eine Weile später hören wir Türschlagen. Unsere Eltern
sind im Streit zurückgekommen. Jeder wirft dem andern
vor, sich zu wenig um uns zu kümmern. Beide beharren
auf dem Recht, endlich etwas Zeit für sich beanspruchen
zu dürfen.

Mutter schaut vorbei. Sie hält ihre Hände an meine
und meiner Schwester Stirn, um zu vergleichen. Das

Fieber hat nachgelassen, meint sie, und beauftragt meine Schwester, zur Kontrolle nochmals die Temperatur zu messen.

Nachdem Mutter wieder gegangen ist, zieht meine Schwester kurz entschlossen das Thermometer unter dem Arm hervor und steckt es in den brühend heissen Tee, um das Quecksilber hochzutreiben. Das Thermometer zerplatzt und das Quecksilber springt über das Tablett auf den Fussboden, in Sekundenschnelle rast es über das glatte Parkett und auf den Flur hinaus. Wie ein Heer von Silberfischchen schiesst es vorwärts. Ich renne den lebendigen, silbrigen Kügelchen nach und will sie fangen. Mutter erwischt mich und findet heraus, was passiert ist. Wir werden beide geohrfeigt. Mutter deklariert, meine Schwester habe sich das Recht auf Kranksein verspielt. Seither weiss ich, dass Quecksilber hoch giftig ist.

Caren Ohrhallinger

Konrad

Als sie die Vorhänge zurückzieht und die breiten Fensterflügel öffnet, malt die Sonne Flecken aufs Parkett. Unten liegt der Platz still an diesem Sonntagmorgen.
Nach dem Kaffee versucht sie es.
Botanischer Garten, denkt sie. Picknick. Fleischbällchen und Gemüsesticks. Fein in die Metallbox geschlichtet, orange, grün, rot; gleich dick, gleich lang.
Sie öffnet die Kinderzimmertür. Konrad sitzt im Pyjama am Boden und sortiert Legosteine in die Boxen.
Konrad?
Er dreht nicht mal den Kopf. Sie setzt sich zu ihm auf den Boden, sucht seinen Blick. Zieh dich an, wir gehen in den botanischen Garten.
Er schüttelt so leicht den Kopf, dass jemand anders es nicht merken würde. Lego, sagt er.
Sie schließt das Fenster und setzt sich zum Tisch. Die Zeitung vor ihr bleibt unaufgeschlagen; sie hat ihren eigenen Film im Kopf. Die endlosen Sonnennachmittage in der Sandkiste, dreckige Kinderpfoten, die glücklich das Schokoeis mit dem Gatschsand vermischen und dir Schneckenhäuser gefüllt mit Löwenzahn servieren, das „Bitte bitte Mama, darf mein Freund bei mir übernachten", und dann liest du den roten Kinderwangen deine Lieblingsbücher vor, rührst morgens im Grießbreitopf und als die Mutter ihn abholen kommt, servierst du ihr lächelnd den Kaffee und Prosecco dazu.

Als die Kinderzimmertür aufgeht, blickt sie auf. Doch Konrad geht nur aufs Klo. Kocht sie die Fleischbällchen eben zu Mittag. Mit Paradeissoße, die darf die Fleischbällchen sogar berühren. Als die Bällchen in der Pfanne braun sind, ruft sie Konrad.

Keine Antwort. Er sitzt noch immer inmitten seiner Legosteine am Boden. Dreht nicht den Kopf, als sie reinkommt.

Riech mal wie gut, will sie sagen, doch Konrad ist schneller. Keine Lust, sagt er. Lego.

Einen langen Moment steht sie da, in ihrem Kopf Bilder, wie sie ihm den Topf auf den Kopf drischt und Fleischbällchen in Nahaufnahme eine Soßenspur über den Boden rollen; Bilder, vor denen sie sich im tiefsten Winkel ihres Herzens verstecken will.

Sie geht in die Küche, setzt sich vor ihren Teller und wartet darauf, dass ihre Hand den Schöpfer ergreift.

Als Konrad kommt, geht die Sonne auf, und die Fleischbällchen sind noch warm. Geschäftig teilt sie aus, Soße auf die Teller, fünf oder sieben Bällchen für dich? Immer eine Primzahl, und dann sitzt sie da, freudig lacht es in ihr, ein gemeinsames Mittagessen reicht doch, und dann nimmt Konrad seinen Teller und steht auf. Bett essen, sagt er.

Den Schöpfer hat sie noch in der Hand. Den Gedanken, das große Messer zu nehmen und auf die Decke in Konrads Bett einzustechen, schiebt sie mit jedem Bissen verzweifelter beiseite. Kinder brauchen Liebe und Nähe. Normale Kinder: ja. Konrad: nie. Da steckt es im Messerblock, die Schneide verborgen, der Griff so schmeichelnd. Sie weiß, wie gut es in ihre Hand passt, das runde glattpolierte Holz. Ob die Daunen aus der Decke flögen? Wie Vögel, denkt sie, kleine weiße flatternde Vögel, die mit Zirpen und Zwitschern den Raum füllten, den großen leeren Raum in ihr, der mal voller Liebe war.

Ella Dombrowski

DU WEISST ES ERST, WENN DAS ENDE KOMMT

Dann, plötzlich, zieht ein Sturm über dem Haus auf. Er formt sich aus unseren düstersten Ahnungen wie ein Albtraum aus der Tiefe. Wo bisher die gespannte Stille war, ertönt nun das Dröhnen von brodelndem Wasser.

Durch einen Spalt in der Wand beobachte ich, wie Dampf aus dem fernen Krater quillt. Er überflutet die Ebene, dringt schließlich bis zu uns ein.

Hier kauere ich mit meinen Brüdern, in Reihen, die so verdichtet sind, dass ich zwischen den bleichen Körpern zu ersticken drohe. Wir prallen aufeinander, als der Boden erbebt, doch wir können uns nicht rühren.

Ha! Ich würde nicht fliehen, selbst wenn es mir möglich wäre. Die Ertränker werden ja doch zurückkehren. Ihre Titanen-Pranken werden vom Himmel hinabstoßen, um sich einen der unseren zu holen.

Für meine Brüder ist es jedes Mal unerträglich. Verweichlichte Säcke. Sie fürchten das Wasser, obwohl sie wissen, dass in der Tiefe alles bedeutungslos wird.

Die Ertrunkenen bedauern nicht mehr. Sie erschrecken nicht beim Anblick ihrer verbrühten Körper und fürchten nicht den Augenblick, wenn der Titan sie fallen lassen wird. Also habe auch ich nichts mehr zu fürchten.

Kommt doch! Opfert mich euren Göttern.

Das ist mein letzter Gedanke, bevor ein Gleißen das Dunkel unseres Heims zerreißt. Dann stürzt die Hand des Titanen auf uns herab, reißt das Dach mit Krachen zur Seite und übertönt damit die Schreie meiner Brüder. *Noch nicht dieses Mal! Nicht ich!*

Sie sind es nicht.

Ich bin es.

Für einen Augenblick wallt der Schock in mir auf, doch da hat der Titan mich schon gepackt und in die Höhe gerissen.

Meine Brüder verschwimmen. Unser Haus, meine ganze Welt versinkt in den Sturmwolken. Selbst der Berg erscheint mir erst, als ich schon auf seinen Schlund zurase. Der Ertränker lässt mich über dem Geysir baumeln. Er lacht.

Sofort erwachen Flammen in den endlosen Wassern unter mir. Wellen lodern am Krater empor. Sie greifen nach mir, Feuerzungen, wollen mich packen, mich verschlingen und ich kann nicht entfliehen.

Erst jetzt spüre ich, wie verloren ich doch bin. Das Grauen der Wirklichkeit kriecht über meinen Körper hinweg und ich verzweifle, weil ich dachte, dass mein Wissen mir die Ängste nehmen wird. Stattdessen fürchte ich die Wasserglut, weil ich nicht weiß, wie es sein wird und ich nicht weiß, was danach kommt und ich weiß, dass ich es niemals wissen werde!

Ich bin so klein. Ich kann das nicht. Ich bin nicht bereit!

Er lässt mich dennoch fallen.

Es geht so schnell, dass ich es kaum begreife. Ich rase an metallischem Stein vorbei, durchbreche Schleier aus Dampfwolken, bevor die Fluten mich schließlich umfangen.

Ich sinke.

Meine Haut brennt in der Gischt und in den furchtbaren Wellen. Rote Schwaden quellen aus meinem Körper hervor. Sie ringeln sich, bevor die Dunkelheit sie zerstreut.

Das Ende ist laut, das verstehe ich jetzt. Der Triumphschrei des Ertränkers ist das Letzte, was bleibt, bevor die Tiefe mich an sich zieht.

»Oma! Dein Tee ist fertig!«

Michaela Schrimpf

Troll

Ich wollte deine Liebesliebe. Plötzlich wollte ich sie ach so sehr!
Hatte nicht mit ihr gerechnet; war überrascht. Und dann auch nicht mehr ...
Wollte von dir beschützt sein; ganz ich selbst – geliebt und auch geborgen.
Mit von dir gewähltem Lied trafst du, was ich brauch: Die Hoffnung auf ein – unser – Morgen!
Wie ein Wirbelsturm hat's uns getroffen, hat's uns überrollt.
Du warst so witzig, warst auch ernst. Intelligent. Hast mich schmeichelhaft getrollt!
Deine Freundesliebe, die du gern vergibst, hat mich seltsam nicht-gestört.
Schließlich war ich das Nun, das Jetzt, schließlich war ich das Hier-von-dir-betört!
Ich wollte sie sein: Sie! Die Eine! Die für dich.
Doch: Wieso gibt es jetzt plötzlich ein Nur-noch-mich!?
Jeder Mensch, jedes Dasein hat seine Themen.
Gerade du müsstest das wissen, müsstest es ernst genug nehmen!
Und wer Gefühl hat für einen Menschen, gibt keine Listenansicht des Lebens.
Der gibt nicht ein egoistisches Was-wäre-des-Nehmens-und-was-des-Gebens.
Zudem ist mein Füllhorn der Liebe für dich voll; du musst dich nicht verbiegen.
Doch du – gerade du – hast die Angst lassen siegen!
So weiß ich nicht mehr, was ich jetzt denken soll.

Fühle mich getroffen in meinem wundesten Punkt von einem kurzweiligen Troll.
Fühle mich herabgesetzt – mehr denn je. Ich hätte es nie gedacht!
Dass ein anderer nach so kurzer Zeit so etwas Grausames mit mir macht.
Ich weiß nicht mehr, was ich hier sagen kann.
Sprachlos bin ich noch immer in Vielem, jeden Tag, jede Minute, nicht nur dann und wann.
Wie soll es eine Zukunft für uns geben? Freundesliebe will ich nicht – nicht von dir!
Denn irgendwann kommst du dann mit einem neuen Hey-das-ist-jetzt-mein-Hier!
Und ich muss mich selbst beschützen.
Hier kann auch nur Freundesliebe mich unterstützen …
Ich bin noch immer verletzt, noch immer in wunden Punkten getroffen,
das sage ich dir hier und jetzt, sage es ganz offen.
Zudem machst du aus uns: Ein Nichts. Ein War-nicht-da.
Und das: Geht mir tatsächlich mehr als nah!
Wie das weggehen, ich dir verzeihen, es verwinden soll?
Frag mich was Leichteres, mein lieber Troll!

Florian Waldner

Zögern

Unvermittelt fuhr Manda aus dem Schlaf. Sie gähnte, streckte sich ausgiebig, blinzelte. Was war das gewesen? Ein Grollen?

Was für ein Grollen? Und wieso?

Der Himmel über ihr war blau mit weißen Tupfern …

Da, schon wieder!

Schwerfällig versuchte sie, aufzukommen, raus aus der grünen Kuhle. Sie wippte kurz hin und her. Holte Schwung.

Drehte sich um.

Geschafft.

Ein Grashalm kitzelte sie an der Nase.

Niesen?

Haaaa…

Nein, doch nicht.

Sie blinzelte erneut, sah sich um. Lauschte.

Wieder ein Grollen.

Tatsächlich.

Auf der anderen Seite des Tals, dicht über den Bergen, zog eine graue Wand heran.

Begleitet von viel Getöse.

Mehr als Regen.

Gewitter.

Manda drehte sich um. Sah neben sich die Reste ihres improvisierten Picknicks. Das plattgedrückte Gras. Und, nah und doch so fern, ein Stück den Hügel hinauf, am anderen Ende der ungemähten Wiese, das Dach ihres trauten Heims.

Es war nicht geplant gewesen ... Aber die warme Sonne ... Noch jetzt spürte sie die Wärme bis ins Innerste, ihr Körper hatte sie regelrecht gespeichert.

Sonnenspeicher.

Wie lange hatte sie geschlafen?

Kühler Wind riss an ihrer langen, braunen Mähne.

Manda atmete tief ein, prüfte die Luft. Wie lange sie wohl noch hatte? Fünf Minuten?

Die graue Wand kam erstaunlich schnell näher, verschluckte unterwegs Berge, Häuser, Bäume.

Manda blickte wieder auf ihr Picknick hinab. Noch ein kleiner Happen?

Unschlüssig fuhr sie sich mit der Zunge über die Lippen, kratzte sich am Ohr.

Da.

Der erste Tropfen.

Vor ihr auf ein Kleeblatt.

Manda und die Welt hielten den Atem an. In Zeitlupe wurden aus einem Tropfen zwei. Dann fünf, dann zehn, dann hundert.

Immer schneller.

Sie sprang auf. Schade um das Picknick – aber die Sonnenschwere war jetzt wie weggeblasen. Sie ging, eilte, flog durch das hohe Gras. Lange Halme schlugen gegen ihre Beine und ihr Gesicht, schwere Tropfen auf Kopf und Rücken.

Nach Hause war es nur ein Katzensprung. Und doch fühlte sie, wie ihr Körper von Nässe erdrückt wurde, wie der Regen das letzte bisschen Sonne aus ihm vertrieb.

Regenspeicher.

Die Tür stand zu ihrem Glück offen.

Manda hechtete hinein, vorbei an der Tür und durch den Flur, suchte Schutz und Wärme und Behaglichkeit.

Prompt wurde sie begrüßt: „Huch, Manda, wo kommst du denn her? Du hast aber ein Timing – gerade noch rechtzeitig. Halt, nicht aufs Sofa!"

Doch Manda hörte nicht zu und in einem kraftvollen Schütteln entlud sich der Regenspeicher.

Simone Kirschbaum

Der Vogel

Mein gefiederter Freund
ist frei wie der Wind.
Vielfach von mir
bewundert und beneidet,
ob seiner starken Flügel,
die ihn kurzerhand forttragen können.

Hoch durch die kühlenden Lüfte,
in die Weite des Himmels hinauf,
bis zu den Wolken
und weiter zu den Sternen.
Unbegrenzt und schwerelos,
schwebend,
gleich einer zarten Feder.

Manchmal wünschte ich
so zu sein wie er,
um mit ihm gemeinsam zu reisen,
fremde Welten zu entdecken,
Kraft zu tanken,
Luft zu holen,
ich selbst zu sein.

In der Krone des schönsten Baumes
würde ich mein warmes Nest bauen.
Sorgsam, Halm für Halm,
mit meinem Schnabel
nach dort tragen
und mich nach getaner Arbeit

niederlegen und ausruhen.

Von meinem weichen Zuhause aus
könnte ich das weite Tal überblicken,
gut versteckt
unter den Blättern
des stolzen Baumes,
welcher mir Schutz gibt.

Zufriedenheit und Dankbarkeit
durchdringen mich
bis tief in mein Innerstes,
und ich denke voller Wehmut
und tief in Gedanken versunken daran,
dass es so schön wäre,
ein Vogel zu sein.

Lina Lev

Das Funkeln
im Dunkeln

„Vertrauen statt auf die Angst bauen",
„Zuwenden statt Abwenden", flüstert mir ein
Glühwürmchen.

Mich aus der Höhle der steinernen Mauern erhebend,
folge ich dem zarten, kleinen Wesen auf dunkeln Wegen.
Als fester Stein im fließenden Ozean mir begegnend,
hinrückend, und sich an verzückenden Momenten
erfreuend,
kann ein Teil in mir, trotz aller Logik,
nicht Aufhören das Alte zu bereuen.

Am Strande stehend, kaum noch
bewegend,
auf ein Boot wartend, das in weiter Ferne
längst am Horizont fahrend,
verschwindet,
und innerlich windet sich in mir noch
ein Tränlein nach dem anderen,
nicht erfassend, wie so viel Distanz
zwischen das Boot und mich nur kam,
wie es geschah, ehe ich mich versah,
dass es seine Segel zog, und niemals mehr
einen Kurs in meine Richtung bog.

Jahr um Jahr verging,
und innerlich sang ich immer
noch
ein Lied ans Boot und seine
Seglerin,
„bitte komm zurück, du
wunderbare Gefährtin."

Plötzlich kam am Strand
ein Glühwürmchen daher,
erst nachts bemerkte ich es,
und schätzte es sehr,
besann mich des Funkelns,
und folgte ihm im Dunkeln.

Es brachte mich an einen wunderbaren Ort,
eine Insel voller Magie, Fjord um Fjord.
Und nicht nur eines,
sondern viele Glühwürmchen waren dort.

Einsamkeit, Zweisamkeit, Dreisamkeit, … in allem gibt es
Gemeinsamkeit, die Art, das Wie, in ihr zu sein,
entscheidet viel mehr über die ungemein
bedeutungsvollen Erfahrungen.

Alleine kann ich den Entbehrungen
meiner Wärme mich bekleiden,
im Eis baden, meinen Gaben
auf den frostigen Pfaden erhaben begegnen,
oder in der Kälte zu Grunde gehen.

Egal wohin ich jetzt ging,
kam mir immer wieder das
Funkeln des Glühwürmchens in den Sinn,
und dennoch wünschte ich mir,
auch die weit entfernte Seglerin, wäre hier.

Bis ich schwebte im zeitlosen Äther
der Ewigkeit von Erden,
hoch über den Bergen,
ummalt vom Funkeln der kleinen
Wesen,
fähig ihr Leuchten zu lesen,
fliegend in die Weite,
mit ihnen ganz nah Seite an Seite.

Matthias G. Kausch

Ein Augenblick

Still ruht der Augenblick in sich
und in den andern,
ist Wesen wie aus andrer Zeit,
als Hektik noch ein Fremdwort
und Eile nur mit Weile galt.
Sein Blick ganz ruhig
und auch die Sprache
getüncht in zartes Hier und Jetzt,
wo nichts der Zukunft gilt
und nichts Vergangnem.

So stark wirkt Augenblick
und ist doch so zerbrechlich zart
wie Blütenblätter einer Rose,
an denen Wind sich bricht.

Am Ende wird er fliegen fort,
weil Flüchtigkeit ihm innewohnt.

Kommentar: Vom Augenblick hat schon Goethe
geschwärmt. Hier ein eher philosophischer Blick darauf,
der insgesamt gefällt.

Josef Helmreich

Handy

Martin legte das Handy ins Waschbecken und stieg in die Badewanne. Falls es läutete, würde das Porzellan die Vibrationen in ein lautes Brummen verwandeln. Das, und die volle Lautstärke des Klingeltons würde er dann nicht mehr überhören können, trotz des Wasserstrahls der Dusche.

Er wartete auf Vanessas Anruf. Falls er den verpasste, wäre sie erst in drei Tagen wieder erreichbar, da sie heute bei abgeschaltetem Handy früh schlafen gehe, um morgen sehr zeitig aufzustehen. Auf dem Festival, auf das sie fahre, nehme sie ihr Handy nicht mit. Das hatte Vanessa ihm gestern in einer SMS mitgeteilt, nachdem er sich für die schöne gemeinsame Nacht bedankt hatte.

Martin stellte sich in die Bandwanne und zog den Duschvorhang zu. Durch einen Spalt sah er noch einmal kurz ins Waschbecken. Das Display des Handys war dunkel. Er drehte den Wasserhahn auf und regulierte die Temperatur. Einige Zeit lauschte er angestrengt, bis auf einmal auch tatsächlich das Handy sich meldete. Er tastete nach dem Wasserhahn, verfehlte ihn mehrmals und entschied sich, es aufzugeben. Hastig drehte er sich in der Badewanne und riss den Duschvorhang zur Seite. Das rechte Bein rutschte weg, er kippte nach vorne. Nach Halt suchend streckte er eine Hand Richtung Waschbecken aus, verfehlte es aber. Die andere Hand steuerte auf das vibrierende Handy zu, welches über das Porzellan ruckelte. Seine Schienbeine stießen hart gegen die Innenseite der Badewanne. Die Finger einer Hand krallten sich das Handy, die andere Hand ruderte durch die Luft, um irgendwo Halt zu finden. Vergeblich. Sein Körper drehte sich zur Seite. Der Blick war nach oben gerichtet. Er sah die Stange des Duschvorhangs, die sich wie in Zeitlupe immer weiter von ihm entfernte. Über die Badewannenwand stürzend schlug er mit dem Rücken auf dem Fliesenboden auf, und den Bruchteil eines Herzschlages später mit seinem Kopf. In der einen Hand hielt er immer noch das Handy. Es hatte in dem Moment aufgehört zu läuten, als Martin das Bewusstsein verlor.

„Hier ist die Mailbox von Martin Engert, sprechen Sie aufs Band, und ich werde ..."
Christian unterbrach die Verbindung.
Er kannte diesen Martin nicht und konnte sich auch unmöglich verwählt haben, da er die gespeicherte Nummer seines Bruders aus dem Adressbuch des Handys gewählt hatte.
Verwundert blickte er auf das Display und suchte sich noch einmal seinen Bruder aus dem Ordner „Kontakte" heraus. Er drückte die Taste mit dem grünen Telefonhörer. Es klingelte.
„Was gibt's, Christian, mein Bester?", klang wenig später die gewohnt fröhliche Stimme seines Bruders aus dem Handy.
„Nimmst du meine neue Schwägerin mit zum Festival? Ich will sie endlich kennenlernen."
„Klar ist sie dabei. Jetzt wo ich weiß, dass es mit ihr was Ernstes ist, darfst du sie auch kennenlernen, meine Vanessa."

Valentin Ladstätter

Die Blütenuhr

Angeblich braucht es zehn bis zwölf Tollkirschen, um einen Erwachsenen zu töten. Karan aß sicherheitshalber 40. Ab der Hälfte war sein Mund so taub, dass er den Rest kaum noch schmeckte.

Er saß in einer zwei Meter langen, moosgepolsterten Grube, die er über die letzten Wochen mühselig ausgehoben und rundherum bepflanzt hatte. Als er alle Beeren hinuntergeschluckt hatte, ließ er sich zurücksinken und wartete.

Ein Jahr war es jetzt her, dass ihm sein Arzt mitgeteilt hatte, dass er nichts mehr für ihn tun könne.

Also hatte Karan seine Angelegenheiten geregelt und war endgültig in die Gartenparzelle gezogen, die seine Frau Mathilda vor vielen Jahren gekauft und die Karan ursprünglich gar nicht gewollt hatte. Erst nach ihrem Tod hatte er begonnen, dorthin zu fliehen. Zunächst nur, um sich abzulenken und den mitleidigen Blicken zu entziehen, den Fragen, ob er etwas brauche und den Angeboten, dass er sich jederzeit melden könne. Doch über die Jahre war aus dem kleinen, von Kirschlorbeer umhegten Stück Land mehr geworden als nur ein Versteck vor wohlmeinenden Verwandten. Karan fand Trost in Begonien und Ringelblumen, fühlte Kameradschaft mit Eichhörnchen und Maulwürfen und empfand die große Platane und die Hecken als einen grünen Panzer gegen die Krisen, die draußen tobten.

Nach seinem letzten Arztbesuch hatte er sich an seinen Lieblingsplatz zwischen den Hortensien und Forsythien zurückgezogen und darüber gebrütet, was mit seinem

Leib geschehen sollte – und schließlich den Entschluss gefasst, sich seinem Garten zu vermachen.

Und so hatte Karan seine letzten Kräfte in ein Mausoleum aus Pflanzen gegossen, das rund um die Uhr blühen und dem er selbst als Dünger dienen würde.

Nun war es endlich fertig. Mohn, Wegwarte und Kürbis standen am Fußende und begannen um fünf Uhr früh zu blühen, gefolgt von einer Zaunwinde, für die Karan ein Steinmäuerchen aufgeschichtet hatte. Dann öffneten sich der Reihe nach Ringel- und Sumpfdotterblumen, Margeriten und Sauerklee, bis gegen 12 Uhr die Mittagsblume am Kopfende zu blühen begann. Leider war es Karan nicht gelungen, ein rotes Habichtskraut aufzutreiben, weshalb die Wunderblumen die Nachmittagsstunden allein bestreiten mussten. Abends gingen zunächst die Nachtkerzen auf, bevor die Engelstrompeten und Gemshörner die Nachtwache übernahmen.

Mit jeder Blume, die Karan der Uhr hinzufügte und jeder Schippe, die er aus der Grube schaufelte, wurde er schwächer. Manchmal fürchtete er, noch vor der Fertigstellung der Blumenuhr auf die andere Seite zu treten.

Doch er hatte durchgehalten. Zuletzt hatte Karan noch den Zeitschaltmechanismus überprüft, der einen Tag nach seinem Tod die Wände seines Grabes einstürzen lassen und ihn mit Erde überschütten würde. Dann war er in die Grube gestiegen, hatte drei starke Schlaftabletten und die Tollkirschen geschluckt und sich ins Moos gelegt.

Als sein Blick zu verschwimmen begann, schloss Karan die Augen. Bald würde er Teil seines Paradieses sein.

Ludmilla Pettke

Scarletts Handarbeit

Das Leben auf dem Dorf hält so manche Überraschung bereit, treibt seltsame Blüten und setzt immer noch einen oben drauf.

Als Kind bin ich ungläubig erstaunt, als ich das erste Mal erblicke, dass jemand die Straße fegt. Im Haus wird gekehrt, das ist mir klar. Aber draußen kehren, das gibt`s doch nicht, denke ich.

Ein paar Jahre später bringt mir die Studenten-WG im Herzen eines vorbildlichen Dorfes bei, dass Straße-Kehren erstens samstags zu geschehen hat und zweitens bis 17 Uhr erledigt sein muss.

Es vergehen wieder ein paar lehrreiche Jahre und als junge Mutter gebe ich mein Bestes, um das Eckhaus und die angrenzenden Gehsteige sauber zu halten. Was ich jedoch bis dahin nicht gewusst habe, ist: Ostern kann erst dann kommen, wenn der Gehweg blitze-blank ist und auch das letzte kleine Rollsplitt-Teilchen, notfalls einzeln aufgelesen, entfernt worden ist. Spätestens am Gründonnerstag. Spätestens bis 17 Uhr, versteht sich.

Nun, das Leben nimmt seinen Lauf und wieder ein paar Jahre später gehe ich an einem schönen Herbsttag nichtsahnend einen Gehweg mitten im Dorf entlang. Einige Meter vor mir kann ich beobachten, wie eine Frau eben diesen Gehweg kehrt. Sie hält während des Fegens inne und wendet sich dem Fliederstrauch zu, der auf dem angrenzenden Rasen direkt hinter dem niedrigen Zaun wächst. Ich kann kaum glauben, was ich jetzt sehe: Sie pflückt diesen Strauch doch tatsächlich Blatt für Blatt vollends leer. Die erst leicht welken Blätter wirft sie vor sich auf den Gehweg und kehrt sie dann mit auf.

Was steckt hinter dieser Taktik? Klugheit, Faulheit oder ein besonderer Humor? Ich habe noch nie gesehen, dass jemand dem Herbst auf diese Weise nachhilft. Nur kein verwehtes Blättchen riskieren. Eines, das da nicht hingehört.

Nichts mit: vom Winde verweht. Nicht geschüttelt, nicht gerührt, sondern einzeln von Hand gerupft und gezupft, handverlesen, von Scarlett persönlich, mitten im Dorf, am Samstag, vor 17 Uhr. Alles, wie gehabt, in bester Ordnung und bis zum letzten Blatt. Cut.

Gerd Jenner

FLUCHTGEFAHR

Sagt mir, wohin soll ich gehen?
Helft mir aus dem Jetzt und Hier!
Alles ist durch unsre Gier
Am Zerfallen und Vergehen.

Zeit, das Ganze zu verstehen
Müsst' ich haben? Aber mir
Fehlt die Zeit, denn ich verlier
Alle Kraft, um klar zu sehen.

Ist es denn wirklich schon zu spät,
Um noch heil davon zu kommen?
Ja, ich weiß: Wir sind zu gierig!

Trotzdem, alles ist verschwommen
Vor meinen Augen, was ihr seht
Muss ich wissen! Wie – zu schwierig?

Kommentar: Das Sonett nimmt sich die Freiheit
metrischer Spielereien und überzeugt auch inhaltlich.

Frank Dietrich

Der Kakadu

Im Urwald hat ein Kakadu
gesing, gesang, gesungen,
vier Tage und drei Nächte lang
vom Ring des Nibelungen.

Und als der letzte Ton verklang
und alle Tiere schliefen,
da flog der Vogel nach Walhall
weil ihn die Götter riefen.

Saskia Bannister

Schicksalsspiel

Mein Sitznachbar stieß mich mit dem Ellenbogen an. »Digga, sag mal, weißt du, was hier vor sich geht? Ich könnte schwören, dass ich gerade noch mit meinem Bike ein paar Tricks für meine Follower gefilmt habe.«

Ich kratzte mich am Kopf. »Ich habe nicht die geringste Ahnung.« Eben war ich noch im Garten und habe den Baum getrimmt. Aber jetzt saß ich auf einem dieser bequemen Premiumkinosessel inmitten eines Saales, umgeben von Menschen, die wild durcheinanderredeten. Den Gesprächsfetzen nach zu urteilen, waren sie genauso verwirrt wie mein Sitznachbar und ich.

Ein Gong übertönte das Stimmengewirr, doch die Leute verstummten erst mit Beginn einer Durchsage. »Hallo allerseits«, grüßte eine freundliche Stimme, deren Klang sowohl zu einem Mann als auch einer Frau passte. »Sicherlich fragt ihr euch, warum ihr hier seid. Es tut mir Leid euch mitteilen zu müssen, dass ihr soeben ins Gras gebissen habt.«

»Echt jetzt? Dabei habe ich gerade die 1000-Follower-Marke geknackt«, motzte mein Sitznachbar und warf sich mit verschränkten Armen in den Sessel zurück. Ich dachte nur an meine Katze, die vor verschlossener Tür stehen würde, sobald sie von ihrer Patrouille zurückkehrte.

»Bitte seid nicht traurig«, fuhr die gesichtslose Stimme fort, »denn ihr habt nun die Möglichkeit an unserem Wettbewerb teilzunehmen. Schaut bitte unter eure Sitze.«

Ich tat es den anderen gleich und folgte den

443

Anweisungen. Unter jedem der Sessel war eine Kamera versteckt worden.

»Habt ihr euch nicht schon des Öfteren im Leben gefragt, warum das Schicksal euch dumme Streiche spielt? Nun, heute habt ihr die Möglichkeit, selber Schicksal zu spielen, um imposante Schnappschüsse zu machen. Dem Gewinner des Fotowettbewerbs winkt ein Preis, für den es sich - bitte entschuldigt die Wortwahl - zu sterben lohnt. Ihr habt vierundzwanzig Stunden Zeit. Meine Helfer eskortieren euch nun zurück in die Welt der Lebenden.«

»Geil, die Aufgabe ist wie geschaffen für mich«, jubilierte mein Sitznachbar. »Als Content Creator kenne ich mich mit sowas aus.«

Ich starrte die Kamera an. Schön, dass wenigstens einer Spaß an der Sache hatte. Ich hingegen war absolut aufgeschmissen.

Vierundzwanzig Stunden später saßen wir wieder auf denselben Plätzen wie am Vortag. Auf einer Leinwand wurden die Schnappschüsse präsentiert. Ein Hausbrand. Ein Auto, das unter einem Haufen Kuhmist begraben lag. Die meisten Fotos hätten der Klatschpresse entspringen können.

»Hier das Siegerbild«, ertönte die Durchsage. Alle Bilder wurden ausgeblendet, bis auf meins. »Gratulation an Tobias H., du gewinnst den Hauptpreis und darfst in den Himmel aufsteigen. Für alle anderen, zieht euch nicht zu warm an!«

»Digga, was soll der Scheiß?«, brüllte mein Sitznachbar. Er deutete auf das Gewinnerfoto, auf dem ein Bettler zu sehen war, der sein Wurstbrot mit meiner Katze teilte. »Was soll daran imposant sein?«

444

Jean Hannawald

Tee mit Honig

Fünf Stunden war er weg. Im Regen ohne Schirm. Er hängt die nasse Jacke auf einen Bügel an die Garderobe. Feuchtigkeit sammelt sich, rinnt die Ärmel hinunter und tropft auf das Parkett. Er schlurft in die Küche und betätigt den Wasserkocher. Die Tasse ist oben im Schrank, der Teebeutel in der Anrichte gegenüber. Er findet alles und stellt es bereit, während das Wasser zu brodeln beginnt. Tasse befüllen, den Beutel eintunken, sechs Minuten ziehen lassen. Löffel danebenlegen. Der Honig fehlt. Ohne schmeckt ihm der Tee nicht.

Sie beobachtet ihn, als er in der Küche hantiert.

„Im Schrank oben beim Zucker", sagt sie.

Er nickt und öffnet die Schranktür. Früher, als es seine Wohnung war, stand der Honig in der Anrichte, neben dem Tee. Da, wo er hingehört.

Er rührt etwas Honig in die Tasse.

„Warst du wieder am See?", fragt sie. „Bei dem Wetter?"

Er sagt nichts, umfasst die heiße Tasse mit beiden Händen, ohne sie anzusehen. Gleich wird sie ihm Vorwürfe machen, das macht sie immer.

„Du hättest denen Bescheid sagen müssen, die haben sich Sorgen gemacht. Du kannst nicht einfach so abhauen!"

Er pustet in den Tee und nimmt einen Schluck.

Sie greift nach ihrem Handy und tippt auf das Display.

„Ich sage, dass du aufgetaucht bist und fahre dich gleich vorbei."

445

Er pustet wieder in die Tasse, stellt sich vor die Glastür zum Balkon und sieht in den Vorgarten. Er hört nicht, was seine Tochter am Telefon sagt.

Draußen wird es langsam dunkel, der Regen hat nachgelassen. Ein Eichhörnchen sitzt auf dem Blumenkasten und starrt ihn durch die Scheibe an. Es bewegt sich nicht. Er bleibt stillstehen und sieht zurück.

Seine Tochter hört auf zu telefonieren und kommt zu ihm. Sie legt ihre

Hand auf seine Schulter.

„Trink in Ruhe aus, dann bring ich dich zurück. Ich wusste nicht, dass du noch einen Schlüssel zur Wohnung hast. Leg ihn nachher bitte auf die Ablage. "

Die Hand wird zurückgezogen und er sieht wieder hinaus. Das Eichhörnchen ist verschwunden. So, als wäre es nie dagewesen.

Er nimmt einen Schluck. Der Tee ist nicht mehr heiß.

„Ich bin kurz im Bad", sagt die Tochter. Ihre Schritte klackern auf dem Parkett.

Er wartet, bis das Geräusch verstummt, stellt die Tasse in das Spülbecken und geht in den Flur. Den Schlüssel legt er auf die Ablage und greift nach der Jacke auf dem Bügel. Eine kleine Pfütze hat sich auf dem Boden gebildet. Das ist nicht gut für das Holz. Er überlegt kurz, es aufzuwischen, aber dafür bleibt keine Zeit. Die Tür zieht er leise hinter sich zu.

Olga Schierhorn

Herbstwanderung

Gelblich graue Feuchteschwaden
zieh´n die Farben aus den Wiesen,
biegen träge Gräsergarben,
perlen, topfen, rinnen, fließen.

Hagebutten kauern duckend,
dornverkrallt am spröden Boden.
Fuß im Feldrain fest verschlungen,
kann im Haar der Herbstwind wogen.

Gierig greift der tiefe Himmel
mit den Tatzen nach dem Land,
rührt der Wolken Dunstgewimmel
um das blasse Sonnenband.

Aus dem Triefen, aus dem Wehen,
aus dem Tasten, Fassen, Drehen,
durch die Dornen schwarzer Schlehen
spähen schrägäugige Feen.

Wie sie harren, diese zarten,
grausen Wesen, wollen sich
mit dem Nebeldunst beraten.
Oder warten sie auf dich?

Ralf Strittmatter

Gestern geweint

Gestern

Geweint
Beim Scrollen
Papiertaschentücher
Traurige Musik
Eine Szene
Abschied im Regen
Ein Hund winselt
Am Grab seines Herrchens
Ein Like

Heute

Zieh dich gut an
Gönn dir was
Achte auf dich
Das Leben geht weiter
Sei dir wichtig
Iss gut und sieh gut aus
Geh raus und zeige
Wie wertvoll du bist
Ein Click

Tini Plume

Sonnenuntergang

Und dann schau' ich dir zu
wie du untergehst
kein Kampf ist da
und keine Gegenwehr
dein Tempo hältst du
wirst nicht langsamer
und nicht schneller
tust fast so
als ginge es nicht
um dich selber
über dem Wissen
musst du stehen
wie sonst könntest du
Tag für Tag
so strahlend, so brennend
deinem eigenen Untergang
entgegensehen.

Sonja Henkel

DURCH MEINE AUGEN

Jeder Mensch der durchs Leben geht, sieht die Welt durch seine Augen. Es gibt unzählig viele und jedes Augenpaar ist einzigartig und hat die Fähigkeit hinter das Offensichtliche zu blicken.

Offensichtlich ist, dass verfallene Gebäude und Schutthalden von Unkraut überwuchert werden. Durch meine Augen ist dies ein gewaltiger Lebensvorstoß. Stärker als alles ist der Impuls, der sich durch die Evolution hindurchzieht und der den fossilen Einzeller genauso motivierte, wie den komplizierten menschlichen Organismus, der Impuls „ÜBERLEBE"!

Was bedeutet überleben? Ist es der Zustand, mit knapper Mühe dem Tod zu entkommen, der Zustand, wo nichts anderes besessen wird, als das eigene Leben?

Durch meine Augen bedeutet es Überfluss, soviel zu haben, daß man etwas davon verschenken kann, Unabhängigkeit, Freiheit und Erfolg im Erreichen von Zielen.

Das Leben ist oft beschwerlich, gepflastert mit Stolpersteinen, Ungerechtigkeiten und Rückschlägen, die jeden verzweifeln lassen können.

Durch meine Augen jedoch ist es ein Spiel mit Teamkameraden und Gegnern, die eine Anforderung an die Kreativität des Geistes darstellen. Die Kreativität dieses Geistes ist grenzenlos. Die großen Künstler mit ihren unsterblichen Werken, die die Zeit überdauern, sind eine Seite davon. Doch meine Augen sehen auch die Künstler der Schöpfung.

Das Lied, das der Wind erzählt, wenn er durch rauschende Kornfelder streicht, an den Zweigen der Bäume rüttelt, eilig durch die Straßen läuft, in Schornsteinen heult und um Hausecken pfeift.

Die ewige Melodie des Meeres, wenn die Brandung donnernd an steile Felsküsten schlägt, oder sanft an sandigen Stränden ausrollt. Das glucksende Lachen einer sprudelnden Quelle, das Gemurmel eines flink dahineilenden Baches, das stetige Rauschen des großen Stromes, das zischende Aufschäumen eines stürzenden Wasserfalls, die trügerische Ruhe des großen Sees und das melancholische Schweigen des tiefen Teiches.

Der kristallklare Alpensee, der mit Violinen und Bratschen ein Pizzikato zu den Basstönen der umliegenden Bergwelt zupft. Wer komponierte diese Partitur?

Wer lenkt die Völker der Insekten, hat ihre großartigen Strategien ersonnen, ihre Fähigkeit, Bauwerke herzustellen, die jedem Angriff trotzen, sie Baumaterialien und Formen erfinden lassen, die jeden Architekten erstaunen?

Welcher Wille lenkt den Zug der Vögel über Länder und Meere? Welcher Choreograph hat die Tänze der Fisch- und Vogelschwärme choreographiert, wo tausende kleine Einzelwesen sich harmonisch wie ein einziges bewegen?

Wer mischt die Farben des Herbstes und welcher Designer entwirft die Kleider der Blumen?

Doch kein Feuer eines nach perfekter Juwelierkunst geschliffenen Diamanten an der Hand einer noch so schönen Frau, vermag das Feuer derjenigen zu überstrahlen, die mit dem Herzen sehen.

Durch meine Augen ist diese Welt ein wunderbarer Ort der Geheimnisse und Abenteuer, den einige sehr kreative Geister auf der Leinwand des Lebens entworfen haben.

Martina Györik

Haiku im Herbst

Das Herbstlaub fällt
Seine Farben sind verwelkt
Schönheit liegt im Sterben

Kommentar: Die Stimmung wird erzeugt, die Situation beschrieben. Dann ist da der Augenblick, der Augenblick des Sterbens. Auch wenn dies in der Natur ein Prozess ist, empfinden wir Menschen das Sterben als einen Augenblick. Die erstaunliche Beobachtung am Laub: Sterben kann Schönheit beinhalten. Es ist Teil der Natur und fügt sich harmonisch in sie ein. Ein tröstlicher Gedanke.

Dagmar Dusil

Von Heimat und Flucht

1.

Was ist Heimat?
Heimat ist
Ein Bett heute Nacht
In der U-Bahn Station
Der Weg im Schnee
Ohne Vater
Heimat ist wo Bomben fallen
Und Lieder erklingen
Der abgegriffene Teddybär
Der sprießende Halm
Am Rand des Weges

2.

WORAN HALTE ICH MICH FEST
um nicht aus mir zu fallen
Was gibt mir Halt
wenn ich im Vertrauten
zur Fremden werde

Wenn meine Füße
die ausgetretenen Steine berühren
abgetreten in deiner Schritte Widerhall

Wenn unsichtbare Hände
aus bröckelnden Mauern
nach mir greifen
und meine Sehnsüchte
wie Köpfe rollen

auf dem Schafott der Zeit

Wie kann ich ohne Worte sprechen
um deine tauben Ohren zu erreichen
Wo sind die Wurzeln
schattenspendender Bäume

Ich gieße die Blumen
auf dem Friedhof der Wünsche
Der Sommer wird heiß

3.
Auf der Flucht
Ich spüre die Kälte
Sie kriecht in mir hoch
Ich setze kaum einen Fuß
Vor den anderen.
Meine Augen sind zwei ausgetrocknete Seen
Mein Mund klebrig die Worte versiegen
Jede Bewegung fällt schwer.
Das Leid hat sich aus der Leine gelöst
Lässt sich nicht einfangen
Militärische Klänge in Es-Dur
Lassen die Welt auseinanderfallen.
Die Seele ist ein unaufgeräumtes Zimmer
Das Leben fällt aus dem Rahmen.
Scharmützel fliegen um uns herum.
Wir betrachten die Sterne.

Tom Stephan

Die Weggefährten

Ein Sohn fragte seinen Vater nach dem Sinn des Lebens,
denn Antworten darauf suchte er lange und vergebens.

Sie unterhielten sich zunächst über einen Wegweiser, auf
dem noch nichts geschrieben steht,
denn neue Wege entstehen erst, indem man sie geht.

Dann fragte der Sohn, was sei wichtiger: „Der Weg oder
das Ziel?"
Weil ihm darauf auch keine sichere Antwort einfiel.

Sein Vater meinte die Frage müsse umgestellt werden,
denn die Antwort sollte lauten: „Deine Weggefährten."

Hannelore Futschek

Diskriminierung – nein danke!

Vorweg muss ich sagen, dass ich mehrere Jahre im öffentlichen Dienst als Gleichbehandlungsbeauftragte gearbeitet habe. Jegliche Art von Diskriminierung landete auf meinem Schreibtisch. Dabei handelte es sich aber meist nur um die Diskriminierung zwischen Männern und Frauen der gleichen Hautfarbe.

Da mein Mann in einer internationalen Behörde tätig ist, haben wir ständig mit Personen aller Hautfarben zu tun. Wir respektieren jeden Menschen und verurteilen Diskriminierung aufs schärfste.

**

Unlängst standen mein Sohn und ich in der Wiener U-Bahn. Es waren nicht allzu viele Menschen unterwegs, aber die Sitzplätze waren besetzt.

Bei jedem Halt stiegen Menschen ein und aus.

Bei einer der nächsten Stationen stieg in unseren Waggon ein Kontrollor ein. Er war um die fünfzig, hatte ein schwammiges Gesicht und eine rote Knollennase. Um den Hals hing ein Ausweis, der ihn befugte, Fahrscheinkontrollen durchzuführen. Seine schmuddelige Jacke roch nach Schweiß.

Mein Sohn und ich zückten unsere Fahrkarten und warten, bis das Aufsichtsorgan näher zu uns kam. Mit uns stand beim Einstieg auch ein außergewöhnlich großer, dunkelhäutiger Mann. Er war gut gekleidet - ich schätze, es handelte sich um einen Anzug von Armani - trug eine dezente Brille und hatte eine Aktenmappe unter dem rechten Arm geklemmt. Über Kopfhörer hörte er Musik. Sie musste ihn begeistert haben, denn er wippte leicht mit den Knien mit und war offenbar im Gedanken mit den Klängen verschmolzen.

Der Kontrollor näherte sich uns. Nachdem er unsere Fahrkarten angesehen hatte, wandte er sich dem dunkelhäutigen Mann zu. Erschrocken, weil ihn der Kontrollor am Arm antippte, riss er sich den Kopfhörer von seinen Ohren.

„Na, Bimbo, haben wir einen Fahrschein? Oder fahren wir schwarz?", grinste er frech den Fahrgast an. Meinem Sohn stieg bereits die Wut auf, während ich deutete, dass er sich derzeit noch nicht einmischen solle.

Der ausgesprochen sympathisch wirkende Fahrgast, nahm langsam seine Brille ab und griff in die Innentasche seines Sakkos. Es schien, als ob er nun zwei Fahrscheine in Händen hielt. Wir verfolgten stumm die Szene. Zuerst reichte er dem Kontrollor einen gültigen Fahrschein, danach seine Visitenkarte.

„Bimbo ist Rechtsanwalt und möchte umgehend Ihre Dienstnummer, um sich bei Ihren Vorgesetzten beschweren zu können!" Damit hatte der Kontrollor nicht gerechnet.

Sie hätten sein Gesicht sehen müssen, wie es sich in Purpur verwandelte.

Für ein paar Sekunden war es vollkommen still im Eingangsbereich des U-Bahn-Waggons, denn auch andere Fahrgäste beobachteten das Schauspiel.

Umständlich zog der Kontrollor nun ebenfalls eine Visitenkarte mit der Dienstnummer aus seiner Jackentasche und händigte sie widerwillig dem dunkelhäutigen Fahrgast aus. „Danke, und Sie sollten in Zukunft überdenken, wie Sie die Fahrgäste ansprechen, wenn Sie diesen Job noch länger machen wollen!", erklärte der Rechtsanwalt höflich.

Gabriele Pacher

Morgenritual

Der Wecker piepst unaufhörlich, wird aufdringlicher. Die Augenlider sind noch schwer und lassen sich nur schwer öffnen. Die Wahrheit ist, sie lassen sich noch gar nicht öffnen. Neben mir liegt meine Katze. An meine Seite geschmiegt. Die hat morgens auch ein Problem die Augen zu öffnen. Komisch eigentlich, die sind in der Nacht doch gut. Aber ich glaube, es stört sie das Licht. Sie mag das Licht nicht und deshalb hält sie ihre Augen geschlossen.

Ich streichle ihr beruhigend über den Rücken. Sie mag das Piepsen des Weckers auch nicht und protestiert immer kurz. Es klingt wie ein Murren. Anders als das Murren mit dem sie sich für ihr Futter bedankt. Wenn sie sich bedankt, streicht sie gleichzeitig mit dem Kopf über die Hand. Wenn sie ungnädig ist, weil es zu lange gebraucht hat bis sie ihr Futter bekam, murrt sie nur kurz. Das heißt dann: „Na endlich!"

„Ich muss jetzt das Licht einschalten, Sangria."

„Mhmmmm."

Durch die geschlossenen Augenlider nehme ich die plötzliche Helligkeit war. Meine Beine schwingen schon zur Seite und stehen schon fast am Boden. Ich spüre, wie sich Sangria aufrafft und einen Katzenbuckel macht.

Meine Hand legt sich über meine Augen. Die Wärme ist sehr angenehm. Vielleicht lassen sich die Augenlider ja so leichter öffnen.

Meine Füße berühren jetzt schon den Boden und ich sitze auch schon auf der Bettkante. Ich höre, wie Sangria hinter mir auf den Boden springt und zur Tür läuft.

Endlich gelingt es mir, ein Auge zu öffnen. Ich stehe schon und lege den einen Schritt bis zur Kaffeemaschine zurück. Ich drücke den Schalter des Stromverteilers nieder. Leise erklingt klassische Musik und ich betätige den Einschaltknopf der Kaffeemaschine, während ich abwechselnd ein Auge öffne und wieder schließe.

Mit einer Hand taste ich mich der Wand entlang und gelange so endlich zur Schlafzimmertür. Sangria höre ich schon aus der Küche. In ihrem Napf ist nicht mehr viel drin und so schiebt sie ihn am Boden hin und her.

Mir gelingt es endlich auf den fünf Schritten durchs Wohnzimmer in die Küche beide Augen gleichzeitig zu öffnen. Sangria miaut. „Ja, gleich. Was willst du denn heute zum Frühstück? Atlantikfisch?"

Morgengymnastik: Niederbeugen zum Napf und aufheben. Katzenfutterdose öffnen. Sangria miaut lautstark. Sie steigert sich direkt zu einem Stakkato. Als würde ich mittendrin drauf vergessen, ihr den Futternapf vorzusetzen.

Niederbeugen mit dem Napf und ihn vor ihrer Nase niederstellen. Sie murrt kurz und drückt ihren Kopf gegen meine Hand. Jetzt muss ich über ihren Kopf streicheln. Mach ich das nicht, schaut sie anklagend zu mir auf. Erst nach dem Kopfstreicheln beginnt sie zu fressen und lässt sich währenddessen vor dem Napf nieder.

Ich schlurfe wieder zurück zum Schlafzimmer. Der Kaffee duftet schon. Ich nehme die Tasse und stelle sie auf den Nachttisch neben meinem Bett. Noch fünf Minuten und dann mit jedem Schluck Kaffee munterer werden …

Michael Köhler

morgenmagazin
nach dem duschen
die welt,
heiß aufgebrüht
bild um bild
tropft sie durch den filter,
schmerz und schrecken
verbleibt im satz

Matthias Herrmann

Pfarreranwärters Kuchen

Auf meinem Balkon steht ein dreiviertel Kuchen, den der Pfarreranwärter mir zum Geburtstag gebacken hat. Der Pfarreranwärter ist mein Nachbar.

Der Pfarreranwärter hat für den Boden des Kuchens einen feinen Biskuit verwendet, darüber hat er Sahne und Quark und Schokoladenstreusel geschichtet. In diese weiße, cremige Schicht hat er schwarzbraune, hellbraune und cremeweiße Minischaumküsse gedrückt, die wie die Ziffern auf einem Uhrenblatt angeordnet sind.

Der Kuchen ist von meinem Geburtstagskaffeetrinken übriggeblieben. Ich habe ihn auf den Balkon gestellt, damit er sich länger hält. Der Kuchen befindet sich unter einem transparenten Schutzdeckel. Ich beobachte ihn jeden Tag. An der Innenseite des Deckels haben sich inzwischen Wassertropfen gebildet. (Der Kuchen steht seit Samstagabend dort. Heute ist Mittwoch.) Auch die kleinen Schaumköpfe sind mit Wassertropfen überzogen, die im Mondlicht funkeln. Es sieht aus, als schwitzten sie. Tag für Tag versinken die Schaumküsse tiefer in der Cremeschicht.

Ich erwarte jeden Tag, etwas Schimmel auf dem Kuchen zu entdecken. Ich könnte ihn wegschmeißen, aber ich traue mich nicht, denn ich müsste ihn in die braune Biotonne im Hof werfen. Der Pfarreranwärter könnte ihn entdecken. Und was dann?

Ich scheue mich, den Zorn eines Pfarreranwärters zu wecken. Ich habe Angst, dass er mit höheren Mächten in Verbindung steht, die er mir dann auf den Hals hetzen könnte. Allerdings gäbe es auch die Möglichkeit, den

Kuchen in den normalen Müll zu schmeißen und dort zu verscharren. Ich fürchte allerdings, dass dies Frau Schnürmann aus der Erdgeschoßwohnung mitbekommen würde, die mir schon einmal einen Brief zugesteckt hatte, nachdem ich einen vertrockneten Lavendelbusch samt Schnecke in der Biotonne versenkt hatte. Sie schrieb mit Bleistift und Buchstaben für Buchstaben: "Lieber Nachbar. Schmeißen Sie ihre Pflanze das nächste Mal nicht in die braune Tonne." Außerdem durchwühlte sie regelmäßig mit ihren bloßen Händen den Müll und sortierte Plastiktüten und -becher in die Gelbe Tonne, und dies könnte auch zu einer Entdeckung des Kuchens führen und zu Gerüchten innerhalb der Hausgemeinschaft.

Vielleicht hätte sie mich auch zur Rede gestellt und gezwungen, mit einer Schaufel den Kuchen aus dem normalen Müll in die Biotonne zu befördern. Die Schaufel hätte sie sich von Herrn Riemer besorgt, der der Nachbar des Pfarreranwärters ist. Herr Riemer hat zwar momentan ein blaues Auge, das ihm sein Sohn gehauen hat und ihn dazu zwingt, beim Einkaufen in der Markthalle eine Sonnenbrille zu tragen, aber dies hätte ihn nicht daran gehindert, möglicherweise mit dem Pfarreranwärter über meine Fehlhandlung ins Gespräch zu kommen.

Letztlich hätte dies für mich zweifachen Ärger mit Frau Schnürmann und dem

Pfarreranwärter und einfachen Spott mit Herrn Riemer bedeutet! Angesichts dieser Aussichten belasse ich den Kuchen erstmal auf meinem Balkon und hoffe, dass er verschwindet. Irgendwie.

Kommentar: Diese Satire behandelt mehrere Themen gleichzeitig: die Mülltrennung, Nachbarschaft, damit verbundene gesellschaftliche Zwänge, Religiosität und Repräsentanten der Kirche. Man muss beim Lesen schmunzeln.

Erich Wimmer

DER BESTE LOHN

Für Ingeborg Wimmer

Ich stand im vollen Saal neben meiner Mutter
als ich es - wie durch ein Wunder - fand:
das verschollen geglaubte
vermeintlich geraubte, Aalfutterfutteral

„Mutter!", erscholl mein Jubel wie Zunder,
mitten im Trubel im Saale, „unsere Aale – sie sind
gerettet!"
„Wieso?", frug sie halb erschrocken, halb froh

„Weil", trug ich die verbalen Brocken lichterloh
an ihr Ohr, „wir die Aale wieder füttern können."
Dann sie so: „Lass uns sofort heimwärts rennen!"

Streng galoppierend
uns uns selbst quasi vor uns selbst schirrend
erreichten wir den Aalkanal mit hängenden Zungen
und Lungen wie glühenden Dudelsäcken

Da frohlockten die Tiere in den Betonbeckenecken
weil sie spürten, was wir mit uns führten

Und dann, endlich, war es soweit:
Wir kredenzten das Mahl aus dem Futteral
indem wir die Aalfutterbrocken mit Emsigkeit aufs
Wasser schlenzten

und dieses Geschleuder mit Jodeln und Zuspruch
ergänzten

Die Aale gerieten darob in Ekstasis
das Glühen und Brodeln im Becken wurde zur Basis
einer totalen, nur Aalen eigenen Glückseruption
Mit einem Wort: für unsere Mühen der beste Lohn

Kommentar: Das Werk gehört zu den Nonsensgedichten.
Man sollte nicht nach einem tieferen Sinn darin suchen.
Einfach genießen und staunen, was die deutsche Sprache
so hergibt.

Johanna Sidonia Egger

Warten

Treib mich auseinander
als wär' ich Schatten
und du das Licht
dann lieg ich in den Ecken
schau zu, wie der Tag dich bricht
wie du am Abend trübe wirst
und fahl
dann fließ ich zurück
dann sind wir eine Dunkelheit
ein Reich ohne Ränder
ein Schattental

Martina Windvogel

Schatten der Vergangenheit

Der Schmerz kam plötzlich und unerwartet. Sara atmete tief ein, als sie die Gangway des Flugzeugs hinunterstieg. Die Luft im subtropischen Hochland roch jetzt im Hochsommer nach Staub und trockenem Grasland.

Das Stechen in ihrem Bauch machte sie schwindlig und zwang sie in die Knie. Mit der einen Hand griff sie an das Geländer der Gangway. Unter dem anderen Ellenbogen fühlte sie eine Hand.

„Alles in Ordnung bei Ihnen?" fragte eine tiefe Stimme hinter ihr. Der junge Mann führte sie die Gangway herunter.

„Ja, vielen Dank", Sara wischte die Fürsorge des Fremden mit einem höflichen Lächeln beiseite. Sie mochte es nicht, in der Öffentlichkeit Schwäche zu zeigen. Das hatte sie von ihrem Vater geerbt. Aber sie wollte auch nicht unfreundlich wirken. Das hatte sie von ihrer Mutter.

„Ich bin nur ein bisschen überwältigt, die Hitze", versuchte sie zu erklären.

„Das erste Mal in Südafrika?"

Sie musterte ihn. Der junge schwarze Mann war groß und schlank. Er trug einen makellosen Sommeranzug, der so unbeabsichtigt elegant und leger wirkte, dass er teuer gewesen sein musste. Auf seinem Kopf trug er einen Fedora, den jetzt mit der freien Hand hielt, damit er ihm nicht vom Wind fortgeblasen wurde.

„Nein," Sara blinzelte gegen die Sonne in sein offenes Gesicht. „Ich bin aber bestimmt 20 Jahre nicht mehr hier gewesen."

Der junge Mann wirkte wie ein typischer Johannisburger, der sich die raue Großstadt angeeignet hatte und nicht von ihr aufgefressen worden war – wortgewandt, erfolgreich und sicher. Sara fühlte sich klein in ihrer verwaschenen Baumwollhose und dem alten T-Shirt, die sie für den langen Flug aus Deutschland angezogen hatte.

Sie hatte Südafrika nicht im Guten verlassen. Und jetzt war ihr Vater tot, der für sie schon vor langer Zeit zu einem Fremden geworden war. Dass er ihr seine weltlichen Güter an der Südspitze Afrikas vermacht hatte, sah sie eher als eine Strafe an, denn als gute Geste. Sara tastete nach dem Rückflugticket in ihrer Handtasche.

Sie waren am Ende der Gangway angelangt. Es gab nichts mehr zu sagen. Der junge Mann nickte ihr kurz zu, bevor er in den Bus einstieg, der sie zum Flughafengebäude brachte.

In der Ankunftshalle hatte sich eine lange Schlange vor der Passkontrolle für internationale Pässe gebildet. Sara fühlte sich wie eine Betrügerin, als sie sich an der bedeutend kürzeren Schlange für Menschen mit südafrikanischem Pass auf der anderen Seite anstellte.

Der Boden unter ihren Füßen wankte, als ein Mann sie zum nächsten freien Schalter durchwinkte. Die Grenzbeamtin blätterte in ihrem Pass und drückte ihr einen Ankunftsstempel in das noch leere Büchlein. „Willkommen zu Hause," nickte sie und wendete sich schon der nächsten ankommenden Person zu.

Sara erschrak, als sie erkannte, was der Schmerz in ihrem Bauch bedeutete. Es war die Erlösung von einem langen Heimweh, von dem sie bis jetzt nichts geahnt hatte. Schockiert stellte sie auf dem Weg zur Gepäckausgabe fest, dass sie Südafrika vermisst hatte.

Andreas Kleingrothe

Was keiner weiß

Geplänkel, Smalltalk, oberflächlich,
Der Sachgehalt ist nebensächlich,
So plätschert ohne großen Sinn
Der Menschen Ungespräch dahin –
Und dann sagt plötzlich einer leis,
Was keiner weiß.

Selbst dort, wo Weisheit herrscht und Tiefe,
Man kluge Bücher schreibt und Briefe,
Wo man den großen Hörsaal mietet
Und sich im Wissen überbietet,
Sagt auch mal ein Gemeiner leis,
Was keiner weiß.

Und werd' ich eines Tags beweint
Mit Abschiedsworten, gut gemeint,
Wie wär's, wenn trauernd du es wärst
(Und ich bei dir, gehst du zuerst),
Der sagt, im Pulk der Weiner, leis,
Was keiner weiß?

Kommentar: Das ist sowohl humorvoll als auch tiefsinnig – etwas zu sagen, was keiner weiß. Gibt es das? Der Gedanke regt an. Natürlich wissen wir, dass wir nichts wissen, aber das auf eine einzige Aussage zu reduzieren, die man dann abrufen kann…das ist faszinierend.

Nando Bluschke

Walking in Memphis

Kollaps der verhaltenen Cheops,
schnitt Trapeze ins Cameo-Kleid
mit sommerlicher Scherbe:

Erpichte die lächerliche Pacht
zu Frühjahrsansprachen auf
schalem Mandarin in Milwaukee.

Versprach den Augenschlag süßester
Entsprechungen von zu groß geratenen Maschinen
aus enteilten Hinterhofpappeln.

Erkundigte sich zu Classical Gas
in Venedigs schmalsten Gassen nach Fallobst.

Übersetzte Nietzsches stupores Wesen ins rheinische
Tumult -
der katatonischen Bravour eines Reliefs
winzigster, am Rad drehender Zahnräder,
die sich knirschend, blinzelnd
zu Drehen verstanden,

nur um einmal mehr, together alone,
die stolen cats
im Marmeladenglas zu zermalmen.

Grethe Herzog

Spielwaren

Mittags/ ließ er sein Wasser tanzen / eine Nereide im ulkigen Golf / Pogo
auf Knien/ unter der Sonne

Er buk ihr Sandtörtchen / auf dem Meeresspiegel / rangierte Eilande / wie
Kois auf einem Backblech/ Heilige mit Leben gefüllt.

Scheppernd riss er / und blies über die Saiten der Oud /

(scheppernd riss er / an den Saiten der Oud und pfiff)

bis hündische Chöre

dazwischen fuhren / ihn Zwietracht beschlich / und er das Meer/ zahllosen

Touristen auf ihren Liegen verleidend/ mit Ungemütlichkeit bestrich

Voll laufen lassen hatte Poseidon sich / unter der braven Sonne / mittags.

Elisabeth Bendl

Feuer

Eva saß am Boden, spürte die unerträgliche Hitze durch ihre Uniform hindurch. Doch sie hatte keine Kraft mehr, um aufzustehen, lehnte sich an die bröckelnde Wand, nahm die Atemschutzmaske ab. Der Geruch von verbranntem, verkohltem Fleisch stieg ihr in die Nase. Sie wusste, dass dieser Gestank sich an ihr festkleben und sie tagelang begleiten würde, ganz gleich, wie lange sie duschen, wie viele Flaschen Bier sie trinken würde. Das war beinahe noch schlimmer als die Bilder, die ihr so bekannt waren und die sie dennoch immer wieder aufs Neue ertragen musste, die sich in ihrem Kopf einnisteten und die in ihrer Abartigkeit auch an diesem Tag mehr an ein surreales Kunstwerk erinnerten, als an das echte Leben. Sie hatte versagt, einmal mehr war es ihr nicht gelungen, Leben zu retten.

Eva blickte nach oben, er bot ihr eine rote Marlboro an. Das gute Zeug. Er wusste, was sie brauchte. Er setzte sich neben sie. Schweigen, eine Zigarettenlänge lang. Sie lehnte ihren Kopf an seine Schulter. Keine Schwäche zeigen, ermahnte sie sich. Er griff nach Evas Hand, sie ließ es geschehen. Sie vertraute ihm, kannte ihn schon seit der Grundausbildung. Sie drückte die Zigarette aus. Er blickte sie an, sie hielt dem Blick stand. Sein Gesicht war bedeckt mit Ruß. Das schwarze Elend hatte sich durch seine Maske gedrängt, hatte sich in die Augenwinkel geschmiegt, sich mit den Augenbrauen verwoben, war in seine Nase eingedrungen, hatte die Lippen gefärbt, ganz schwarz. Sie berührte sein Gesicht mit den Fingerspitzen, wollte ihn fühlen, den Ruß, den Dreck. Sie kam ihm näher, wollte wissen, wie es schmeckte, wenn sich das

Schwarz, wenn sich der Tod mit dem Leben vermischte. Er ließ es zu. Sie küsste seine Wangen, schmeckte die salzigen, getrockneten Tränen. Er schloss die Augen. Sie berührte seine Lippen, sog den Staub ein, hinein in ihren Körper. Legte mit jeder Berührung ihrer Lippen auf seiner Haut Schicht für Schicht frei und drang dennoch nicht zum Ursprung vor. Eva wurde immer fordernder, öffnete den Mund, wollte schmecken, ob das Brennen, das Feuer bis ins Innerste eines Körpers vordringen konnte. Eva verlor sich in ihrer Suche und dem Finden und dem Lockruf eines warmen Körpers. Und nur für einen kurzen Augenblick fanden zwei Menschen das Leben wieder.

Kommentar: Eine Liebesgeschichte in einer Extremsituation ist glaubhafter als in einer Alltagssituation, weil die Gefühle intensiver sind. Das wird hier glaubhaft herübergebracht.

Dirk Clausmeier

Hummus mit Zwiebel

„Zu Rosh Hashana kommst du dann wohl dieses Jahr nicht nach Israel?", hörte Ben Ende August seine Tante ihn am Telefon zögerlich fragen. „Natürlich komme ich, nach einem so schwierigen Jahr lasse ich dich doch beim Neujahrsfest nicht im Stich!", antwortete Ben. Als seine Mutter Miriam von dem anstehenden Flug hörte, war sie außer sich. Jetzt nach Israel zu fliegen, das sei doch viel zu gefährlich. „Bist Du noch ganz bei Sinnen?" „Seit dem 7. Oktober letzten Jahres igelst du dich doch in deiner Wohnung komplett ein und traust dich aus Angst vor Anschlägen, auf keine jüdische Veranstaltung mehr zu gehen.", erwiderte Ben. „Ich möchte leben und Hummus mit Zwiebel zum Frühstück genießen." „Sei vorsichtig!", mahnte Miriam.

Am Berliner Flughafen hörte man kein lautes Hebräisch - wie in den letzten Jahren - in der Schlange der Sicherheitskontrolle. Israelis sprachen bedächtig oder gleich durchgehend auf Englisch, um nicht als Juden erkannt zu werden. „Ganz schnell zum Gate und dort hinter der nochmaligen Sicherheitskontrolle in Ruhe unter sich warten!", lautete die Devise in diesem Jahr.

In Tel Aviv ging Ben morgens gleich in sein geliebtes Strandcafé Laland. Dort treffen sich Deutsche, die zu den Feiertagen nach Israel kommen. Dieses Jahr ist es dort fast leer, nur einzelne Israelis trinken Kaffee und essen morgens schon Salat. Ben sieht keine bekannten Gesichter aus Berlin. Viele Flüge wurden gestrichen. Oder sie hatten alle wie Miriam Angst vor den Raketen.

Am Nebentisch hörte er eine blonde Frau, die mit niederländischem Akzent Hummus bestellte. „Der schmeckt am besten mit Zwiebel", sprach der interessierte Ben sie an und fragte verschmitzt: „Kommst du aus Amstelveen?", wohlwissend, dass diese Stadt das kleine Jerusalem bei Amsterdam ist. „Genau, ich bin Mathilda", lachte sie ihn an. „Und wer bist du und was machst du hier so allein?" „Ich bin Ben aus Berlin und besuche meine Tante." „Ich besuche meinen Onkel." „Wir sind schon beide ganz schön meschugge, gerade jetzt zu kommen", lachten sie sich an und strichen ihre Zwiebelschalen durch den frischen Hummus.

Ein Spaziergang am Abend führte sie durch Tel Aviv. So friedlich hier, ganz anders als in Berlin und Amsterdam, wo man immer auf der Hut ist, ob jemand den Davidstern an der Halskette erblickt oder einen sonst irgendwie als jüdisch erkennt. Eine Tüte mit jüdischen Symbolen oder ein Buch mit israelischen Zeichen kann schon böse Blicke und Kommentare hervorrufen. Vorsicht ist seit dem 7. Oktober 2023 die ständige Begleiterin geworden. Hier in Tel Aviv fühlt man sich so unendlich frei.

Plötzlich ertönen die Sirenen, schnell eilen alle in Schutzräume, zum Glück finden auch Ben und Mathilda Unterschlupf. Es donnert und knallt ganz laut am Himmel, Hunde wimmern. Eine Frau rennt nervös auf und ab, ein Mann meditiert und noch ein anderer liest ein Buch und trinkt ein Glas Rotwein dazu. Mathilda und Ben halten ihre Hände, streicheln sich zitternd und lächeln sich ganz vorsichtig an.

Didi Costaire

Reim dich!

Fiel dereinst ein guter Reim
eim nicht ein, so war es eim
eher peinlich und das Schreim
jener Verse ließ man bleim.

Heute intressiert das kaum.
Viele stümpern rum und glaum,
alles könn sie sich erlaum,
auch die Leser anzupflaum.

Manche texten anonym,
wollen überhaupt nicht ühm
und sie fischen bloß im Trühm,
während sie sich selber rühm.

Andre streben brav nach Ruhm
und sind keine bösen Buhm,
doch mit Zeilen voller Blum
schaffen sie's nicht mal postum.

Wären sie nicht zu bequem,
hätten sie noch weitre Them
wie den Kampf ums Überlehm
und sie könnten Hoffnung gehm.

Lyrik wirkt mitunter lahm.

Wenige Poeten ham
wahrlich ganz besondre Gahm
und die finden dann den Rahm.

Rissen Reimer sich am Riem,
hätten sie vom Liem geschriem,
und in Strophe Nummro Siem
was, das schmeckt nach ihr und ihm.

Wege führen zwar gen Rom,
selten allerdings nach ohm.
Einige sind abgehohm,
weil die Freunde alles lohm.

Dichter mögen gerne träum.
Wenn sie sich indessen sträum,
sich dagegen aufzubäum,
werden sie den Tag versäum.

Amanda Wurm

Sonntage

Sonne scheint süße Sorgen
seht selbst
sonderbare Sahnehäubchen sezieren sich
sentimentieren süße Sorgen
sogar Sahnehäubchen salutieren
Sonne schneidet süße Sünden
seht selbst...
Sorgen selektiert

Stefanie Maurer

In mir das Feuer

Strophe 1:
Alles gegeben, mich selbst verloren.
In einem Leben, das in Hetze zerronnen.
Doch was bleibt, wenn ich am Ende zerbreche?
Wer bin ich noch? Ich weiß es nicht.
Doch tief in mir spüre ich: Ich bin noch hier.
Ein Funke glüht, der niemals erlischt.
Er treibt mich voran, auch wenn der Weg dunkel ist.

Refrain:
Das ist mein Moment, ich hole mein Leben zurück.
Zeige der Welt: Ich bin bereit.
Mein Mut erwacht, ab heute bin ich stark.
Selbst wenn niemand daran glaubt.
In mir das Feuer, das mich vorwärtstreibt.

Strophe 2:
Gefangen in Dunkelheit, jetzt sehe ich Licht.
Die Last drückt schwer, doch ich steh wieder auf.
Mauern brechen, fallen Stein um Stein.
Ich bin stärker, als ich je gedacht.
Was das Leben bringt, weiß ich nicht.
Doch eines ist sicher: Ich gehe meinen Weg.

Refrain:
Das ist mein Moment, ich hole mein Leben zurück.
Zeige der Welt: Ich bin bereit.
Mein Mut erwacht, ab heute bin ich stark.
Selbst wenn niemand daran glaubt.

In mir das Feuer, das mich vorwärtstreibt.

Strophe 3:
Nichts hält mich mehr auf, die Fesseln gesprengt.
Ich steh zu mir und dem, was ich will.
Neue Träume liegen greifbar nah.
Jetzt sing ich mein eigenes Lied.

Refrain:
Das ist mein Moment, ich hole mein Leben zurück.
Zeige der Welt: Ich bin bereit.
Mein Mut erwacht, ab heute bin ich stark.
Selbst wenn niemand daran glaubt.
In mir das Feuer, das mich vorwärtstreibt.

Bridge:
Auch wenn ich falle, steh ich wieder auf.
Nichts kann mich bremsen, mein Herz schlägt für den Sieg.
So sieht ein Kämpfer aus, bereit für den Sturm.

Refrain (Finale):
Das ist mein Kampflied, mein Ruf, der nach vorne drängt.
Es zeigt der Welt: Ich bin stark, meine Kraft erwacht.
Von jetzt an bin ich unaufhaltbar.
Selbst wenn niemand daran glaubt.
In mir das Feuer, das mich vorwärtstreibt.

Kommentar: Offenbar handelt es sich um einen Songtext. In ihm steckt viel Leidenschaft. Hoffentlich kann die Vertonung da mithalten.

Christiane Seebach

Schnepfenschnitzel

Diese Geschichte ist wahr. Nun gut, ein wenig mag ich übertrieben haben, doch so ähnlich ist sie passiert. Nach dem Studium der Sprachheilpädagogik war ich wohl doch etwas zu überheblich gewesen, was die einseitige Lautanbildung betrifft. Ich bitte darum, beim Lesen, das „th" englisch auszusprechen.

Gestern entdeckte ich auf dem Nachhauseweg ein nagelneues Restaurant.

„Schenke zum schmackhaften Schnepfenschnitzel - Erlebnisgastronomie pur", las ich über der Eingangstür. „Oh, wie alliterarisch originell", dachte ich. Noch bevor ich über die eigenartige Bedeutung des Wortes „pur" sinnieren konnte, trugen mich meine Füße wie von selbst in das Innere des gastlichen Raumes. Er war leer. Ich setzte mich unauffällig in die hintere linke Ecke des Restaurants, als mich der schlacksige Kellner entdeckte. Irgendwie kam er mir bekannt vor. Hoch erfreut rannte er auf mich zu: „Oh! Frau Schönefeld!, rief er mit ganz besonderer Betonung auf dem „sch". „Wie schön, dass Sie hier sind! Schauen Sie mal!"

Er kam ganz dicht an mein Gesicht heran: „Sch", „sch", „sch", sprudelte er mir in kleinen nassen Tröpfchen entgegen.

Panik ergriff mich. Ganz vorsichtig suchte ich in meiner Handtasche nach dem Handy.

„Ihr Sprachschüler", schrie er plötzlich, „erkennen Thie mich? Stefan Schlüter! Thie haben mir beigebracht, das „sch" richtig auszusprechen!"

Da erkannte ich ihn.

„Thie haben damals gesagt", sprühte er mich an, „dath man einen beththeren Job findet, wenn man richtig spricht! Und schauen Thie! Thie hatten recht!"

„Die Karte bitte", stotterte ich kleinlaut.

„Nicht nötig, hab alles im Kopf. Mal sehen, ob Thie's bemerken! Hat sich der Chef ausgedacht." Er nahm eine starre Haltung an. „Als Vorspeise empfehle ich: Thalat. Wir haben Theetangthalat, Thojasprothenthalat, Thaurer Thardellen-Thalat, Thilberzwiebelthalat, Tholeithalat – na merken Thie schon wath?

- Oder Thuppe? Thahnethüppchen mit Thalzbrezel? Thelleriethuppe? Thagothuppe?"

„Keine Suppe, keinen Salat", stöhnte ich, „hab's schon bemerkt, es fängt alles mit „s" an.

„Hauptspeisen", ignorierte er mich, „Theelachthfilet an Thalzkartoffeln..."

„Warum macht dein Chef so was? Nimm doch „sch", das kannst du doch jetzt, fängt auch mit „s" an."

„Thenfkruthtenbraten mit Thalbeithahne, Thalamipizza, Thalzhuhn in Themmelbrötheln mit thüß-thaurer Thothe"

„Warum nicht: Schaschlik mit Spinat, Schweineschnitzel mit Spiegelei, Spaghetti in Steinpilzrahm, Spargel in Schinkenröllchen!!!"

„Der Nachtisch", überhörte er mich: „Thahneeith mit Thenffrüchten..."

„Schokopudding in Schlagrahm!", schrie ich hilflos.

„Thektthorbet, Thachertorte..."

„Wie wär's mit Schaumwein und Schmandtorte!"

„Thüßes Thaftorangenmouthe aus'm Thiffon..."

„Schnuckelige Schnapsfrüchte aus'm Schrebergarten!", schrie ich, „Warum gibt es hier eigentlich kein schmackhaftes Schnepfenschnitzel??? So heißt ihr doch hier!

Saftladen!"

Ich hatte versagt. Dem Nervenzusammenbruch nahe verließ ich das Lokal und kündigte noch am selben Abend meinen Job.

Mika Artus

Zeit, ohne Zeit

Zwei Körper, welche mit manischem Verlangen
versuchen, einer zu werden,
gar gibt es für mich gerad' kein schöneres Gefühl auf
Erden!
In deinen Armen zu liegen, deine Lippen auf meinen zu
spüren,
ist jeden Schmerzens' Trost, für immer könnt ich
hierbleiben, mich nicht rühren.
Wie lange ich doch auf diesen Moment gewartet hab',
wie sehr ich doch fürchte, er ist zu knapp.

Wir liegen hier, nackt und völlig ohne Schleier,
lange ist es doch her, dass ich mich gefühlt hab freier.
Frei, von dem unnachgiebigen Drang jemand sein zu
müssen,
frei, dich ein und tausendmal zu küssen.

Ist nun erst eine Stunde vergangen, oder Jahre?
Ich wünsche, hoffe, dass ich diesen Moment irgendwie
verwahre,
fürchtend, vor dem Moment, in dem die Sonne das Bett
erhell'.
Denn, halb wach, halb schlafend, vergeht die Zeit so
schnell.

Und wir liegen noch einige Stunden,
wie viele, kann ich nicht sagen,
denn meinem unausgesprochenen Wunsche lauschend,
scheint die Zeit, für einen Moment verschwunden.

Unsere Lippen alles andere als Worte tauschend,
werden tausende Worte von der Stille getragen.

Kommentar: Inversionen der Wortstellung sind erlaubt,
wenn die neue Version sich besser anhört. Der Wohlklang
ist das Entscheidende. Hier wurde etwas zu oft und ohne
Notwendigkeit von diesem Werkzeug Gebrauch ge-
macht.